全国应用型院校学前教育专业新形态规划教材

总主编 李姗泽 孙亚娟

幼儿园玩教具设计与制作

主 编 肖友兴

副主编 张 敏

编 委 李浩雯 王婷婷 徐欣宇 薛续萍

逯嘉颖 杨 锐

西南大学出版社

国家一级出版社 全国百佳图书出版单位

本书配有丰富教学资源

图书在版编目（CIP）数据

幼儿园玩教具设计与制作 / 肖友兴主编 . -- 重庆：西南大学出版社，2022.11
ISBN 978-7-5697-1337-4

Ⅰ . ①幼… Ⅱ . ①肖… Ⅲ . ①幼儿园 – 自制玩具②幼儿园 – 自制教具 Ⅳ . ① G614

中国版本图书馆 CIP 数据核字 (2022) 第 109732 号

全国应用型院校学前教育专业
新形态规划教材

幼儿园玩教具设计与制作

YOU'ERYUAN WANJIAOJU SHEJI YU ZHIZUO

肖友兴◎主　编　　张　敏◎副主编

责任编辑：黄丽玉
装帧设计：汤　立
排　　版：张　艳
出版发行：西南大学出版社（原西南师范大学出版社）
地址：重庆市北碚区天生路 2 号
网址：http：//www. xdcbs. com
邮编：400715　市场营销部电话：023- 68868624
经　　销：全国新华书店
印　　刷：重庆五洲海斯特印务有限公司
幅面尺寸：185 mm×260 mm
印　　张：18
字　　数：340 千字
版　　次：2022 年 11 月　第 1 版
印　　次：2023 年 8 月　第 2 次印刷
书　　号：ISBN 978-7-5697-1337-4

定　　价：58.00 元

总序

学前教育是每个儿童接受集体教育的开始，是每个人终身学习的开端，是国民教育体系的重要组成部分。进入新时代，人民群众对优质教育的需求不断提升。实现幼有所育，成为满足人民群众日益增长的优质教育需求的重要举措。党中央、国务院高度重视学前教育事业，党的十八大提出“办好学前教育”，党的十九大要求“在幼有所育上不断取得新进展”，党的二十大提出“强化学前教育普惠发展”。2018 年，中共中央、国务院发布了《关于学前教育深化改革规范发展的若干意见》，强调把发展学前教育摆在更加重要的位置，明确要大力加强幼儿园教师队伍建设，办好一批幼儿师范专科学校和若干所幼儿师范学院，支持师范院校设立并办好学前教育专业，扩大有质量教师供给。2021 年，教育部等九部门印发《“十四五”学前教育发展提升行动计划》，提出要全面提升保教质量，提高教师专业素质和实践能力。由此可见，教师队伍是提高保教质量的关键，是保证学前教育质量的基石。

推动普通本科高校向应用型转变，是党中央、国务院的重大决策部署，是教育领域人才供给侧结构性改革的重要内容。创新应用型技术技能型人才培养模式，建立以提高实践能力为引领的人才培养流程，是实现应用型高素质人才培养的关键。2011 年 10 月，教育部颁布《教师教育课程标准（试行）》，并发文要求各地按照《教师教育课程标准（试行）》的学习领域、建议模块和学分要求，制定有针对性的幼儿园、小学和中学教师教育课程方案。幼儿园教师职前教育课程要帮助未来教师充分认识幼儿阶段的特性和价值，理解“保教结合”的重要性，学会按幼儿的成长特点进行科学的保育和教育；理解幼儿的认知特点和学习方式，学会把教育寓于幼儿的生活和游戏中，创设适宜的教育环境，保护与发展幼儿探究、创造的兴趣，让幼儿在愉快的幼儿园生活中健康成长。

为了适应我国学前教育大发展的改革趋势和高素质应用型人才培养的要求，我们坚持培养实践性、应用型人才的理念，立足于学生学习与发展的需要，增加了学科相关前沿研究以及社会热点问题的讨论，将理论知识与实践案例相融合，同时加强了实训内容；实现理论体系向教材体系转化、教材体系向教学体系转化、教学体系向学生的知识体系和价值体系转化，使教材更加体现科学性、前沿性，以进一步增强教材的应用性和实效性。在开展充分调研的基础上，我们组织了一批业务能力强、理论知识和实践经验丰富的专家、一线教师开展教材编写和建设工作。丛书包括《学前教育学》《学前儿童心理学》《中外学前教育史》《学前教育研究方法》《学前儿童游戏》《学前教育评价》《学前教育管理学》《学前儿童卫生学》《学前儿童体育与健康教育》《学前儿童语言教育》《学前儿童社会教育》《学前儿童科学教育》《学前儿童艺术教育》《幼儿园环境创设》《幼儿园玩教具设计与制作》《幼儿行为观察与评价》《幼儿园课程》《学前儿童文学》《学前教育政策法规与师德修养》等。

本套教材紧密结合《教师教育课程标准（试行）》《3—6 岁儿童学习与发展指南》《学前教育专业师范生教师职业能力标准（试行）》等最新国家政策文件精神，立足于应用型院校学前教育专业高素质人才的培养，涵盖学前教育专业的核心课程、基础课程、学科课程和拓展课程。本套教材除了满足内容充实、完整，结构清晰、合理，语言得体、流畅等基本要求外，还力求克服国内已有教材的不足，努力打造自己的优势和特色。

第一，课程思政与育人为本相结合。本套教材的编写注重主流价值观引领，挖掘和拓展课程的育人价值，充分体现了不同课程的特色与优势，形成了特色鲜明、优势突出、交叉互补的教材内容体系，实现了课程思政与立德树人的结合。

第二，理论与实践相结合。本套教材强调深入落实《教师教育课程标准（试行）》“实践取向”的精神，以学生发展为根本，以学习产出为导向，注重实践性教学内容，关注解决教育实践问题。在板块设计上，除了正文的理论阐述，还辅以案例破冰、拓展阅读、人物介绍、经典研究介绍、思考与实训、专题探讨等实践板块，引导学生将理论运用于实践。

第三，基础性与时代性相结合。本套教材吸纳教育学、心理学、学科教学的最新研究成果，坚持呈现各学科领域的基本知识、基本原理，为学生搭建一个全面而扎实的知识体系；及时跟进社会及行业的最新发展动态，将最新、最权威、最具代表性的成果引入教材，实现了基础性与时代性的结合。

第四，学术性与应用性相结合。本套教材既注重学术性，也注重应用性，为支持“立体化”教学，教材编写团队立足于学前教育专业应用型人才培养的需求，注重资源的应用性和实用性，形成了以知识图谱、教学计划、多媒体课件、案例库、习题库、教学视频、教学动画、微课等构成的课程教学资源体系，打造了“纸质教材 + 数字化教材 + 在线课程”协同互补的新形态教材体系；形成了教材、文本和网络技术相互交叉、相互融合、相互支撑的立体化、网络化、互动化教学方式，能有效提升教学质量，以期成为学前教育专业学生喜读、乐读的学习素材。

本套教材的编写人员较多，教材的编写与出版是一项艰巨的工程，能顺利付梓得益于所有参编人员的辛勤工作，也得益于西南大学出版社编辑的积极协调与沟通。在此向所有参与此次编写与出版工作的作者及编辑人员表达我们的敬意。由于编者的学术视野及学术能力的限制，本套教材难免存在不足之处，我们将在使用中进一步总结反思，不断修订完善，欢迎广大学界同人和读者朋友不吝赐教，多提宝贵意见。

李姗泽　孙亚娟

前言

玩教具设计与制作是学前教育专业技能实训的主要内容，是学前儿童艺术教育不可或缺的一门学科，在幼儿园教育教学中占有十分重要的地位。幼儿教师应该熟练掌握不同材料玩教具的设计与制作方法，能够根据幼儿身心发展和幼儿园教育目标的需要进行幼儿园环境创设，并通过游戏开展各类教育教学活动，让幼儿在游戏中学习，促进幼儿全面发展。因此，为幼儿提供并制作适宜的玩教具和开展丰富多彩的玩教具教育教学活动是幼儿园教师必备的专业技能。

本教材结合当前学前教育专业应用型人才的培养目标和专业发展创新理念及其特点，从学前教育学科体系建设实际出发，以“幼儿园五大领域”能力培养为主线开展教学，对学前儿童玩教具所涉猎的内涵与外延进行深入剖析，既体现教学内容的艺术性和丰富性，又强调教学内容的应用性和实践性。本教材共九章，根据制作材料的特征分别详细地介绍了幼儿园玩教具概述、纸材料玩教具设计与制作、布艺材料玩教具设计与制作、泥工材料玩教具设计与制作、环保材料玩教具设计与制作、自然材料和生活材料类玩教具设计与制作、民间工艺类玩教具设计与制作、综合类玩教具设计与制作、幼儿园玩教具与幼儿园环境创设等内容。

在课程思政的思路设计上，首先，主要体现在培养学生对民间传统工艺的热爱，感受中国民间传统艺术的博大精深，深刻理解民间传统艺术的文化寓意，激发学生热爱祖国的思想感情，增强民族文化自豪感和共同体意识。其次，在玩教具设计与制作过程中始终强调“废旧环保”，提倡废弃物品的再循环与再利用，提高学生的环保意识与环保理念。再次，玩教具制作的精致程度，会直接影响幼儿对该玩具的兴趣及使用时的安全等问题。因此，通过玩教具制作的设计理念、制作细节及其案例分析引导学生在制作玩教具的过程中要兼顾“灵活性”“规范性”“准确性”和“创新性”，精益求精，充分发扬工匠精神。

本教材思政元素突出、体例范式新颖、教学案例丰富、实践操作性强，是编者长期教学经验的积累和集体智慧的结晶。本教材由大理大学肖友兴担任主编并负责统稿，云南大理明珠幼儿园张敏担任副主编，丽江文化旅游学院李浩雯、昆明城市学院王婷婷、大理大学徐欣宇、薛续萍、逯嘉颖和杨锐担任编委。参编人员具体分工为：第一章、第二章（肖友兴、徐欣宇、王婷婷），第三章（薛续萍），第四章（逯嘉颖），第五章（杨锐），第六章（徐欣宇），第七章（肖友兴、徐欣宇、杨锐、薛续萍、逯嘉颖），第八章（李浩雯），第九章（张敏、王婷婷）。

在编写过程中，我们参考了大量国内有关论著和相关网站上的文献资料，在此向所有参考过的文献作者表示诚挚的谢意。由于编写时间仓促，加之编者水平有限，书中难免存在疏漏之处，敬请专家学者及广大师生在实际应用和教学中提出宝贵意见、多批评指正以便集思广益，不断完善。

编者

2022 年 5 月

目录

第一章

幼儿园玩教具概述

学习目标

- 能够了解学前儿童玩教具的概念与发展历程。
- 能够了解幼儿园玩教具的功能与分类。
- 能够理解幼儿园玩教具设计与制作的教育意义。
- 能够理解幼儿园玩教具设计与制作的基本原则和基本规律。

学习重难点

- 重点：掌握幼儿园玩教具设计与制作的基本原则和基本规律。
- 难点：幼儿园玩教具在幼儿园教育教学活动中的实际运用。

案例破冰

一位教师的观察记录

一到自由活动时间，中班的孩子们就迫不及待地到自己喜欢的区角玩玩具：

几个女孩子抢先到了“娃娃家”并很快分配好了角色人物，“我来哄娃娃睡觉”“我来做饭”“我来装饰娃娃的家”……

几个男孩子到了美工区，有的剪纸，有的折飞机，有的画画……

还有几个男孩子在建构区投入地玩积木、搭宝塔、堆城堡，拼火车，建大桥……

看到小朋友们玩得这么投入，我很开心。这时突然有两个孩子因为抢玩具来告状。“老师，新来的小朋友抢我的小熊！”俊杰喊道。“老师，是我先拿到小熊的，是他抢我的玩具！”正浩也噘着嘴说。我控制住自己的说教冲动，故意为难地说：“你们两个给老师出了个难题呀，玩具小熊只有一个，如果两个小朋友同时都想玩，那该怎么办呢？”这时有其他小朋友说：“那就轮流玩！”我看着两个吵架的小朋友说：“你们觉得这个办法好不好？”“好！”俊杰抢先说，“先给正浩玩吧，我可以先玩会儿积木。”

就这样，孩子们又投入各自的游戏中……

假如是你在幼儿园遇到类似争抢玩具的情况，你会怎么做呢?

第一节 概述

一、玩教具与学前教育的发展关系

爱玩是幼儿的天性，几乎每个人的幼年都是在玩耍中度过的，而游戏更是幼儿的至爱，是幼儿认识世界、探索未知事物、适应成长环境的重要方式。游戏是儿童的天性，在游戏中对所有事物的兴趣是幼儿学习的出发点。幼儿园的游戏活动具有明显的启蒙性，其活动目标体现了孩子的经验不在于系统学习的知识体系，而是在各种游戏中让幼儿体验、感受游戏的快乐，丰富幼儿的经验，实现幼儿全面的发展。玩教具是幼儿最亲密的伙伴，它们虽然不是生活必需品，但它却是幼儿游戏和学习的重要物质基础，也是幼儿学习的重要资源。从古至今，玩教具在娱乐儿童的同时一直承担着“教育者”的角色。对于幼儿来说，游戏就是学习，玩教具就是幼儿的“教科书”[①]。儿童的游戏和玩教具之间有着紧密联系，好的玩教具可以提高幼儿游戏的趣味性，增强幼儿的游戏能力，丰富幼儿在游戏中的收获。

《幼儿园教育指导纲要（试行）》指出：“幼儿园教育应尊重幼儿的人格和权利，尊重幼儿身心发展的规律和学习特点，以游戏为基本活动，保教并重，关注个别差异，促进每个幼儿富有个性的发展。”在学前儿童的教育活动中，我们应当赋予玩教具以教育属性及教育意义，增强游戏的趣味性，发挥教育活动的价值，从而完成教学目标。幼儿园不仅要提供丰富多彩的玩具，还要提供多种多样的教具和学具，辅助教育活动的开展，让幼儿通过游戏来学习知识，在游戏中健康成长。玩教具不仅仅是以教师制作为主，儿童参与制作与互动同样具有重要的意义，这也是学前教育培养儿童综合素养的重要途径。

学前教育是国民教育体系的重要组成部分，在幼儿的教育过程中，玩教具构成了幼儿园教育重要的学习资源，对幼儿的发展具有特别重要的作用。通过操作使用玩教具，幼儿可以进行操作性学习，获得更多的感性认识，并能够开展创造性学习，同时也是培养幼儿创新意识、实践能力的重要途径。玩教具不仅是学前教育过程中儿童游戏活动的工具，也是幼儿游戏活动的支柱，更是幼儿交往、合作性学习的物

① 负红松 . 幼儿园玩教具制作和环境创设 [M]. 南京：江苏大学出版社，2021：3.

质条件。因此，合理地利用玩教具，有助于幼儿学会生活、学会学习、学会合作、终身发展。

二、玩教具的发展历程与革新

（一）玩教具的概念

玩教具在学前儿童的生活和游戏中扮演着非常重要的角色。玩教具是指幼儿在游戏和学习活动中使用的工具，它借助一定的物质材料（如纸、塑料、木材、金属等），依据一定的设计要求，通过手工制作或工业化生产而来，通常又细分为玩具和教具。

1. 玩具

玩具泛指幼儿在生活环境中自行操作的把玩物，一般不是为了达到特定的教学目标，而是幼儿根据意愿主动操作的材料或工具，包括玩具小汽车、毛绒玩偶、积木、皮球等各种成品玩具，也包括成人制作的供幼儿操作、把玩的自制玩具，还包括幼儿自行发现，并将之作为游戏道具的“玩物”，如橡皮筋、竹竿、砂土、水等。玩具在儿童的生活中无处不在。《辞海》对于玩具的解释有古义和今义两种，古义是供玩耍游戏的器物，明唐顺之《重修泾县儒学记》：“周衰，王道废缺……《易象》《春秋》，十六国之乐，徒以夸于诸侯宾客，为古物玩具，而未尝以教诸弟子。”今义指专供儿童玩的东西。可见玩具并不是一个现代词汇，在古代就已经有这个词语了，只是古义和今义已经有所区别。

2. 教具

教具是指教师为了达到某一教学目的，特别设计或使用的某种实体材料或教学工具，是辅助教学所用到的教学用具，是教学的辅助物。例如，用于教学的幻灯片、地球仪、挂图、模型等。在教学过程中，教具由教师亲自操作并使用，用来协助说明或传递知识，它所能达到的学习效果大多是教师预设的相对固定的目标。《辞海》对教具的解释是教学时用来讲解说明某事物的模型、实物、图表、幻灯片等。教具的现代解释是以传播科技、教育人为目的的实物，是完全的科技传媒，是儿童和青少年科技活动中不可缺少的器材。基于它在科技活动中的作用可以归结为：直观性、实践性、有研究价值性和典型性，教具需要语言媒介和文字媒介的配合。幼儿园的教具带有教育的功能，所以它应配备有专属的“活动室”与特定的使用规则，如“美术活动室”“建构活动室”“表演活动室”等。

综上所述，在幼儿园的教育情境中，教具的主要作用是丰富和辅助教学，而玩具的主要作用则是满足幼儿游戏的需要，二者的概念虽然有明显区别。但对于学前阶段的儿童来说，玩具和教具可以是一致的，也就是我们常说的玩教具，在设计与制作等方面有较多的共性。玩教具是幼儿园教育活动中的重要材料，也是学前儿童在生活和学习中的重要伙伴。幼儿园中的玩教具可以是商品式的，也可以是自制的，其中以自制玩教具居多。因为自制玩教具更加灵活多变，可以满足幼儿教师组织幼儿园活动的日常需要，同时能够满足儿童在游戏中的需求。随着“儿童本位”的儿童观逐渐被人认可，我们更愿意让儿童自主参与到游戏和学习中去，主动地建构和世界的关联。因此，玩教具的设计与制作应该更加强调儿童的参与，成人为儿童提供支持，帮助儿童迈向更高的台阶。

（二）玩教具的发展历程与革新

在不同的社会文化背景和不同的历史发展阶段，人们对于玩教具的“教育性”有不同的认识和理解。

1. 中国古代玩具

中国古代的玩具没有明确的概念，只要是可以用来娱乐和玩耍的材料都叫作玩具。中国玩具具有悠久的历史，源远流长，从泥塑、陶瓷、到竹叶及金属。在中国古代玩具材质中，陶器和瓷器是当之无愧的主角。

泥塑是玩具中的始祖。泥玩具有捏塑与烧制两种，新石器时代就有泥制或陶制的雕塑。在大约距今 6000 至 1 万年的新石器时代就有了儿童玩具，在西安半坡仰韶文化遗址的儿童墓葬中，就曾出土有很多陶狗，经考古学家、历史学家、民俗学家考证认为，这些陶狗就是最早的儿童玩具，是儿童们生前喜爱的小动物。大汶口发掘的陶猪，也是一件焙烧过的泥玩具。在我国甘肃、青海马家窑、马厂文化遗址，也出土有彩陶时期各种狗的器物模型。浙江马家浜文化遗址中出土的木陀螺及山东龙山文化遗址中出土的陶陀螺，殷商时期的陶埙，两汉时期的陶俑，魏晋南北朝时期陶塑玩具已十分普遍。

到了汉代，早期青瓷中出现了瓷质的狗玩具。瓷玩具要比其他瓷器更难烧制，瓷塑玩具系列是中国古代陶瓷艺术大花园里的一朵奇葩。随后的唐宋之际是中国古

图 1-1-1　殷商时期的陶埙

图 1-1-2　新石器时代的陶猪

图 1-1-3　东汉陶器家禽

代玩具大发展的鼎盛时期。唐代受艺术繁荣的影响，瓷塑玩具更趋于成熟和完美，并涌现了一大批雕塑艺人及著名的泥塑大师。宋代是我国瓷塑玩具生产的繁荣时期，各窑口普遍烧制，各地还出现了专营玩具的集市和挑担沿街叫卖玩具的货郎。元代瓷塑玩具生产逐渐走向衰落，玩具的质量和品种远不及唐宋时期丰富多彩。

一些古代大型的节日和体育类活动，用到的道具，也可以称之为大型“玩具”，如：春节的舞龙灯、舞狮表演、端午节的龙舟比赛等。表演同伴之间能够精准配合，步调一致地跑、举、甩、划等，能够发挥表演人的身体的平衡能力，发展同伴间的合作能力，有益于身心健康发展，为现代体育活动的发展奠基。

图 1-1-4 宋代蹴鞠运动

图 1-1-5 明代投壶游戏

图 1-1-6 蹴鞠（现代还原）

图 1-1-7 唐代女子马球运动

图 1-1-8 象牙制七巧板

图 1-1-9 宋代陶制小玩具

图 1-1-10 童子抱鱼吊灯

图 1-1-11 铜钱编狮子

图 1-1-12 布老虎

图 1-1-13 端午节的龙舟比赛

图 1-1-14 春节的舞龙灯

图 1-1-15 春节中的舞狮表演

明清时代，陶瓷表现的那种古朴憨厚、稚拙可掬的韵味随着时光而远逝，瓷塑玩具生产逐步被泥质、木质、布质、竹质、银质等各种民俗玩具所取代。中国玩具史可以上溯到几千年前，但要说古代玩具集大成者，还得数清代紫禁城里皇帝们小时候心爱的玩具。按照清宫旧俗，皇帝儿时的玩具一般不会传给下一代，用过了就烧掉。但晚清皇帝多为年幼登基，同治 6 岁登基，光绪 4 岁，末代皇帝宣统登基时只有 3 岁。为了哄“娃娃皇帝”高兴，太监宫女们使尽浑身解数，宫中的玩具数量与前朝相比增加了不少，而且大多得以保留。

2. 传统民间民俗玩具

民间玩具实际上是中国民间工艺美术的一种独特艺术形式，在漫长的发展过程中，深受中国传统民间民俗文化的影响，体现着鲜明的娱乐性、趣味性和祈愿性。许多民间玩具诞生于民俗之中，与民间习俗、农耕生活以及传统游戏息息相关，有的给人以精神上的启迪，益智而富有情趣，美化和充实人们的生活；有的给人以精神上的寄托，潜移默化地影响着人们的情操和精神。也正是由于这些玩具在人们精神和生活中都具有积极的影响，这些民间民俗玩具逐渐被传承下来。由于历史文化教育普及的局限性，我们只能从传世和出土的实物史料来认识和界定它们的功能与使用方法。我国民间玩具源远流长、分布地域广阔、花色品种繁多、制作材料庞杂、功能多样，充分展示了我国劳动人民的创造性和因地制宜、就地取材的智慧与才能。然而，长期以来，有些民间玩具一直面临着失传的危险，当下，得益于人们对传统优秀文化的挖掘和保护的重视，相当一批传统玩具被列入非物质文化遗产。我们应当珍惜这一宝贵的文化遗产，承担起传承和发展的重任。

3. 近现代玩教具

随着知识的丰富和科学的进步，成人对儿童有了新的发现和认识，新的儿童观走进了人们的视野。正是对儿童的再认识，儿童的地位真正得到了成人的认可，儿童的发展也真正受到了成人的重视。玩具的设计和生产因此产生了观念性的变化，即“玩具最大的变化是不再为成人制作，而是为儿童制作。”在相当长的历史时期内，玩具的设计和生产是以成人为中心，从成人角度出发制造“有价值的”玩具，为儿童制作的玩具是成人世界物品的缩微物，反映成人的审美趣味。以“娃娃”为例，一直到 20 世纪初，玩偶才开始做得像儿童的样子，也才开始穿上儿童的衣服。随着以儿童为主要消费对象的玩具市场的形成，儿童玩具逐渐占据玩具设计和生产的中心，玩具的设计和制作开始注意反映儿童的兴趣、年龄特点和审美趣味等，力求以丰富多彩的造型、色彩、声响吸引儿童。

进入 20 世纪以来，玩具制作转向了现代工业。第二次世界大战后，由于塑料

图 1-1-16 阿塞拜疆木制玩具

图 1-1-17 俄罗斯民间玩具——套娃

图 1-1-18 墨西哥木制玩具

这种轻便廉价材料的出现，塑料玩具逐渐代替了木质玩具。20 世纪 70 年代，电子玩具已成为玩具的发展潮流。为吸引儿童的兴趣，玩具生产厂家借鉴新的科技手段，千方百计地不断更新其品种。20 世纪 80 年代末，日本玩具商抢先推出了托架玩具，盛行一时。现在，美国、日本和丹麦等几家世界大型玩具生产商从传统产品中脱颖而出，转产电子游戏。为应对多媒体的挑战，抢占市场先机，这些公司又捷足先登，开始研发智力玩具。所以说，玩具到了近现代，逐渐凸显出教育性。目前，现代商业玩具的发展趋势是由过去单纯的手动益智型玩具向电子遥控玩具、小型玩具向大型玩具演变，由单一的玩具向更加组织化、商业化开发的系列玩具发展。自英国思想家洛克发明了识字积木，率先尝试把玩具和教具合为一体以后，各种各样以帮助幼儿学习和理解某种知识、概念和原理为目的的“教育性玩具”层出不穷，也就是我们现在所说的玩教具。德国教育家福禄培尔制作的“恩物”就是专门针对儿童设计的。福禄培尔认为，游戏有助于儿童智力和身体的发展，是顺应儿童自然发展的活动，因此他设计的“恩物”能促进儿童感官发展，培养儿童的创造性思维。

娱乐性和教育性是玩教具的基本特性，它承载着成人对儿童的期望、教育意图、价值观和社会文化习俗等。伴随着科学技术的进步，现代玩具得到突飞猛进的发展，其种类更加丰富，材料日益多样化，游戏性和娱乐性也越来越浓厚。受改革开放和经济全球化的影响，我国的玩具事业愈发成熟和多样。技术的革新带来了玩具生产的现代化和工业化，玩具市场也日益兴盛，不同年龄、不同性别的儿童都能拥有属于自己的玩具，且玩具制作更加精美，玩法更加多样。

电子信息技术的发展也为玩具带来了新的契机，玩具走向了信息化和科技化。遥控玩具、光控玩具、点读玩具以及各种电子游戏迅猛发展，平板电脑以及其他移动设备的普及，也使得虚拟游戏越来越受到人们的青睐，且这些游戏已经出现了低龄化的趋势，科技的进步为玩具的发展带来了新的春天。

当前，玩教具已经成为一种独特的课程资源，比一般的教具更具有教育针对性，更适合儿童的发展需求。德国教育家福禄培尔提出“整个人最纯洁的素质和最内在的思想就是在游戏中得到发展和表现的”。因此，自制玩教具对幼儿的成长大有裨益，其根本目的就是能让幼儿在自制的过程中发展各方面的能力，让幼儿在充分的活动中得以满足，获得知识与技能的提高。

总之，在当前幼儿教育改革深入发展和幼儿园办园条件已经有了较大改善的情况下，有必要重新认识幼儿园玩教具设计制作的目的、意义以及玩教具设计制作评价等问题。

三、幼儿园玩教具的分类

（一）根据模拟的对象和功能划分

根据玩教具所模拟的对象和玩教具的功能，可以把玩教具分为表征性玩具、教育性玩具、建构性玩具、运动性玩具和娱乐性玩具。

（1）表征性玩具，又称形象玩具。它是以社会和自然环境中的真实事物为模拟对象，其形状类似于真实的物体。这类玩具又可以分为模拟实物的玩具（以人类社会生活用品和工具为模拟对象的玩具）和拟人化玩具（以人和动物为模拟对象的玩具）。

（2）教育性玩具，又称益智玩具。它可以帮助幼儿学习某种特殊的概念或技能，并侧重于促进幼儿智力的发展，如拼板、魔方、棋类玩具、纸牌、分类、序列、推理、数字和计算等。

（3）建构性玩具，又称结构型玩具。它是让幼儿自己进行建构活动的玩具，如积木、乐高、沙水玩具、橡皮泥等，其材料既有人造的，也有天然获取的。

（4）运动性玩具。它主要是指在体育活动中所使用的各种设备、器械、材料等。按形体大小可分为大型体育活动设备（如滑梯、攀登架、转椅等）、中型体育玩具（如秋千、木马、平衡木、滑板、脚蹬三轮车等）以及小型体育玩具（如皮球、跳绳、沙包等）。

（5）娱乐性玩具，包括音乐玩具和模拟动物、人的特定造型与动作的玩具。音乐玩具是能够发出动听声音的玩具，如各种模拟乐器（小铃铛、小钢琴、木琴、木梆、小喇叭、锣、小鼓等）以及各种能够发出乐曲或歌曲声音的玩偶、动物玩具等。

（二）根据活动目的划分

根据幼儿活动的目的，可以把玩教具分为动作技能型玩具、智力技能型玩具、创造技能型玩具。

动作技能型玩具。这种玩具主要帮助幼儿学会操作和使用各种实际生活用品及工具，练习各种动作和技能，有助于促进幼儿基本动作协调发展。

智力技能型玩具。这类玩具主要帮助幼儿形成开展智力活动的基本技能或方法，如比较、排序、分类等，有助于促进幼儿智力的发展。

创造技能型玩具。这类玩具主要帮助幼儿发挥想象力，创造性地反映自己的生活经验。

（三）根据结构化程度划分

根据玩教具或材料的游戏功能的结构化程度，可以把玩教具分为专门化玩教具和非专门化玩教具，也称为高结构化玩教具和低结构化玩教具。

专门化玩教具。专门化玩教具主要指表征性玩具、教育性玩具、运动性玩具等。这些玩具的功能不仅确定，而且玩教具本身也包含着一定的玩法或游戏规则，属于结构化程度较高的玩教具。

非专门化玩教具。非专门化玩教具是指玩教具或材料的游戏功能相对不确定，结构化程度相对较低，游戏者可以根据自己的想法和想象自由使用的玩教具或游戏材料。

（四）根据主要材料划分

按照玩教具制作所使用的主要材料进行分类，便于了解玩教具的安全性、适龄性、材料可获得性等。这种分类为玩教具的设计和制作提供了材质方面的参考，为玩教具的使用提供了适宜的应用指导。玩教具按主要材料不同，可分为纸质类、塑胶类、布绒类、竹木类、土质类、金属类（见表 1–1）。

表 1–1 幼儿园玩教具按主要材料分类表

类型	说明与举例	特性
纸质类玩教具	以各种手工折纸、卡纸、纸板、报纸、宣传画册等设计制作的玩教具，如纸飞机、纸制拼图、数字卡、头饰等	材料便宜、质地适宜，收藏与保存比较方便
塑胶类玩教具	以塑料、橡胶等为主要材料，通过挤压、吹塑等方法在模具内形成固定形状的玩具，如充气玩具、各种模型等	材料成本较低，成型工艺相对简单
布绒类玩教具	用羊毛绒、化纤绒、棉布、化纤布等设计制作的玩教具，经过裁剪、缝纫及填充而形成的软性玩教具，如布艺玩偶、毛绒玩具、布书等	触感柔软、可清洗、对年龄、性别限制较小

续表

类型	说明与举例	特性
竹木类玩教具	以竹、木为原材料制作的各类玩教具，如积木、串珠、竹制拼图等	原料易得，且可塑性强，自然环保
土质类玩教具	以陶土、黏土、橡皮泥等材料设计制作的玩教具，如陶器、泥塑等	可塑性强，造型多样，易激发创意与想象力
金属类玩教具	主要以铸铁、铜、铝合金等材料设计制作的玩教具，如铁皮玩具车、合金模型等	质地坚硬、耐摔，但是材质成本相对较高

第二节 幼儿园玩教具的设计与制作

玩教具是幼儿园建构经验的重要载体，对幼儿发展起到了重要的促进作用。由于幼儿的语言能力、抽象思维能力与逻辑思维能力都不发达，玩教具的设计与制作在幼儿园的教育教学过程中就显得尤为重要。随着《幼儿园教育指导纲要（试行）》的贯彻落实，学前教育的改革与发展对幼儿教育提出了新的要求，紧密结合幼儿教育实际，遵循幼儿教育的基本规律，充分发挥各种玩教具的作用，让幼儿在做中学、在玩中学。

一、幼儿园玩教具设计与制作的意义

（一）有利于幼儿的全面发展

对于幼儿教育来说，自制玩教具要遵循幼儿发展的客观规律，为幼儿提供良好的发展条件和教育水平。幼儿园玩教具能为幼儿带来尽可能多的学习机会，让幼儿在游戏中有所收获，从而促进他们各方面的发展。

首先，玩教具促进儿童多元智力的发展。美国伊利诺伊研究发现，玩教具可以刺激幼儿的每个脑神经元多生长 25% 的突触。同时，美国贝勒大学的研究者们发现，不玩耍、不常接触人和玩教具的幼儿的大脑比同龄的幼儿小 20%—30%[①]。可见，玩教具对于幼儿大脑的发育具有促进作用。玩教具往往具有优美的造型、鲜艳的颜色、悦耳的声音、滑稽有趣的动作等特征，幼儿不仅会聚精会神地看和听，更喜欢用双手去摆弄、操作这些玩具。幼儿通过摆弄玩具，认识了各种玩具的特点、性能和操作方法，也使他们的感觉器官受到了刺激，发展了观察力、记忆力、注意力和思维能力等多元智能。

其次，玩教具增强儿童的体能发育。一些玩教具的使用要求幼儿全身活动的配合，如拍球、跳绳、掷沙包、套圈、滚铁环等，还有自制玩教具，如易拉罐做成的高跷、塑料瓶做成的哑铃以及其他有趣的运动性玩教具，都可以让幼儿在玩耍中锻炼诸如

① 蒙文 . 幼儿园玩教具操作与活动指导 [M]. 北京：航空工业出版社，2018：5.

跑、跳、爬、投、平衡等运动技能，动作的灵活性和协调性都能获得训练和提高。还有一些玩教具的使用需要幼儿双手和眼睛协调活动，如剪纸、泥塑等。这些活动对发展幼儿的手眼脑协调能力，锻炼精细动作能力和培养操作技能都有积极作用。

再次，玩教具培养幼儿良好的情绪情感和审美能力。幼儿对玩教具具有与生俱来的依恋，他们在玩耍中可以获得积极的情绪和健康的情感。例如，当幼儿哭闹时，成人用玩教具哄逗总能使其破涕为笑；当幼儿接触到陌生小朋友时，玩具总能成为他们交流的桥梁，从而减少陌生和恐惧感。此外，幼儿在玩耍玩具的过程中可以自由选择，自由地表达自己的思想，发挥自己的主观能动性，使某些不愉快或令他们害怕的情绪宣泄出来，在玩的过程中体验到成就感和愉悦感，这也有利于幼儿积极情绪和情感的形成。“爱美之心，人皆有之”，爱美是孩子的精神需要，而审美能力是在老师的正确引导下，通过观察欣赏和实践操作逐步形成的。自制玩教具鲜艳的色彩和漂亮的造型都可以激发幼儿对美的认知和发展初步的美感，比如大班幼儿美工区里的各种造型夸张、颜色鲜艳的手工制作，都体现了幼儿一定的创造和审美能力。

最后，玩教具发展幼儿的学习能力和学习品质。《3—6 岁儿童学习与发展指南》指出，学习品质指的是能反映儿童自己以多种方式进行学习的倾向、态度、习惯、风格等。玩教具是幼儿的伙伴，幼儿在玩耍过程中，他们的协作能力、沟通能力、责任感是可以得到锻炼的。例如，幼儿在幼儿园必须要学会与别的小朋友相处，要学会轮流分享玩教具，学会互相商量，学会有效沟通与合作，学会摆放和收回玩教具，建立责任感和规则意识。真正有趣的玩教具，能够激发儿童的好奇心，增强儿童的学习兴趣，促使儿童主动去探索和实践，锻炼他们控制情绪、表达意愿、发现问题以及解决问题的能力，让儿童在操作和体验中有所收获，在愉悦的氛围中培养良好的学习品质。

拓展阅读

幼儿玩各种玩教具的益处

美国的斯苔芬妮·奥尔巴赫博士认为，玩教具以下列方式教幼儿学习：

※ 拼图可以使幼儿得到对颜色、形状、大小和重量的初步感觉。

※ 拼装模型可以提高幼儿考察和领会事物的能力。

※ 纸牌游戏可以提高幼儿注意力。

※ 积木可以训练幼儿多方面的技巧。积木的形状和大小不一，幼儿能学习有关平衡、选择、决定等观念；当幼儿发现他必须经常做出改变时，他还学会了适应和变通；在将一块块积木组合成新的造型时，幼儿的创造性和适应性也得到了发展。

※ 充气棒和拳击袋可以让幼儿在发怒或遇到挫折时发泄一下情绪。

※ 拼版玩具可以让幼儿学会分类、选择、拼成各种造型，提高对不同形状及相互之间关系的认识，还有助于区别不同的颜色。

※ 套圈游戏可以增进幼儿的灵活性。

※ 木偶玩具可以提高幼儿的语言表达能力。

※ 小组角色游戏可以提高幼儿的交往能力。

※ 阅读可以增加幼儿的知识，提高幼儿的想象力和理解力。

※ 美工用品、乐器等有利于幼儿的艺术启蒙。

※ 内容积极健康的电脑游戏或游戏机可以提高幼儿的竞争意识等。

（二）促进幼儿园教师的专业成长

玩教具是教师在教学中采用的一种教学手段，它是教师有效传递信息、促使主体与客体相互作用以及发挥主体学习积极性和主动性的重要因素。由于幼儿注意力的无意性强、知识经验贫乏以及针对幼儿记忆、思维习惯的特点，玩教具的运用显得尤为重要。幼儿教师恰当运用玩教具开展各类教学活动，可以帮助幼儿更好地理解、思考，调动幼儿学习的主动性，促进师幼互动，提高课堂教学效率。

1. 深化教师对玩教具的认识

自制玩教具是促进幼儿主动学习的重要资源，教师在设计和制作玩教具的过程中，应不断深化对自制玩教具的认识，树立正确的游戏理念和玩教具制作理念，充分发挥自制玩教具的教育价值。

霍力岩教授认为，“幼儿园中优秀的自制玩教具”主要有以下三个方面的含义：一是教师“有准备的材料”，是蕴含教师教育意图的材料；二是“幼儿的操作材料”，是幼儿游戏和学习活动的对象物；三是能够落实立德树人的根本任务，奠基幼儿文化自信的活动材料[①]。由此可见，一件优秀的自制玩教具，必须要全方位满足幼儿和教师的需求，同时又能彰显先进的教育教学理念，促进学前儿童健康发展。好的自制玩教具，并不仅仅是教师单方面的制作，而是要充分考虑到幼儿的学习需要，聆

① 霍力岩．从学前教育装备的视角谈幼儿园自制玩教具与幼儿的有效学习 [J]．教育与装备研究，2018：7-9.

听幼儿的心声，让幼儿和教师一起合作参与，从而设计制作出能满足学前教育实际需要的玩教具。

2. 帮助与支持教师促进儿童的身心发展

教师在设计制作玩教具之前，要充分了解幼儿的身心发展特征，多与儿童对话，了解他们的需求，因地制宜、因人而异，有针对性地制作和投放玩教具。比如对于小班的幼儿来说，他们的身心发展尚未成熟，在玩教具的制作和使用方面，教师应为他们提供种类较少而数量较多的材料，基本满足每个幼儿对材料的探究需求，使每个幼儿都能“玩得着、做得到”。而对于中、大班的幼儿而言，随着他们年龄的增长，对玩教具的要求不断提高，这个时候教师可以为其提供种类更加丰富和开放性更强的材料，让他们在动手中发挥自己的想象力和创造力，制作出更多样式，构思出更多的玩法。

幼儿教师要努力增加自己的知识储备，不断深化对幼儿及其身心特点的认识，形成科学的儿童观，将理论运用于实践教学中，促进幼儿的身心健康发展。

3. 提升教师与家长、社区之间的合作

幼儿教师应重视家长及社区在学前教育中的地位，合理利用家庭及社区的有效资源，丰富玩教具的材料和用法，进一步挖掘玩教具的教育价值。

家长是幼儿教育的积极参与者与重要帮助者，家庭能为幼儿园提供丰富的材料和帮助。幼儿教师可以发动家长收集更多的玩教具材料，并号召家长一起参与到玩教具的设计制作当中。同时，家长参与其中，也可以为亲子活动提供更多的机会，增加幼儿的情感体验，促进其健康发展。同样，合理利用社区资源也能丰富玩教具的制作和使用。教师在玩教具的设计制作过程中，应当结合当地实际，积极联络家庭和社区，一方面能有效发挥玩教具的实用价值，另一方面也提升了家园合作和沟通的能力，从而促进自身专业技能的发展，提升学前教育教学的质量。

拓展阅读

福禄培尔的“恩物”

福禄培尔是德国著名的教育家，他创办了世界上第一所幼儿园，被称为“幼儿园之父”。福禄培尔非常重视游戏的作用，他设计出一套供儿童游戏和作业的活动玩教具，并把这些玩教具称为“恩物”。

“恩物”，意为“神恩赐之物”，即送给儿童的礼物，是按照福禄培尔发明的一套以球体、圆柱体和立方体为核心组成的玩具。

福禄培尔的解释，自然界本身也是“恩物”，是上帝的恩赐物。通过观察和研究自然界的奥妙，人们就可以认识上帝的全能全知。然而自然界包罗万象，错综复杂，儿童无法像成人那样来观察认识自然。因此，为了适应儿童教育的特殊要求，仿照大自然的性质、形状及法则，特制了“恩物”，即大自然的缩影。儿童利用“恩物”，就能在各种游戏中发展他们的智力和体力，就会发现世界及其固有的秩序。

“恩物”可以发展儿童的认识能力、想象能力和创造能力，有利于儿童智力发展。特别宝贵的是启发儿童认识各种最简单的几何图形的体系及循序性、空间性。

第一种“恩物”是6个不同彩色（红、绿、蓝、黄、紫、橙）绒线球。每个球各系一线，线色与球色一致。当儿童在尚未说话之前，母亲指引着儿童观察、抓弄这些柔软的小圆球，让他初步熟悉它们的形状、颜色和动静状态，发展儿童的辨色能力。随着儿童知觉和思维语言的发展，母亲一边把球向各方甩动，一边说前后、上下、左右，以发展儿童的空间观念。还可把球放于掌心，表示“有”，收起球来，空出掌心，表示“无”，借以发展儿童肯定和否定的观念。福禄倍尔从观察和实验中运用6个小球设想出50种玩法，系统地训练了儿童的各种能力。

第二种“恩物”是木制的球体、立方体和圆柱体，其高度和直径都是5厘米，后二者有穿孔，并附有木棒为细绳。球代表动，立方体代表静，圆柱体则动、静兼备。通过这种“恩物”，可以使儿童认识物体的各种形状、性质和彼此的关系，并且可以用它们拼成小桌子、小凳子、炉灶及其他物体。通过种种玩法和组合方法，来发展儿童的创造力、想象力。

第一、二种“恩物”供3岁以前儿童游戏之用，以下各种“恩物”供3—7岁儿童使用。

第三种“恩物”是木制立方体（积木）。可以分为8个小立方体，合起来成为1个大的正立方体。这种“恩物”可以使儿童认识物体的各种形状、性质以及理解部分与整体的关系及其观念。通过各种形状的堆砌，还能锻炼儿童的创造性的组合能力及象征性联想的能力等等。

第四种“恩物”是可分为8个小长方体的木制立方体。8块长方木块各长5厘米，宽2.5厘米，厚1.25厘米，合起来成为5厘米的正立方体。儿童在游戏中可通过长方体的比较获得长、宽、厚的观念等等。

第五种“恩物”是可以分为27个等值的小立方体的木制立方体。其中有3个小立方体又分别对分，形成6个三角体；有3个小立方体分别4等分，形成12个三角体。

第六种“恩物”是可以分为27个小长方体的木制立方体。其中一些还可分木板、斜角等更小的部分。

通过第五、六种积木游戏，给儿童提供各种形状的几何图形，为儿童未来学习几何和数学打下基础。

在今天，福禄培尔的许多“恩物”仍可用来帮助儿童认识自然，发展智力。现在儿童所使用的积木、拼板等都渊源于“恩物”①。

二、幼儿园玩教具设计与制作的基本原则

幼儿园玩教具的使用群体主要是幼儿，所以玩教具对幼儿的影响和幼儿对玩教具的体验感才是决定玩教具好坏的关键。因此，教师在设计制作幼儿园玩教具的过程中需要遵循的基本原则可以归纳为如下几点：

（一）安全性与环保性

在幼儿园教学活动中，安全因素是幼教机构教育活动的重中之重。在具体教学之中，安全因素表现在室内户外的各种游戏活动过程，安全使用玩教具已成为教学活动的主要任务。幼儿园玩教具的安全性包括两方面，即材料本身的安全性和结构设计的安全性。无论是商品玩教具还是幼儿园教师自制的玩教具，都应当安全无毒无味、无尖锐棱角、便于清洗消毒。幼儿年龄比较小，缺乏生活经验，自我保护意识不够，保障玩教具使用的安全性是自制玩教具必须要遵循的首要原则。另外，玩教具制作使用也要有利于环境的保护和可持续发展，培养幼儿的环保意识。

（二）教育性和科学性

幼儿园玩教具的制作应当符合《幼儿园教育指导纲要（试行）》和体现《3—6岁儿童学习与发展指南》的精神和要求，有效发挥其在课堂中的教育功能。玩教具的设计制作初衷就是为了配合幼儿园游戏活动的开展，应具有较强的实用性和教育辅助功能，不仅要能适应不同年龄段的幼儿操作，更重要的是在使用过程中体现出玩教具的益智功能，帮助幼儿认识事物，了解生活自然规律。同时，还要有利于激发幼儿的活动热情，让幼儿积极主动地参与教学活动，帮助幼儿理解抽象的概念和现象，促进幼儿身心全面发展，实现幼儿园教育教学活动的总体目标。

① 盛于蓝. 福禄培尔“恩物”与蒙台梭利“教具”的比较研究 [D]. 杭州：浙江师范大学，2011.

（三）趣味性和艺术性

趣味性是玩教具最本质的属性，幼儿关注玩教具的兴趣也在于玩具的趣味性。因此，玩教具在设计制作中应当注意形象生动、色彩鲜明、幽默夸张等特性。要从幼儿的兴趣出发，充分考虑幼儿心理发展的特点和规律，符合幼儿的审美趣味，增强玩教具的趣味性和吸引力。除此之外，还要注意从形象、色彩和造型等方面对玩教具进行装饰，增强玩教具的艺术性，从而吸引幼儿的注意力，激发幼儿的探索欲望。这样能够充分激发幼儿参与活动的兴趣和热情，让幼儿在使用和操作过程中感受玩教具带来的乐趣，让幼儿想玩、爱玩、百玩不厌，这样才能更好地体现玩教具的教育功能。

（四）创新性和实用性

自制的玩教具大多取材于身边的材料，利用简单或者废旧物品，做出不同的玩教具。因此，在玩教具的制作过程中，幼儿教师可以充分发挥想象力和创造力，不断从玩教具的外形、结构、使用方法和制作材料等多方面“推陈出新”。例如，可以利用和发现身边各种废弃物品的材质特征，也可以利用自然界植物枝叶的自然形状，象形性地做出不同的玩具，衍生出不同的玩法，实现一物多用，物尽其用。这是极具创造性的活动，也是培养幼儿创造性思维与表现的重要途径。

二、幼儿园玩教具设计与制作的基本规律

自制玩教具的过程，实际上也是一种艺术创作的过程。在整个制作过程中，因为选用的材料和制作的难易程度有所不同，制作的环节也会有所不同，但是和艺术创作一样，都需要有构思、设计和制作的过程。一般情况下，自制玩教具大致需要如下几个环节：

环节一：立意

在制作玩教具之前要根据幼儿园教学活动的需要形成创造性的制作表现意图，这是一种目的明确的思维形式。

环节二：构思

构思是一种形象思维的过程。针对幼儿园玩教具而言，构思是指依据学前教育儿童活动过程中的内外部制约条件，对玩教具的选材、设计、制作、装饰、色彩及操作活动进行全面的思考与计划。

幼儿园玩教具制作通常先根据意图去构思，从多个角度寻找灵感，同时考虑用

什么材料和怎么用，再通过对比和甄选，确定最佳方案。

在幼儿园玩教具制作中，构思和选材常常是连在一起的，可分两种情况。一是先构思后选材，强调对材料的选择和利用应符合构思立意的需要，并展现最佳效果。二是先选材后构思，即根据材料的特点展开联想，充分发挥材料的优势，构思出符合该材料的作品。

环节三：设计

根据构思搜集相关图片、图书资料，选取有用的资源进行取舍和整合，形成基本的设计草图，制定清晰的制作方案。

环节四：选材

材料的选用是顺利实现构思、制作玩教具的保障，要“因意选材”。选取的材料要符合安全环保的原则，符合玩教具的功能特点，符合幼儿不同年龄阶段的身心发展特点。

环节五：制作

这是一个将构思设计转化成为手工作品的过程，要“因材施艺”，不同的材料经过不同的制作方法，都会取得意想不到的艺术效果。

环节六：装饰

制作的玩教具要让幼儿想玩、爱玩，因此，要对玩教具进行美化装饰，这样制作完成的玩教具不仅具有教育功能，还具有审美功能。

本章小结

玩教具在幼儿的生活和学习中不可或缺，对幼儿身心的健康发展起着重要作用，通过它可以培养幼儿的观察力、注意力和思维能力，激发幼儿的想象力和创造力，提高幼儿的感知力和语言能力等。本章首先介绍了玩教具与学前教育的发展关系、玩教具发展的历程与革新以及幼儿园玩教具的分类，其次从幼儿园玩教具设计与制作的意义入手，介绍了幼儿园玩教具设计与制作的基本原则和基本规律。

思考与实训

1. 简述幼儿玩教具对幼儿发展的价值。
2. 简述应从幼儿哪些方面的发展来考虑玩教具投放的适应性。

专题探讨

玩教具的适宜年龄段划分

不同年龄段的幼儿在认知、语言、社会性及运动能力等方面存在较大差异，年龄越小的幼儿在身心发展方面的差异也越大。为确保玩教具适合幼儿身心发展的不同阶段，恰当划分玩教具的年龄段很有必要，年龄段的标识为玩教具的选择提供了基本的参考。我国《国家玩具安全技术规范》指出了确定年龄段的准则、依据以及年龄段划分安全性方面的考虑。其中，确定年龄段的准则主要有以下三个方面的内容：

（1）玩具应与幼儿操纵和玩耍玩具的某些特性的体能相适应。

（2）玩具应与幼儿了解如何使用玩具的智力相适应（指理解玩具的使用说明、操作步骤及目的）。

（3）玩具应满足不同发育阶段的幼儿玩耍的需要和兴趣。

该文件基于安全方面的考虑对玩教具进行年龄分段，主要分 3 岁以下、3—8 岁及 8 岁以上三段。尽管一些玩教具（特别是低结构玩教具）在受众群体上可以跨越较大的年龄范围，但幼儿园对于不同年龄段的幼儿学习与发展的目标是截然不同的。因此，从教育针对性以及实用性出发，应对幼儿园的玩教具按小班、中班、大班幼儿的特点进一步细分。

幼儿园为不同年龄段的幼儿投放玩教具，应考虑以下几个因素：

（1）不同年龄幼儿的身心发展特点。

（2）玩教具的功能对幼儿特定方面的发展所起的作用。

（3）玩教具功能的发挥与身心发展特点之间的匹配。

第二章

纸材料玩教具设计与制作

学习目标

- 能够了解纸材料玩教具的设计原理及制作规律。
- 能够熟练掌握各类纸材料玩教具的制作方法及造型技巧。
- 能够理解结合教学活动要求及幼儿特点制作、操作纸材料玩教具。
- 能够陶冶学生的审美情操，提升学生的审美情趣，增强学生的民族认同感和自豪感。

学习重难点

- 重点：纸材料玩教具的制作方法及造型技巧。
- 难点：利用生活中的废旧纸材料进行玩教具的综合设计与制作。

学习概要

纸材料在我们的生活中随处可见，因其经济方便、种类繁多，具有很大的使用优势，是传统玩具制作的常用材料。纸材料在幼儿园的教育教学工作中使用也很广泛，无论是幼儿园的环境布置，还是各类玩教具的制作，纸材料都以其自身的巨大优势发挥着不可忽视的作用。纸张性能各有差异，适于表现的造型内容及制作的方式技巧也各不相同。我们要在了解纸张性能及幼儿园玩教具设计原则的基础上，掌握各类纸材料玩教具的制作方法和造型技巧，并能触类旁通，在今后的教学工作中进行拓展延伸。

第一节 折纸类玩教具的设计与制作

一、折纸类玩教具概述

纸材料在幼儿园手工制作中运用非常普遍，纸材料易得且环保，不仅可用色彩漂亮的彩纸，还可用废弃的旧报纸、挂历纸、广告纸等。常见的纸玩教具造型方法有折、剪、编及粘贴等方法。折纸在我国民间广为流传，深受小朋友的喜爱。手工折纸富于变化，造型生动可爱，宜于儿童想象和智力的开发，它看起来只是一种简单的模仿游戏，而实际上，折纸可以综合培养儿童的观察能力、动手能力、手眼相互协调的能力以及对空间的感知能力。

折纸类玩教具就是利用折纸造型进行制作的玩教具。折纸造型优美、生动，具有夸张、简洁、形象等特点。折纸作品主要通过纸张的折叠而成，也可根据需要，添加少量的色彩和裁剪。不同质地、性能的纸张通过折、叠、剪、切、提、拉、翻、转等手法可以表现出内容丰富、造型各异的艺术形象，在体现审美价值和实用价值的同时，还集操作性和娱乐性于一身。因此，此类玩教具色彩鲜艳、造型可爱，易被幼儿接受，可以在艺术、语言、健康、科学等领域使用，也可以作为区角玩具和装饰物来使用。孩子们因纸样的形状与色彩而好奇，因手指与纸张的多种接触而兴奋，因纸张的最终成形而享受成就感，折纸过程是游戏、学习的过程，同时折纸作品可以作为儿童游戏的玩具和辅助教学的教具，是儿童的一种良好的美育和技能教育活动。

幼儿阶段正是大脑发育的重要时期，幼儿想象力、创造力、记忆力和思维能力的发展，都离不开幼儿手部的操作练习。而折纸本身就可以促进感觉统合，使左右脑协调发展，开发想象力，加强精细动作的发展。此外，折纸活动种类繁多，可以给幼儿带来无穷的乐趣，因此深受幼儿喜爱，是幼儿园不可缺少的课程。

二、传统折纸的基本方法与实践范例

（一）折纸的符号语言

1. 基本折线（如图 2-1-1）

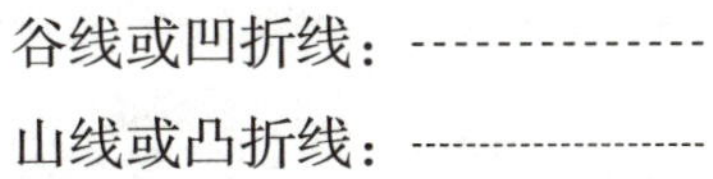

图 2-1-1　折纸示意图符号

2. 基本折纸符号（如图 2-1-2）

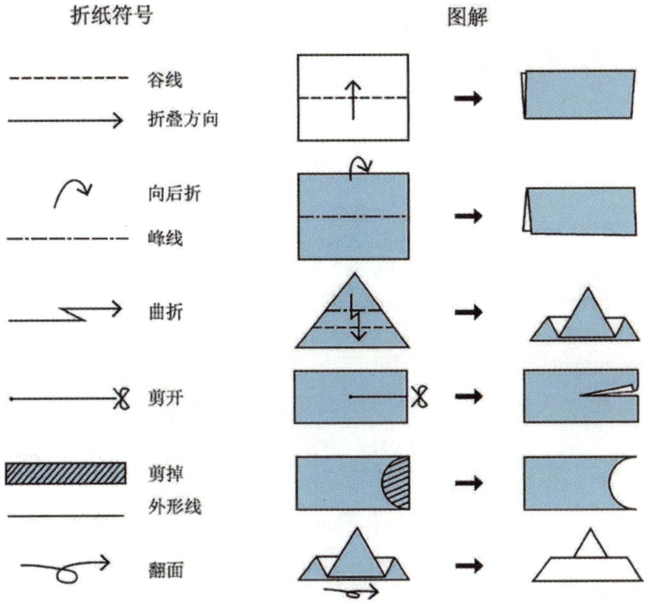

图 2-1-2　基本折纸符号

折纸过程中应注意以下五个方面的问题：

（1）需要对折时，边与边、角与角尽量对齐，每折好一步就需要用手压一压，压实折痕，再继续下一步操作。

（2）运用反复折、翻折等折法时，折痕位置需要把握准确，注意折痕间的距离和角度。

（3）按图示折纸时，需要严格按照图示符号，明确含义，再进行折叠。

（4）折叠某一具体物象时，应先确定所属基本造型，在折出基本造型的基础上进行操作。

（5）折纸时，每折一步尽量能用规范的、幼儿化的语言进行描述。

（二）折纸基本技法

折纸的基本方法有很多，主要有对边折、对角折、集中折、四角向中心折、双正方形折、双三角形折、单菱形折、双菱形折以及正反折等。

1. 对边折

（1）正方形折一中心线。

（2）两边分别向中心线对折。

（3）成长方形。

如下图所示：

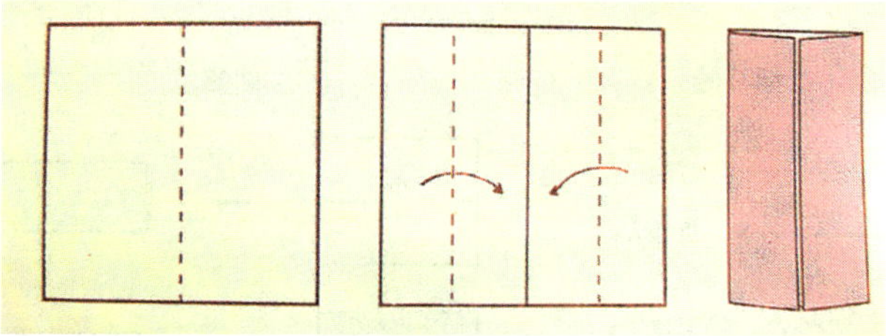

图 2-1-3

实践范例：风车，图案花。

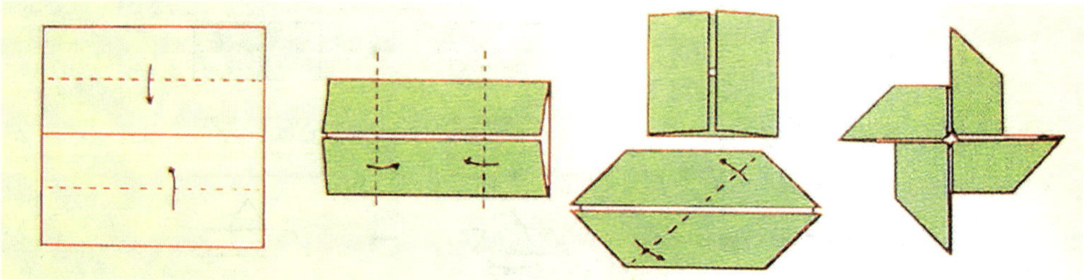

图 2-1-4

图 2-1-5

2. 对角折

（1）正方形对角折。

（2）两角向下角折。

（3）成正方形。

如下图所示：

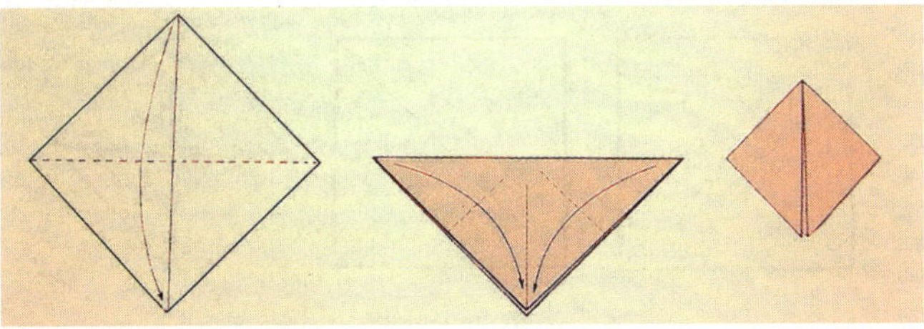

图 2–1–6

实践范例：知了。

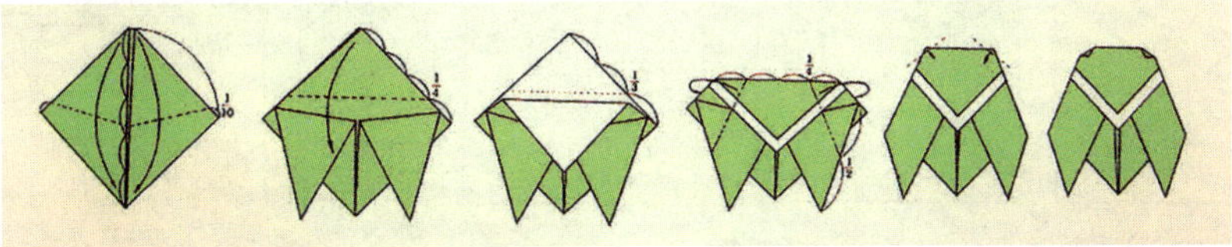

图 2–1–7

3. 集中折

（1）正方形相邻两边依虚线向对角线折。

（2）再向中心线折。

如下图所示：

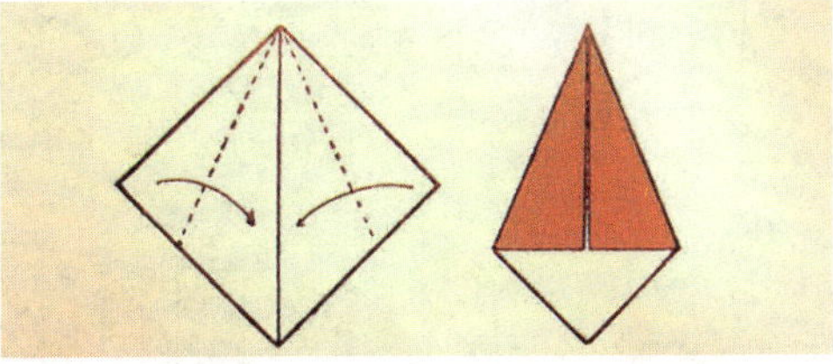

图 2–1–8

实践范例：会跳的鸟。

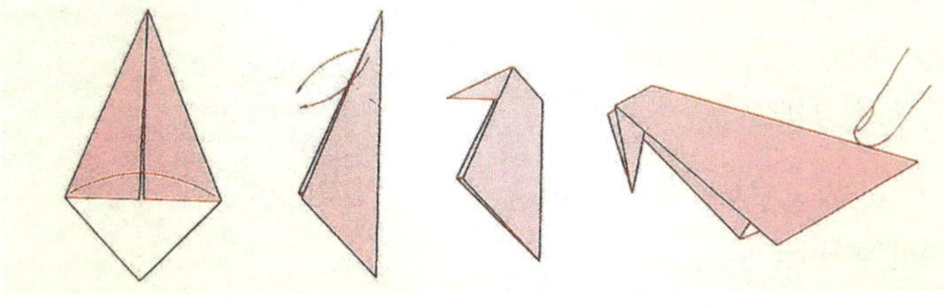

图 2–1–9

4. 四角向中心折

（1）正方形对角轻折一虚线，另外两角也如此，折出中心点。

（2）四角分别向中心点折。

（3）成正方形。

如下图所示：

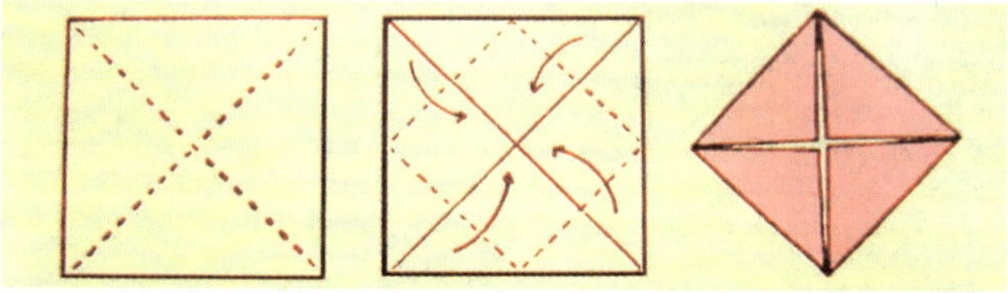

图 2-1-10

实践范例：方盒，转盘。

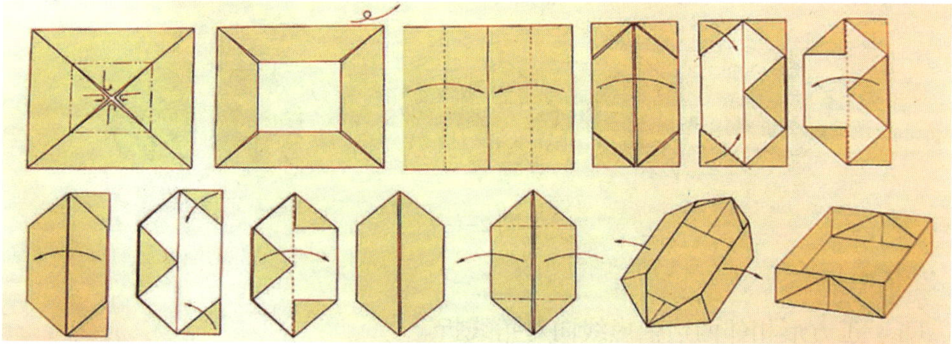

图 2-1-11

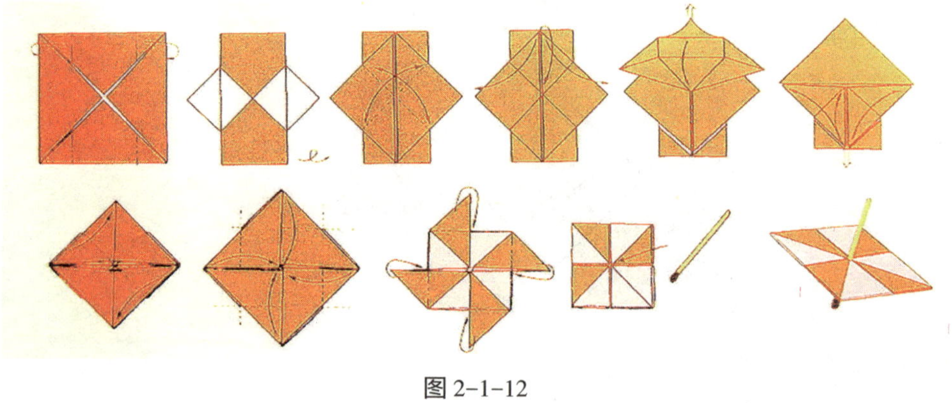

图 2-1-12

5. 双正方形折

（1）正方形对边折。

（2）一角向前折，另一角向后折。

（3）从中间撑开压平。

（4）成双正方形。

如下图所示：

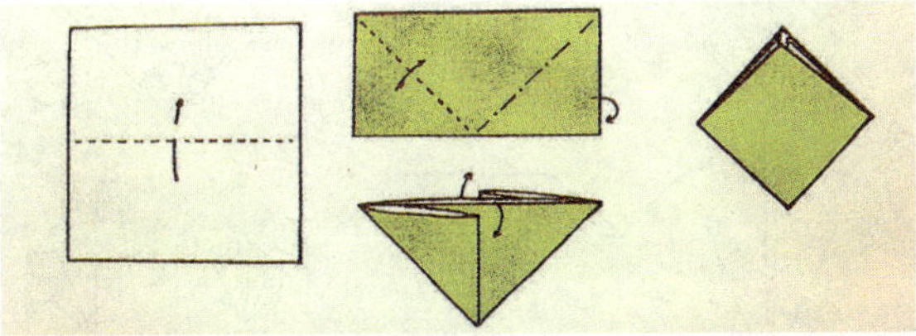

图 2-1-13

实践范例：郁金香，纸盒。

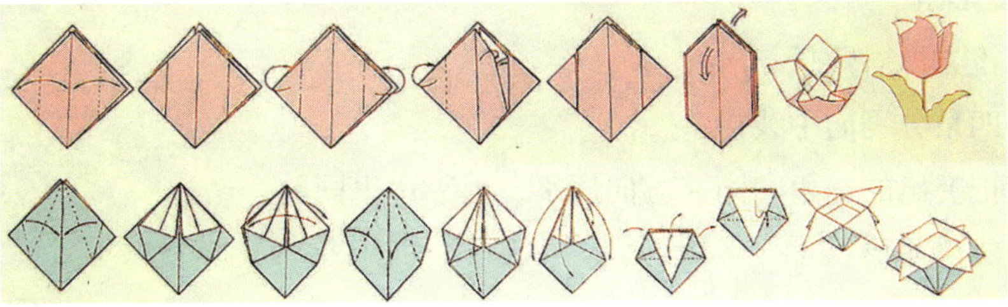

图 2-1-14

6. 双三角形折

（1）正方形对角折。

（2）依虚线一角向前折，另一角向后折。

（3）从中间撑开压平。

（4）成双三角形。

如下图所示：

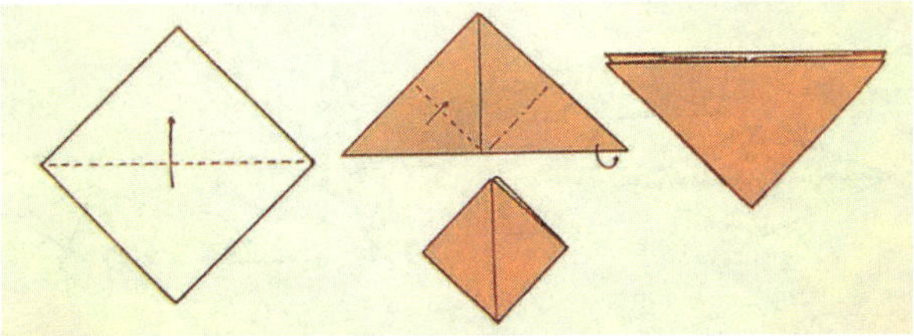

图 2-1-15

实践范例：蝴蝶，兔子。

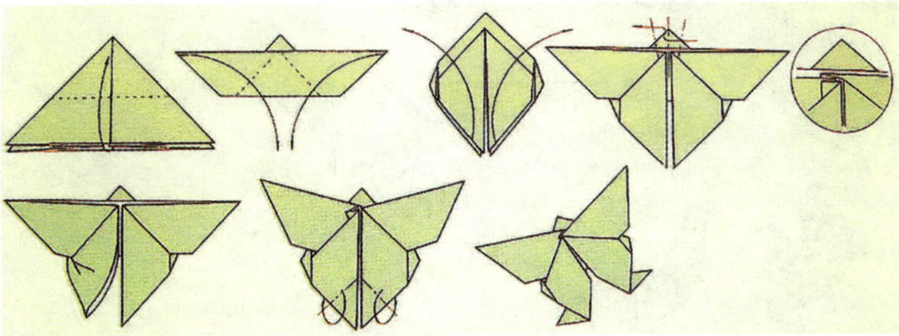

图 2-1-16

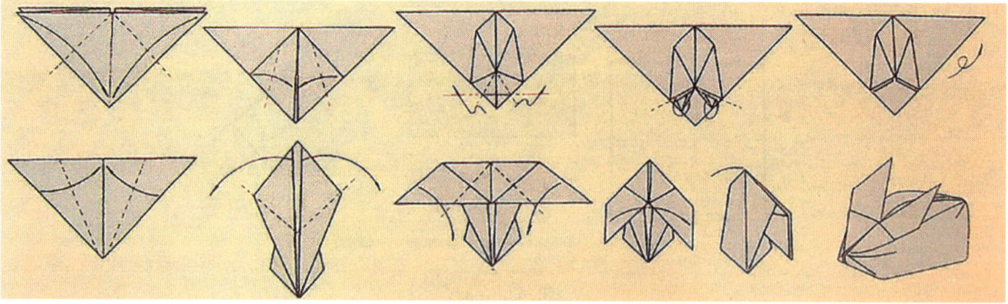

图 2-1-17

7. 单菱形折

（1）正方形对角折。

（2）四角分别向中线折。

（3）把突出的一角向同一方向压平，另一边也同前。

（4）成单菱形。

如下图所示：

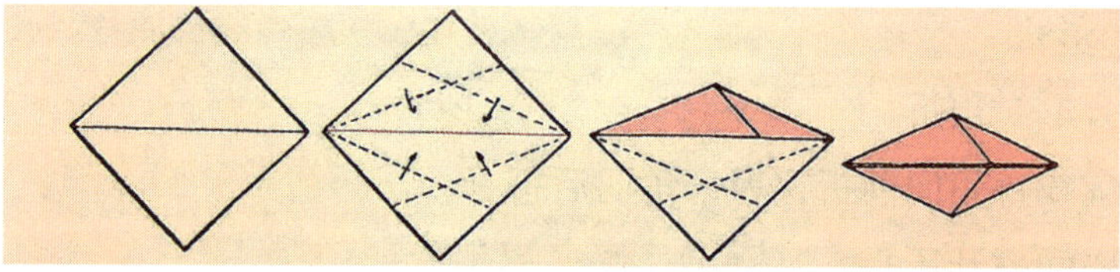

图 2-1-18

实践范例：鸽子，恐龙。

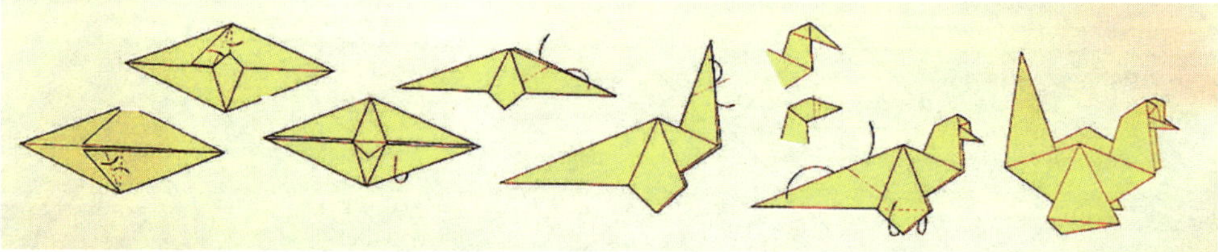

图 2-1-19

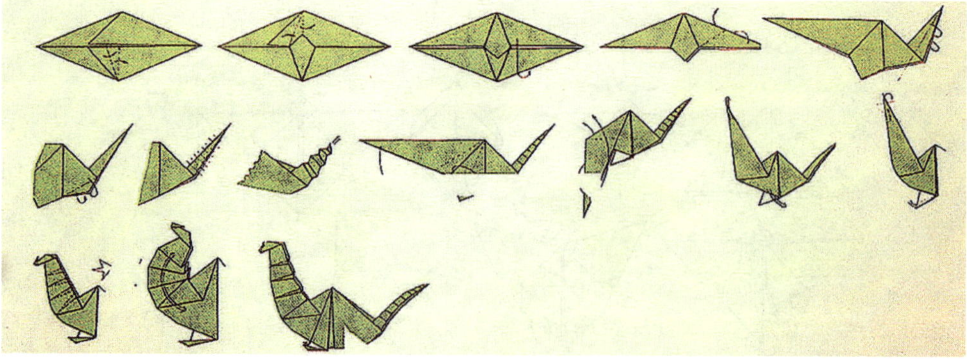

图 2-1-20

8. 双菱形折

（1）正方形对边折。

（2）依虚线一角向前折，另一角向后折。

（3）从中间撑开压平。

（4）双正方形的面层和底层，开口两边依虚线向中线内折。

（5）把上角依虚线向下拉。

（6）成双菱形。

如下图所示：

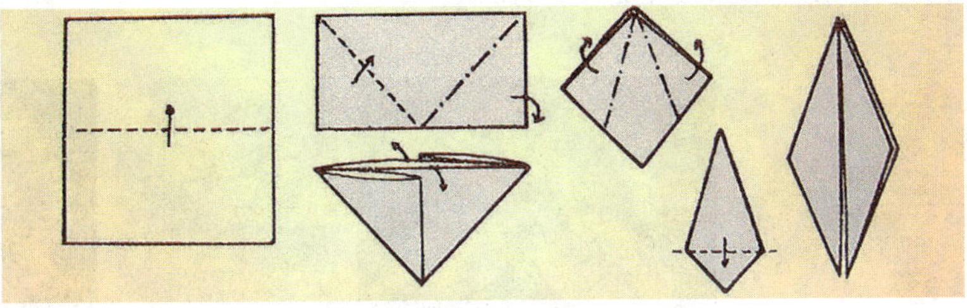

图 2-1-21

实践范例：飞鹤，鹭鸶，星。

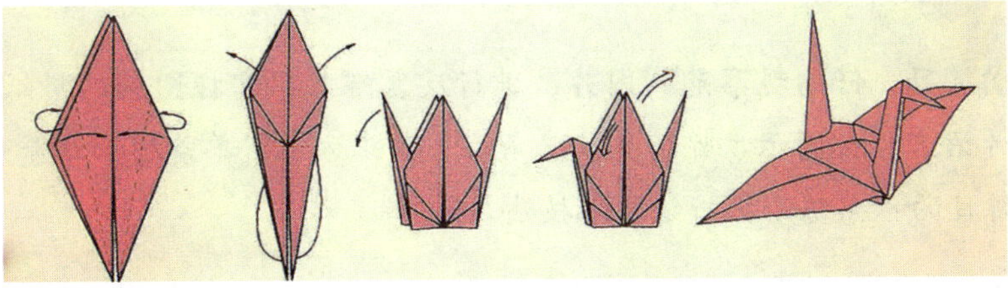

图 2-1-22

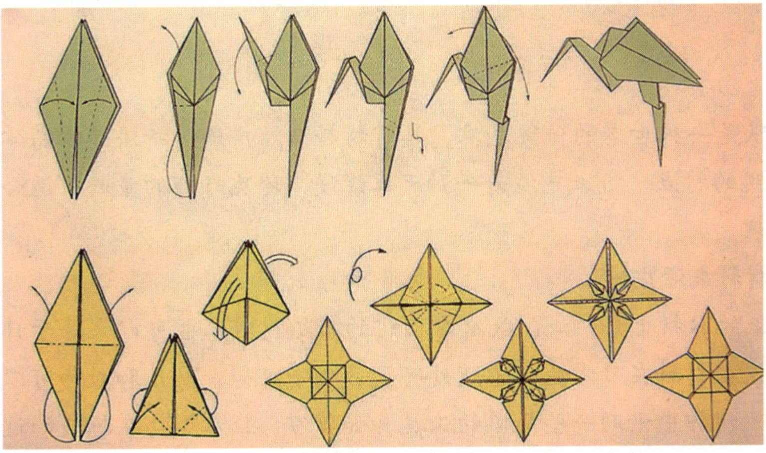

图 2-1-23

9. 正反折

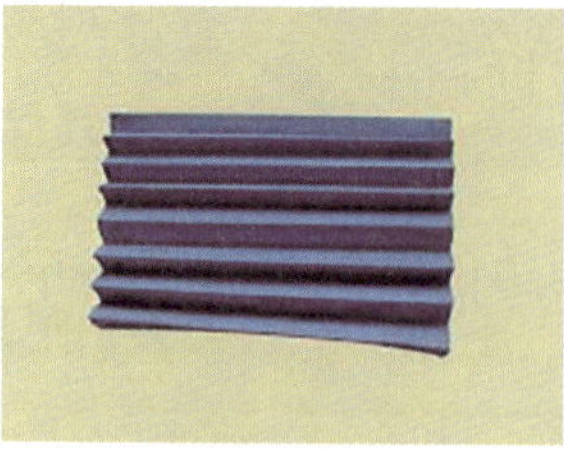

图 2-1-24

图 2-1-25

实践范例：锦鲤，蝴蝶，木偶，团花。

图 2-1-26

图 2-1-27

图 2-1-28

图 2-1-29

技能实训

课堂练习：仔细观察范例图片，进行反复练习，掌握图例的折纸规范用语及符号语言，按图示步骤折叠双三角形、双正方形、单菱形和双菱形。

训练目的：熟练掌握折纸基本技法。

拓展阅读

折纸的特点

折纸是一种古老的传统艺术，具有材料来源广泛、折法简单易学、造型生动美观的特点。折纸充溢着一种天真烂漫、玲珑纤巧的童趣，适合幼儿的娱乐心理。

1. 材料来源广泛

折纸的取材十分广泛，既有专门化的折纸材料，也可以来源于日常生活用纸。这些材料在日常生活中随处可见、唾手可得，幼儿和教师可以随时随地取材。制作中借助一些简单的工具，如剪刀、胶水等，在折叠的过程中展现了想象力，也发挥了创作潜力。

2. 折法简单易学

折纸的方法多种多样，如对边折、对角折、四角向中心折、双三角形折等，这些折法简单易学，即便是小班幼儿也能很快学会。在学会这些基本折法的基础上，教师和幼儿就可以掌握更多折纸的基本模型，而形形色色的折纸作品大多是这些基本模型的变形体。

3. 形象生动、夸张有趣

通过不同的折纸方法可以折叠出各种各样的造型，这些折纸造型形象生动、夸张有趣，符合幼儿的审美特点。

三、创意折纸玩教具造型的操作与实践

（一）青蛙折纸

折叠步骤图演示（如图 2-1-30 至图 2-1-41）：

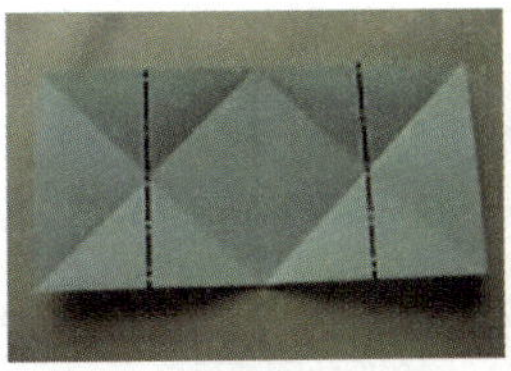
图 2-1-30　四角依虚线内侧向外侧折

图 2-1-31　依虚线外侧向内侧折

图 2-1-32　依虚线向上折

图 2-1-33　依虚线向下折

图 2-1-34　翻过来

图 2-1-35　翻过来依虚线折

图 2-1-36　比例为 2：1 的长方形纸，依虚线折

图 2-1-37　把此形状垂直旋转后再翻过来

图 2-1-38　依虚线向里折

图 2-1-39　依虚线，下面的角向上折

图 2-1-40　将上面的三角形两角塞进下面的三角形内

图 2-1-41　翻过来依虚线折

图 2-1-42

玩法：用手指按下，青蛙会弹起，可比比谁的青蛙跳得远。

（二）大嘴巴

基本步骤：

（1）正方形四角向中心折，正反各一次，打开即成。

（2）装饰粘贴成各种可爱的动物形象。

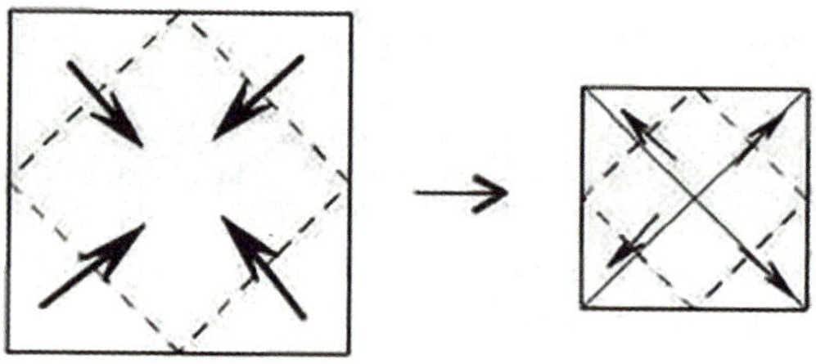

图 2-1-43 步骤演示

图 2-1-44 创意大嘴巴形象完成效果图

图 2-1-45

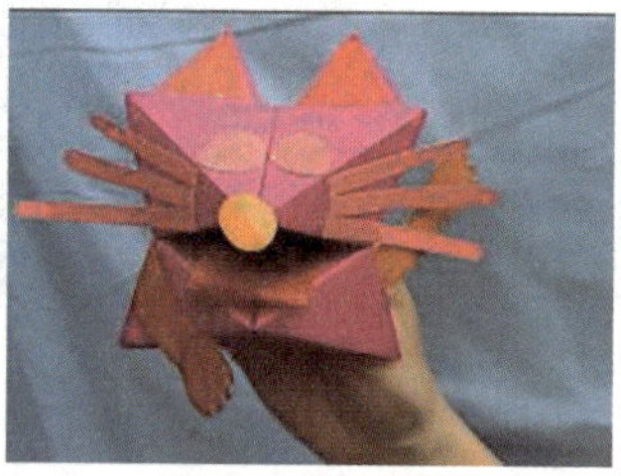

图 2-1-46

图 2-1-47

图 2-1-48

图 2-1-49

（三）八角花篮

折叠步骤图演示（如图 2-1-50）：

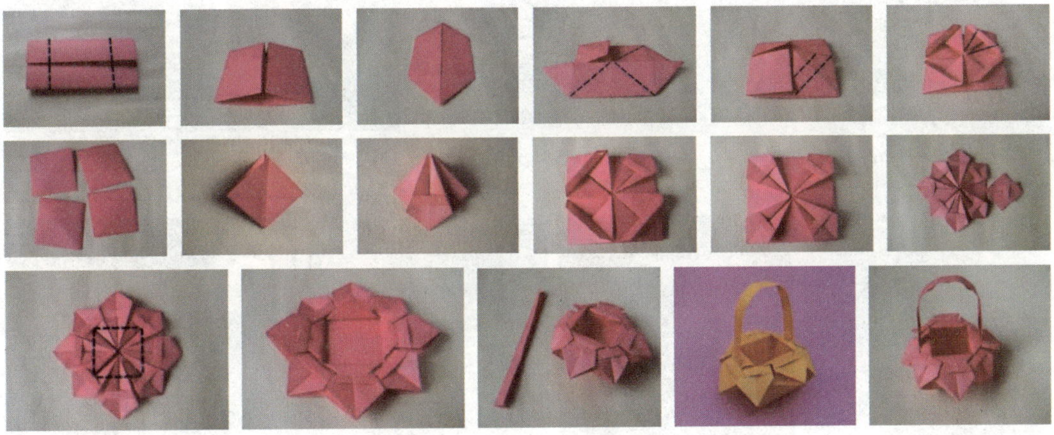

图 2-1-50

（四）三角插

基本步骤：

（1）取长宽比例为 4∶1 的长方形纸条，两端依虚线向中间折。

（2）翻转图形，下端两正方形分别依虚线对角折。

（3）把折好的三角形依虚线向上折。

（4）三角形依虚线左右对折。

折叠步骤图演示（如图 2-1-51）：

图 2-1-51

三角插组合技法：三角插根据不同的物象特点可以穿插组合出不同形状的造型，比如花鸟、动物、卡通、生活用品等。如图 2-1-52 至图 2-1-59 所示。

图 2-1-52 蜻蜓造型

图 2-1-53 天鹅造型

图 2-1-54 花卉造型

图 2-1-55 小象造型

图 2-1-56 花瓶造型

图 2-1-57 台灯造型

图 2-1-58 海绵宝宝造型

图 2-1-59 小精灵造型

技能实训

课堂练习：按照图解的折纸术语及折纸符号进行练习，选择 3 个范例，按图示步骤进行操作。

课后巩固：发挥自身想象力和创造性，选择两个示例进行再创作，折出与众不同的折纸造型。

训练目的：了解折纸的基本技法在折纸作品中的状态，并能灵活运用到日常的教育教学活动当中。

（五）莲花折纸

材料准备：莲花花瓣用纸 12 张，每张为 2∶1 的长方形（可用正方形纸对开）；莲叶用纸：4 张，大小规格与上面花瓣用纸相同；花蕊用黄色纸张 3 张。

基本步骤（如图 2-1-60 至图 2-1-67）：

图 2-1-60

图 2-1-61

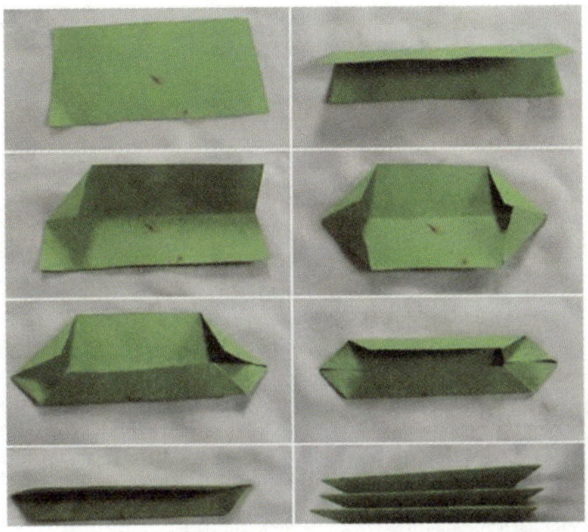

图 2-1-62

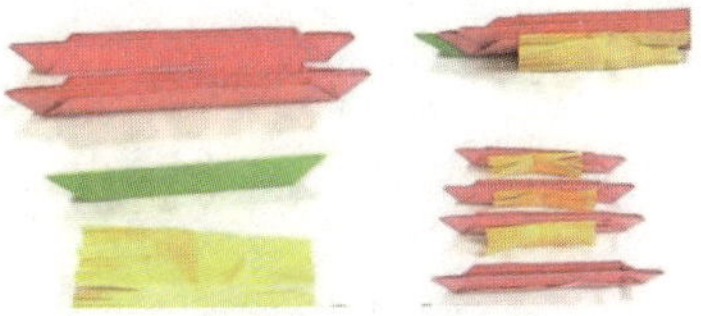

图 2-1-63

图 2-1-64

图 2-1-65

图 2-1-66

图 2-1-67

实践小创意：莲花灯

图 2-1-68

图 2-1-69

图 2-1-70

案例分享

大班美工课——折纸“小狐狸”

★活动目标：

1. 了解折纸的造型艺术特点，尝试独立完成折纸《小狐狸》。

2. 提高幼儿的创造力，动手制作能力及审美能力。

★活动重点：

引导幼儿学习小狐狸的折纸方法。

★活动难点：

培养幼儿认真、细心的折纸习惯。

★活动准备：

小狐狸折纸范例、彩色纸、水彩笔、多媒体课件。

★活动过程：

一、激趣导入

教师：“小朋友们，你们有没有见过狐狸？它是什么样的？你们在哪里看到的？大家来说一说。”（幼儿已有经验交流）

二、教师折纸示范

1. 教师播放课件，并示范折纸。

（1）先把一张正方形的纸对边折，变成一张长方形的纸，然后再对折，变成一个小正方形；

（2）把正方形打开，把四个角沿着线往中间折；

（3）把纸翻过来，把四个角往中间折；

（4）再翻一次纸，把四个角往中间折；

（5）把纸翻过来，把四个角打开，压平；

（6）将一个小方块轻轻地拉开，取另一张纸，做成纸条，塞进狐狸的下巴上，抽动纸条，狐狸的嘴巴就会一动一动。

2. 教师强调折纸时注意：

（1）折纸时注意边和边、角和角对齐。

（2）拉开小方块不要用力拉扯，以免把纸撕破。

三、幼儿尝试折小狐狸，教师进行个别指导

教师表扬独立完成折纸活动的幼儿，并鼓励幼儿互相合作，请部分动手能力强的幼儿指导其他幼儿折纸。

将小狐狸粘贴到白纸上，鼓励幼儿进行添画。（可以添画太阳、白云、草地、

蘑菇、小鸟等）

四、幼儿展示作品

教师小结：今天我们学习了折小狐狸，我们把狐狸的小眼睛画上，然后一起来抽动小纸条。看，小狐狸正和我们说话呢！

★活动延伸：

小朋友们，今天我们折了一只可爱的小狐狸，小朋友们回家后和爸爸妈妈一起动手折一折，再折出你喜欢的其他小动物好吗？

四、综合折纸类玩教具作品展示与欣赏

图 2-1-71

图 2-1-72

图 2-1-73

图 2-1-74

图 2-1-75

图 2-1-76

图 2-1-77

图 2-1-78

图 2-1-79

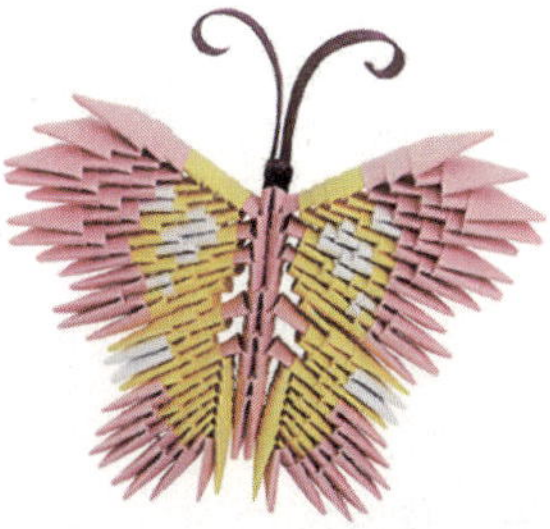
图 2-1-80

图 2-1-81

图 2-1-82

图 2-1-83

图 2-1-84

思考与实训

1. 充分发挥想象力，以3—5位同学组成1个小组，协作完成1个三角插折纸造型作品。

2. 综合创编：以5—8位同学为1个小组创编一则故事，同学辅助配音或加上动作，让故事里的角色都以相应的折纸造型来完成表演，看哪个小组的折纸造型和表演最精彩。

专题探讨

折纸在幼儿园教育活动中的应用

通过双手，普通的纸张可以折出各种生动的形象，这是“无声的诗，立体的画”。折纸过程中的变化引起了孩子们的好奇，在这个过程中孩子们感受美、创造美，也达到了以美育人的效果。

在幼儿园开展折纸活动，可以锻炼幼儿手脑的协调性，使幼儿形成有序做事的良好习惯，并有足够的耐心专注于折叠过程，记住每一个步骤环节。这是对儿童空间感知能力、视觉记忆能力的一种锻炼。儿童在观察中认识圆形、长方形、正方形、三角形等几何图形，并对各种图形的认识逐渐加深，对上、下、左、右的方向有了更准确的认知。折纸是平面向立体的转化，一张普普通通的纸从平面逐渐变成孩子们喜欢的各种立体造型，激发了他们的好奇心。

第二节　剪纸类玩教具的设计与制作

“一剪之巧夺神功，美在人间永不朽。”

——郭沫若

一、剪纸类玩教具概述

民间剪纸是中国古老的传统民间艺术，具有很强的地方性、民俗性，是中国特有的一种民间民俗文化造型表现艺术。民间剪纸教学是幼儿园美术教育的重要组成部分。民间剪纸是一种用剪刀和刻刀在纸上剪刻花纹，并用于装点生活或配合其他民俗活动的民间艺术。中国剪纸历史悠久，考古学家发现并证实，南北朝时期就已经有了剪纸。民间剪纸是我国民间艺术的一朵奇葩，是中华民族最典型、最生动的符号，浓缩着中国人民的智慧和深厚的民族精神。2003 年，剪纸被列入中国民间十大文化遗产抢救工程。 2006 年 5 月 20 日，剪纸艺术遗产经国务院批准列入第一批国家级非物质文化遗产名录。 2010 年，中国剪纸入选“人类非物质文化遗产代表作名录”。

拓展阅读

《小剪刀》

小剪刀，手中拿，我学奶奶剪窗花。
剪梅花，剪雪花，剪对喜鹊叫喳喳。
剪只鸡，剪只鸭，剪条鲤鱼摇尾巴。
大红鲤鱼谁来抱？
哦！再剪一个胖娃娃！

图 2-2-1

《剪纸歌》

小手小手真灵巧，拿起可爱小剪刀。
剪只公鸡喔喔叫，剪只小鹅摆摆摇，
剪只小羊蹦蹦跳，剪只猴子痒痒挠。
呼呼——啊呀！
风婆婆来凑热闹，小动物们满地跑。
快瞧，快瞧！
剪个娃娃哈哈笑，剪纸剪纸多奇妙！

（一）民间剪纸与幼儿园

由于民间剪纸具有强烈的装饰性、趣味性和实用性，所以千百年来剪纸艺术依然蓬勃发展、经久不衰。剪纸可形象地表示多种图案，如漂亮的窗花、美丽的灯笼和生动的动物等，它是幼儿喜欢的一种艺术形式。剪纸的应用范围广泛，它可以用于装饰环境、引导教育和培养幼儿艺术素养等。

民间剪纸是幼儿手、眼、脑并用的过程，能有效促进幼儿小肌肉群的发展，锻炼手眼协调性，开启智力。民间剪纸这项手脑结合的活动，对孩子非常有益，既可以使孩子从小接触、了解我国的传统文化，还能在欣赏、创作剪纸作品的过程中，开发孩子的形象思维、创造思维以及情感思维。这种学与玩相结合的方式，能充分提高孩子的创造力，培养孩子的审美能力。

民间剪纸又是一种古老的益智活动，对幼儿思维能力的拓展和判断能力的提高有很大好处，可以培养孩子们耐心，增强他们的毅力，提高他们的艺术修养。

民间剪纸在幼儿园中还可用于节日装饰、环境布置以及玩教具制作等。

图 2-2-2

图 2-2-3

（二）民间剪纸作为幼儿美术教育资源

立足于保护和传承非物质文化遗产，以民间剪纸为载体，以学前美术教育活动为依托，积极有效地开发和利用民间剪纸艺术资源，实现民间剪纸与幼儿美术教育的有机整合，使传统的民间剪纸艺术在幼儿美术教育领域中发挥其独有的艺术魅力。以民间剪纸艺术为代表开展幼儿非物质文化遗产启蒙教育，是幼儿园发挥文化传递功能的有效途径。

（三）民间剪纸艺术的教育功能

1. 民间剪纸促进幼儿身心健康

首先，学习民间剪纸是一个需要幼儿手、眼、脑并用的过程，这可以有效促进幼儿小肌肉群的发展，提高幼儿手部肌肉的灵活性，锻炼手眼协调能力。同时剪纸又是一项古老的益智活动，对幼儿大脑的发育和思维能力的拓展有很大好处。

其次，生动活泼有趣的剪纸教学活动有益于幼儿形成活泼开朗、乐观向上的性格特征，可以增强他们的意志力，提高他们的艺术修养。

再次，幼儿心中的压抑和不快情绪也可以通过折、画、剪等动作得以排解和缓解，这在一定程度上也可以让幼儿保持良好的情绪和心理状态，从而促进身心健康和谐发展。

2. 民间剪纸开发幼儿多元智力

智力因素通常是指记忆力、观察力、思维能力、注意力、想象力等，即认识能力的总和。剪纸不仅仅是简单的手部活动，也是一项活跃思维、启迪智慧的活动。

3. 民间剪纸提高幼儿审美情趣

学前儿童天生好奇心强，喜欢艳丽的色彩，有意识地培养他们的色彩感知能力，可以帮助幼儿树立正确的审美观，引起幼儿愉快的体验，获得美的享受，从而提高他们的综合审美素质。经典的民间剪纸艺术作品可以丰富幼儿艺术鉴赏活动，不但可以培养幼儿细腻的情感和加深对生活艺术美的体验，而且可以提高幼儿的审美鉴赏能力、理解能力和表现能力。

图 2-2-4

图 2-2-5

图 2-2-6

图 2-2-7

4. 民间剪纸提高幼儿创新意识

每个幼儿都是“天生的艺术家”，他们具有独特的想象力和创造力，有着自己对事物的审美和判断能力。民间剪纸蕴含有丰富的历史溯源、民间歌谣、民间传说以及优秀的民间艺人故事等，结合幼儿园灵活的现代教育媒体和手段，可以让幼儿积极热情地投入剪纸教学活动中，充分发挥他们的想象力和创造力，创作出他们独一无二的剪纸作品。在创作中，幼儿尽情表达和展现他们的喜怒哀乐，教师适时地进行引导和评估，可以激发幼儿的卓越的创新和创作能力。

（四）民间剪纸与学前幼儿游戏

游戏是幼儿的天性，是幼儿园的基本教育活动。开展“以幼儿为本”的幼儿园游戏活动，将民间剪纸有机融合到幼儿园游戏活动中来，让幼儿在剪纸游戏中互相交往，不但可以促进幼儿社会性发展，还可以提高幼儿的艺术素养，真正达到艺术教育的目标。

比如：对于幼儿认知简单的几何形状，用剪纸游戏的形式来开展就是最直观和最有效的教学活动；另外，运用民间剪纸具有“对称性”的特点，在民间剪纸内容创编的过程中，选取幼儿所熟知的各种蔬果、花鸟、草虫、动物和器皿等这些具有对称性特征的素材作为剪纸游戏活动的内容；再者，民间剪纸中涌现出许多经典的剪纸艺术作品，如下图中的《鹊桥相会》《八仙过海》《老鼠嫁女》等，教师可以和幼儿一起设计制作剪纸道具或面具，并让幼儿进行角色扮演，让幼儿参与剪纸游戏活动中来，发挥他们的综合艺术表现和创作能力。

图 2-2-8 《鹊桥相会》

图 2-2-9《八仙过海》

图 2-2-10 《老鼠嫁女》

（五）民间剪纸与影视、绘本

民间剪纸动画是将民间剪纸艺术运用到动画片设计制作的一种中国特有的美术片类型，民族艺术特色能够在中国剪纸动画中得到充分体现。最具代表性剪纸动画片题材有《猪八戒吃西瓜》（如图 2–2–11 ）、《人参娃娃》（如图 2–2–12）、《金色的海螺》《渔童》《鹬蚌相争》《葫芦兄弟》《火童》以及现代剪纸动画连续剧《延河湾》等，这些剪纸动画片都把中国美学元素完美融合进影视动画，均成为中国动画的经典之作。

除了剪纸影视而外，还有社会上流行的各种优秀的幼儿剪纸系列图书和绘本，如《安徒生童话剪纸》（如图 2–2–13）、《鼠妹招亲》（如图 2–2–14）、《一只蝙蝠的自述》（如图 2–2–15）等。

图 2–2–11

图 2–2–12

图 2–2–13

图 2–2–14

图 2–2–15

拓展阅读

“童话大王”安徒生竟然还是“剪纸大师”

如果说安徒生是最伟大的童话作家，这话一点也不过分，大概每个小孩的童年记忆中都有他的存在。是这位写童话的人和他的童话故事，让小小的我们知道了美的存在。他的童话不仅只有圆满的快乐，还带着一些遗憾和忧伤。这种关于美的体验，就像在春寒料峭的时节，虽然薄薄的冰霜依然附着在大地之上，但春天的澎湃生机已经在暗暗萌发，温暖从地表渐渐涌起，暖人心扉。

虽然安徒生的童话早为众人熟悉，但是对于这位大师的一生，尤其是他的剪纸作品，知道的人恐怕并不多。安徒生是一个了不起的剪纸艺术家，而且是他所处的那个时代北欧最优秀的剪纸艺术家。他对剪纸的爱到了痴迷的地步，他习惯随身带把剪刀，旅途中，写作间隙，或是去友人家做客，他都会随时用手边的纸张剪起来。甚至，有一次在他乘马车前往欧登塞途中，还不小心坐到了剪刀上面被扎伤了。

剪纸并非只是安徒生的一种艺术爱好，而是他童话的一部分。他常常在给孩子们讲童话时，一边讲一边剪纸。他剪纸是即兴的，讲的故事也常常是兴之所至，任意发挥。所以，安徒生说自己“剪纸是写作的开始”。当然，他不是因为写作才剪纸，但剪纸唤起了他创作前期最重要的精神活动——想象。他启示我们，最生动的童话，都是想象出来的，而不是趴在桌上写出来的。

安徒生那个时代的北欧传统剪纸主要用于纪念性的人像剪影，在照相术没有发明的年代，人像剪影是欧洲日常生活中普遍使用的纪念式图像手段。这个古朴直接的人物剪影的方式一直流传到今天。安徒生是一个剪纸的天才，文献与传说已说不清安徒生何时学会的剪纸，但他是一个天生的开拓者，不仅在文学诗歌领域，剪纸也是如此。安徒生的剪纸创作丰富发展了北欧人像剪影式剪纸传统，他把口传的诗歌文学故事，把他那颗天才敏感的心感受到的事物都融入了剪纸。安徒生一生剪了一千多幅剪纸作品，极大充实拓宽了北欧的剪纸传统。看看今天丹麦、挪威、芬兰的现代剪纸作品，我们也可视安徒生为北欧现代剪纸之父。研究安徒生更重要的发现是，他创作童话的方式是边剪纸边讲故事，口传故事和剪纸图形互动共生，这也是中国乡村妇女传统剪纸的方式。

“剪纸是诗文创作的开始。”安徒生在使用着农业时代民间艺术的思维方式创作，他是以口传文化思维和手传文化方式在写作童话。安徒生的剪纸是他心灵的窗花，他用剪纸的方式导引出心灵的故事。手离心很近，剪纸的过程也是用手来表达内心的过程。这和我们民间剪纸的方式异曲同工。手确实比眼离心更近，心手叙事方式是具有普遍性的民间文化叙事传统，也反映出人类文化认知方式上的本能选择。这个发现与启示非常重要，因为剪纸无论对于妇女或儿童，只有视其为个体心与手的文化认知过程，视其为生活与生命的本能表达，教育的传承与创造才能走出单一技能和庸俗化视觉功利追求的误区。

二、对称剪纸图案的折剪技法与范例

在剪纸方法中，中心对称剪法是最常见的一种剪法，但是最简单也同时对于初学者而言有着重要意义的剪法就是左右对称剪法。在初接触到剪纸的时候，大多数人使用的都是左右对称剪法，而且这种剪法的适用范围更加广泛，几乎任何题材和类型都可以使用这种剪纸方法，但是想剪裁好，还有许多细节需要注意，譬如左右对称剪法中最难掌握的应该就是左右图案接合的地方了。

范例一：左右对称折剪《红苹果》

1. 长方形红宣纸、剪刀、白乳胶，双面胶。

2. 用马克笔画出折叠线，将长方形纸张一分为二。

3. 沿虚线折叠。

4. 画出苹果的对称图。

5. 为需要剪掉的区域画出阴影。

6. 连贯地沿苹果图形的轮廓剪出苹果剪纸。

图 2-2-16 红苹果

范例二：左右对称折剪《百年好合》

1. 准备：取四张色纸，分两份，从中间对叠一次，用订书机订好。

2. 描图：把剪纸图案的图样，用格尺从对称线（中心线）画一直线，在订好的纸上找出叠折的一边（即连着的那一边）对准图样的对称线，只画对称线一侧的图形，也就是原图样只画一半。

3. 剪制：左右对称剪法，关键在于处理叠折边的连接问题。若剪半圆，展开就会成整圆；若剪一条斜线，展开就会出现一条折线；所以，剪左右对称的剪纸时，应该考虑到剪成后的展开效果，而不要盲目地把连线都剪断，致使左右分离，图形凌乱。

图 2-2-17 百年好合

图 2-2-18 喜鹊登梅

适合左右对称图形的剪纸题材很多，在《喜鹊登梅》《福寿双全》《和和美美》等传统的吉祥题材中尤为常见。左右对称剪纸具有祥和、庄重之感，是人们普遍喜欢的常见的一种剪纸形式。

案例分享

中班剪纸活动——窗花

★活动目标

1. 了解中国民间传统艺术——剪纸，欣赏精美的剪纸艺术作品，激发幼儿对美好生活的热爱之情。

2. 掌握窗花的折剪方法，并主动探索更多简单常见的折剪方法。

3. 锻炼幼儿小肌肉群的灵活性。

★活动准备

有关窗花剪纸的课件、教师自己的窗花剪纸作品、彩色手工纸、A4 白纸、剪刀和胶水等。

★活动过程

一、了解并欣赏剪纸艺术

通过图文并茂的形式引导幼儿了解剪纸艺术，即利用课件介绍剪纸的相关内容，并欣赏不同的剪纸作品，如动物剪纸、花鸟剪纸等。

二、激趣引导

通过实物展示激发幼儿的求知欲，即欣赏实物剪纸作品——窗花，并简单介绍窗花的制作方法。

三、动手操作

通过实际操作锻炼幼儿肌肉的灵活性，即让幼儿自己动手剪窗花。

1. 教师先教授幼儿剪窗花的方法，即先将彩色正方形折纸进行两次对边折，再进行一次对角折，然后在纸上画出要剪的图案，并用剪刀剪出图案的形状，最后将剪纸展开。

2. 观察剪好的窗花形状，让幼儿说说他们有什么特点。

3. 让幼儿自己尝试运用不同的折法和剪法进行剪纸，并感受图形变化的奇妙。（提示幼儿小心使用剪刀，注意安全。）

四、作品展示

请幼儿展示自己剪纸的本领，并将剪好的窗花贴在白纸上，让大家一起来欣赏。这样不仅可以锻炼幼儿的胆量，提高幼儿互相学习的能力，还可以让大家一起感受窗花剪纸的美妙。

五、小结

教师：“小朋友们都很聪明，大家对剪纸的图案都有自己的想法，而且每个小朋友的作品都有自己的特点，所以小朋友们以后要多欣赏剪纸作品，这样自己剪出来的剪纸作品将会更加漂亮。”

★活动延伸

放学回家后和爸爸妈妈一起剪出不同图案的窗花，并贴在家里的窗户上，和家人一起欣赏。

范例三：左右对称折剪《小老鼠》

图 2-2-19 小老鼠折剪步骤

范例四：左右对称折剪《双喜临门》

图 2-2-20 双喜临门折剪步骤

三、三角形、六角形剪纸图案的折剪技法与范例

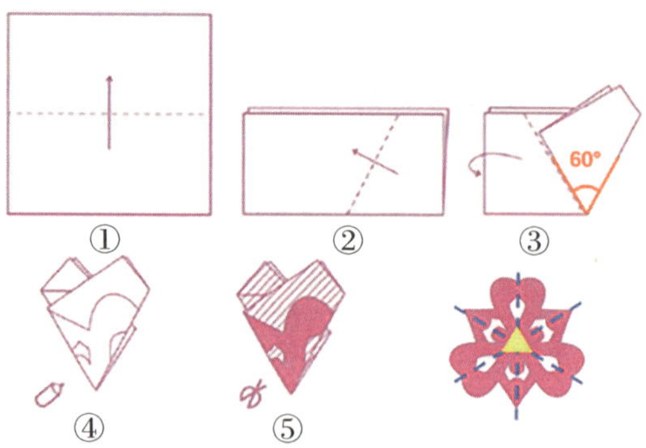

图 2-2-21 三角形团花折剪步骤

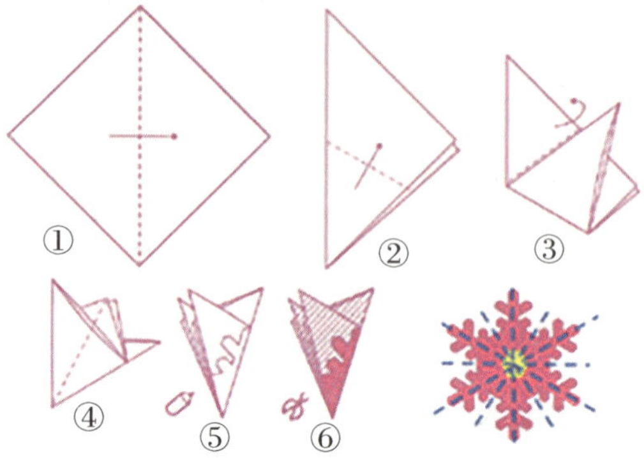

图 2-2-22 六角形雪花折剪步骤

图 2-2-23 六角形团花折剪步骤

四、四角形、八角形剪纸图案的折剪技法与范例

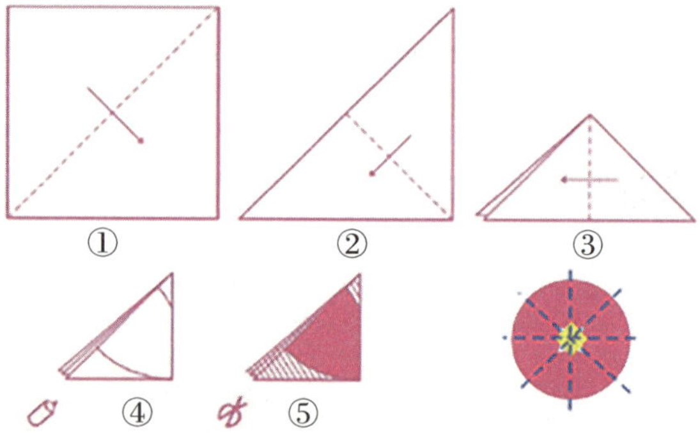

图 2-2-24 四角形古铜钱折剪步骤

图 2-2-25 白菜“四季发财”折剪步骤

图 2-2-26 八角形团花折剪步骤

拓展阅读

民间剪纸的民俗寓意

民间剪纸图案五彩缤纷、包罗万象，有经史故事、神话民谭、戏曲小说、诗词散文、民歌童谣、成语俗谚、风俗人情、现实生活、花鸟鱼虫、文物文字等。最具特色的就是窗花和花样儿。窗花题材以忠孝节义、驱邪除恶等寓意为主，花样儿多为福禄寿喜、吉祥如意等。民间剪纸对题材采取“寓意”的表现手法，以纳吉、祝福、祈福、除恶、劝勉、警诫为主旨。如遇到寓意深奥、字义无法表达或景物表达有困难时，则以“假物喻事”“借音阐义”等方法处理。剪纸以历史悠久、底蕴深厚的文化色彩而著称，它通过借喻、象征、借代等手法，寄托种种吉祥含义。

巧妙借动植物的自然属性，汉字谐音，寄托种种吉祥含义，如借动植物自然属性的手法表现寓意的有金瓜、葫芦、石榴这些都是多籽，鱼、蛙善于繁殖，借喻祈求子孙绵延昌盛。以动植物象征的手法表现寓意的有：牡丹象征富贵，桂圆象征团圆，金橘象征吉利；孔雀凤凰为异鸟珍禽，象征吉祥如意；喜鹊能知时报喜，象征喜事迎门；虎为百兽之王，威武勇猛，象征刚健；狮虎还是婴儿衣饰的主要图案，以期祛病免灾。

以汉字谐音手法表现的有枣、花生、桂圆、莲子组合在一起，寓意“早生贵子”，莲花鲤鱼组合为“年年有余”，桃和五只蝙蝠组合为“五福庆寿”，三只羊组合为“三阳开泰”，鹌鹑栖息在落叶上，称之为“安居乐业”，喜鹊梅花为“喜上眉梢”。

如图 2-2-25 中的白菜剪纸造型，白菜谐音“百财”，有聚财、招财、发财、百财聚来的含义；从白菜的颜色和外形上看，还寓意清白。老百姓在过春节的时候，都要吃两道家常菜，即长叶白菜和青菜，寓意为人处世都要清清白白。

五、五角形、十角形剪纸图案的折剪技法与范例

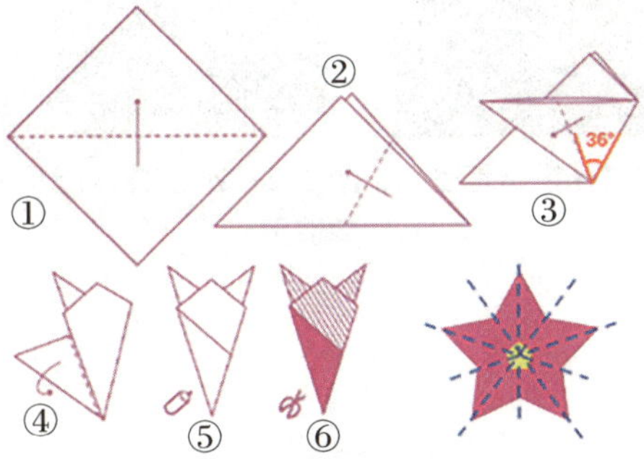

图 2-2-27　五角星折剪步骤

图 2-2-28　十角形团花折剪步骤

六、二方连续剪纸图案的折剪技法与范例

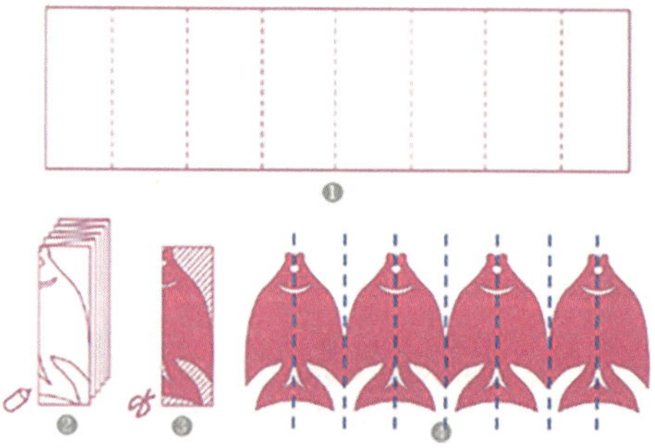

图 2-2-29 二方连续热带鱼折剪步骤

图 2-2-30 二方连续茄子折剪步骤

图 2-2-31 二方连续蝴蝶折剪步骤

七、立体剪纸玩教具造型的折剪技法与实践

图 2-2-32 立体荷花折剪造型

图 2-2-33 立体向日葵折剪造型

图 2-2-34 立体蝴蝶折剪造型

图 2-2-35 立体鲤鱼折剪造型

图 2-2-36 立体雪花折剪造型

图 2-2-37 立体字母折剪造型

拓展阅读

指尖上的艺术

《3—6岁儿童学习与发展指南》指出，“幼儿艺术领域学习的关键在于充分创造条件和机会，在大自然和社会文化生活中萌发幼儿对美的感受和体验，丰富其想象力和创造力，引导幼儿学会用心灵去感受美和发现美，用自己的方式去表现和创造美。

著名儿童教育家陈鹤琴先生说过：“小孩子应有剪纸的机会。”他认为剪纸活动能使孩子安静下来，会专心致志地干件事；可以锻炼幼儿的手部肌肉，让小手灵活起来，促进幼儿大脑的发展。

幼儿园开展艺术创想剪纸活动，目的是激发幼儿对剪纸活动的兴趣，培养幼儿的审美情趣，激发幼儿对民间剪纸艺术和传统文化的热爱之情，增强幼儿的民族自豪感，提高幼儿的剪纸技能及动手操作能力，发展幼儿的想象力和创造力。

剪纸作为幼儿艺术表征的形式之一，是对传统剪纸的继承与发展，其内容和形式更能让幼儿接受和喜爱。幼儿园应不断深入教研，通过剪纸活动，让孩子得到更多的锻炼和发展，让传统剪纸艺术后继有人，让中华文化得以发扬传承。

人物介绍

“剪花娘子” 库淑兰：黄土高原上的瑰宝

黄土高原是华夏文明的发源地，悠久的历史文化积淀孕育了深厚多彩的民间文化。其中在陕西关中地区，一位剪纸大师的诞生为中国民间剪纸文化涂抹了浓墨重彩的一笔，她就是“剪花娘子”库淑兰。

库淑兰（1920—2004），陕西省旬邑县赤道乡富村人，中国民间剪纸艺术杰出的代表人物之一，被誉为“剪花娘子”。1996年，被联合国教科文组织授予“民间工艺美术大师”称号。

库淑兰剪纸时常常边剪边唱，用旬邑当地流行的民歌将画面内容唱出来，绚丽的剪纸图案和淳朴的关中民歌相衬，使得库淑兰剪纸更加灵活生动。

《剪花娘子》歌谣

剪花娘子把言传，爬沟遛渠在外边，
没有庙院实难堪。热哩来了树梢钻，
冷哩来了烤暖暖。进了库淑兰家里边，
清清闲闲真好看，好似庙院把外观。
叫来童子把花剪，把你名誉往外传。
人家剪的琴棋书画，八宝如意，
我剪花娘子铰的是红纸绿圈圈。

库淑兰虽一生艰难坎坷，却以对生活的热忱之心创作出大量丰富的剪纸贴画。她的彩色剪纸是从传统民间剪纸之中而来，经过十几年不断的探索和艰辛的追求与劳作，她的作品越来越神奇、完整，形成了库淑兰自己的完整彩色剪贴画系统。除了令人惊叹的艺术天赋之外，在那个艰难的岁月中，无论是剪纸还是歌谣中都传递出库淑兰对于生活的热爱，对于自我的追求，这更令人动容。世间多有瑰奇壮丽的艺术，而最质朴、最动人、最精彩之处，却往往在平淡之间，以最通俗、最大众化的表现形式和最普通的材料，以及毫无掩饰的创作之心，创作出艺术的真谛。

图 2-2-38

图 2-2-39 《剪花娘子》

八、综合剪纸类玩教具作品展示与欣赏

图 2-2-40

图 2-2-41

图 2-2-42

图 2-2-43

图 2-2-44

图 2-2-45

图 2-2-46

图 2-2-47

图 2-2-48

图 2-2-49

图 2-2-50

图 2-2-51

思考与实训

1. 分别设计一个三角形、四角形、五角形、六角形、八角形和十角形团花剪纸纹样和二方连续剪纸纹样。

2. 设计两幅团花剪纸造型和两幅连续纹样剪纸造型，并进行简易装裱。

3. 设计制作一幅以儿童为题材的刻纸作品，并进行简易装裱。

专题探讨

学前特色艺术教育改革与民间剪纸非遗启蒙教育传承

民间剪纸艺术是学前艺术教育资源中不可缺少的有机部分，是具有独特民俗文化内涵和深刻教育潜力并符合幼儿接受能力的艺术教育形式。立足于保护和传承非物质文化遗产，将民间剪纸与学前艺术教育有机整合，积极有效地开发利用民间剪纸艺术资源，挖掘非物质文化遗产中所蕴含的教育价值和功能，使传统的民间剪纸艺术在幼儿教育领域中发挥其独有的艺术魅力，对于“保护和传承非物质文化遗产”与“发展学前特色艺术教育”无疑是一个双赢的举措。

民间剪纸以其丰富的文化内涵、质朴的民俗气息和深厚的艺术底蕴在学前艺术课程资源探索中具有较强的实用价值和开发价值。民间剪纸作为幼儿非物质文化遗产启蒙教育，将非物质文化遗产的价值、保护和传承与幼儿启蒙教育巧妙地结合到了一起，开展以民间剪纸为主要形式的非物质文化遗产启蒙教育是幼儿园发挥文化传递功能的有效途径，将幼儿教育导入非物质文化遗产保护和发展之域，从教育的视野研究非物质文化遗产的保护和发展问题，是保护和传承非物质文化遗产的重要途径，既充分利用了非物质文化遗产里所蕴含的各种教育价值，又利用了对幼儿进行启蒙教育促成对非物质文化遗产的传承和创新。

第三节　纸编类玩教具的设计与制作

一、纸编类玩教具概述

编织是我国民间传统工艺的一种，有悠久的历史。早在唐代初期，纸编艺术就已经在我国开始流行，它是集绘画和编织于一体的一种独特的创作形式。在我国传统的编织艺术中，通常是以绳、线、藤、竹、草等作为材料来编织物品的，但在纸编创作中，我们将这项具有民族特色的编织艺术与现代工艺相结合，把纸作为主要编织材料来进行创作。纸张与传统编织材料相比，同样具有柔韧性强的特点，易于进行穿插的编织方式，同时其具有价格便宜、容易获取、色彩丰富、厚薄均匀、材质柔软、造型多样等优点。尤其对于幼儿园小朋友来说，由于年龄的限制，在编织过程中，纸张的使用不仅比某些传统材料显得更加安全，而且操作起来也容易掌握。纸编就是在汲取民间编织工艺的基础上，以纸条为材料的手工编织活动。它是一种手工劳动，也是一种游戏，幼儿运用纸条编织，可以有力地促进大脑的发育，培养幼儿的动手、动脑和审美能力。

二、纸带编织玩教具造型的基本方法与范例

取一张彩色卡纸作为底板，用刻刀划出等粗的线，可以划水平线，也可以划斜线。注意不要把纸划散，保留一端或两侧的纸边完整，剪各色纸条，做穿插用。（如图 2-3-1、图 2-3-2）

图 2-3-1

图 2-3-2

（一）人字交叉编织法

灵活运用人字交叉编织法，可以编成条状来装饰生活中的物品。（如图 2-3-3）

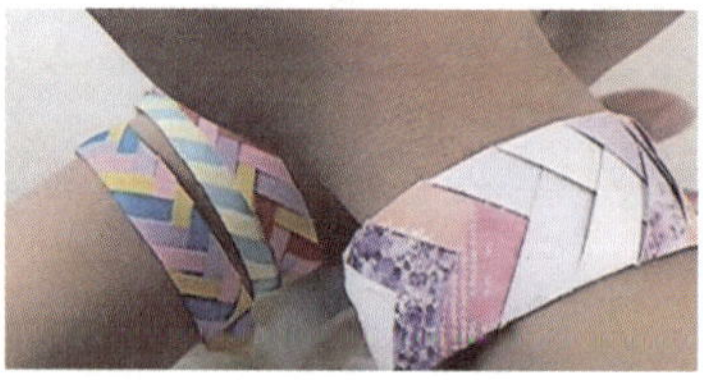

图 2-3-3

（二）十字经纬编织法

十字经纬编织法也是运用非常广泛的编织方法，一上一下，一提一压是经纬编织法的秘诀。编织好后，可以运用在平面或立体的手工造型上。（如图 2-3-4、图 2-3-5）

图 2-3-4

图 2-3-5

纸编图案范例

材料：彩纸、厚卡纸。

工具：刻刀。

制作方法：根据经纬交叉的原理编织。

（1）经纬穿插一上一下穿插在底板中间，不同颜色彩条的搭配形成美丽的图案。（如图 2-3-6、图 2-3-7）

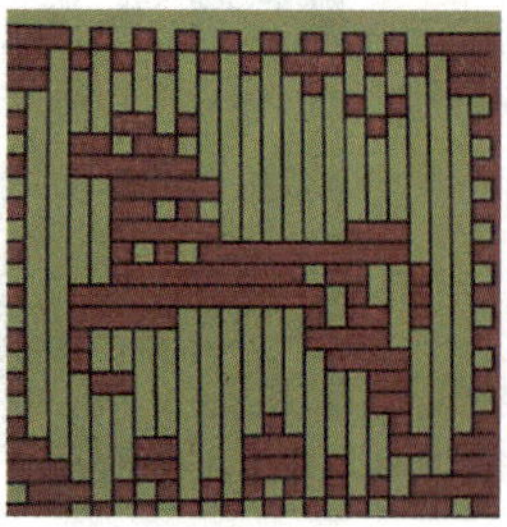

图 2-3-6

图 2-3-7

（2）编制好的图案可修剪成有趣的形状。（如图 2–3–8、图 2–3–9）

图 2–3–8

图 2–3–9

三、创意纸编玩教具造型的操作与实践

（一）用经纬编织法编织“小熊”（如图 2–3–10）

材料准备：白色 A4 纸、黑色笔、油画棒、衍纸、剪刀、胶棒。

基本步骤：（如图 2–3–11）

图 2–3–10

图 2–3–11

（1）在纸上画一只身子胖胖的熊，并将小熊的手单独在一边画出来，这样编织起来的时候会更方便；

（2）在衣服的部分对折一下画一些竖线，然后准备一些彩色的纸条；

（3）将纸对折，能够方便较快地剪出开口；

（4）用剪刀沿着画好的线条，剪出一条条缺口；

（5）接下来将准备的一些彩色衍纸纸条上下穿插编织，用不同的纸错落地编织，就能得到彩色的格子花纹了；

（6）最后将熊的双手贴上，并可以为熊进行细节的添加，或用蜡笔涂上一些颜色，这样小熊就更漂亮了。

（二）用经纬编织法编织“七彩布”（如图 2-3-12）

材料准备：彩色纸条、剪刀、胶棒等（如图 2-3-13）。

基本步骤：（如图 2-3-14）

图 2-3-12

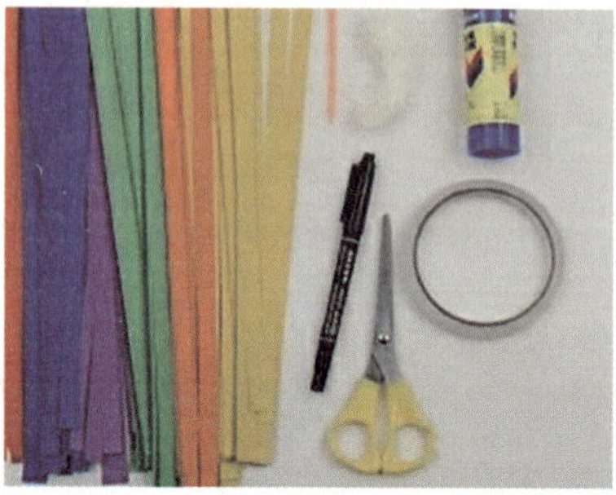

图 2-3-13

图 2-3-14

（1）选取两种颜色纸条，整齐排列粘在一条有双面胶的纸条上；

（2）选择需要编织的横条色彩 2—3 个；

（3）固定边缘，并减掉多余部分；

（4）添画几何图形和线条；

（5）装饰作品，提升作品质感。

（三）实践运用编织法编织“风车小镇”（如图 2-3-15）

材料准备：尽量准备长一点的纸条，宽 1 厘米左右。

操作过程：

（1）提前设想主题（动物、植物、海洋、郊外风景）、风格（治愈、沉寂）；

（2）编的时候注意方向，如果不能一次性编完，可以先分部分，再组合为一个整体；

（3）一般来说，八开纸是足够的，太挤的话可以有所重叠，制造远近效果；

（4）可以直接用颜色卡纸做背景。

图 2-3-15

（四）拓展运用编织“万柿如意”（如图 2-3-16）

图 2-3-16

教学重难点：

（1）观察柿子的外形和色彩特征，感悟柿子的独特文化，学习运用鲜艳的暖色表现红彤彤、圆溜溜的柿子，培养学生的色彩美感。通过图片素材和实物的观察与欣赏，感受柿子的外形和色彩之美。在绘画中，通过将黄色、红色、橙色等不同暖色系的色彩混合起来，表现出柿子鲜艳、整体、丰富的色彩变化。

（2）通过纸条简洁有趣的编织，体现出装柿子的篮筐，增强创作过程和作品视觉上的趣味性。将牛皮纸裁剪成纸条，通过错落而有规律的穿插、编织，体现出一个简洁有趣的篮筐；将画好的柿子剪贴下来粘贴在篮筐内，使画面形式新颖，生动有趣。

四、综合纸编类玩教具作品展示与欣赏

图 2-3-17

图 2-3-18

图 2-3-19

图 2-3-20

图 2-3-21

图 2-3-22

图 2-3-23

图 2-3-24

图 2-3-25

图 2-3-26

图 2-3-27

图 2-3-28

第四节 纸浮雕类玩教具的设计与制作

一、纸浮雕类玩教具概述

纸浮雕，也叫纸雕。是一种以纸为素材、使用刀具塑形的工艺，是一种集立体感、观赏性和实用性于一体的纸造型艺术。

纸是一种廉价、轻便、容易制作的材料，并具有高度的可塑性及多种变化的特质。利用纸的这些特性，使用如折曲、切割、扭转、撕剪以及粘贴等技法，从而塑造出各种各样的形象。制作出的形象概括夸张，线条简练，装饰感强，所需的工具比较简单，制作起来也十分方便。

纸浮雕题材广泛，可表现人物、动物、植物及各种抽象艺术形象，可以制作出具有欣赏价值和教育价值的装饰作品，特别适合学校室内的环境装饰与布置。

二、纸浮雕玩教具造型的基本方法与范例

将平面纸板进行折曲，会得到具有深度的立体空间，同时利用不同材质的纸张，在厚薄、柔韧、硬度、肌理、色彩、光泽等方面表现出的不同材质美，借助切割、扭转、撕剪以及粘贴等技巧将纸浮雕立体造型中的点、线、面、体这些基本要素体现出来。

制作纸浮雕玩具造型中使用到的基本方法及范例：

折曲。是纸造型最基本的技法。折是将纸板外侧折线划痕沿折痕打开后，形成的两个平面，当两个平面不在同一个水平面时，两面之间的夹角就形成了一个有深度的空间。所以，只要对一张纸本身进行折曲，就可以产生一定的立体效果。

（1）直线折（如图 2-4-1 至图 2-4-3）

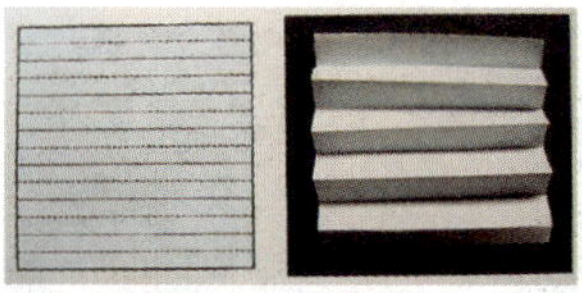

图 2-4-1 正反折

图 2-4-2 五角星的立体变化

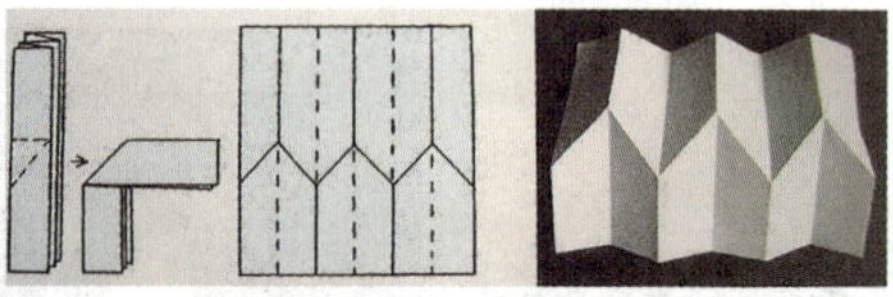

图 2-4-3 凸凹折痕变化

（2）曲线折（如图 2-4-4、图 2-4-5）

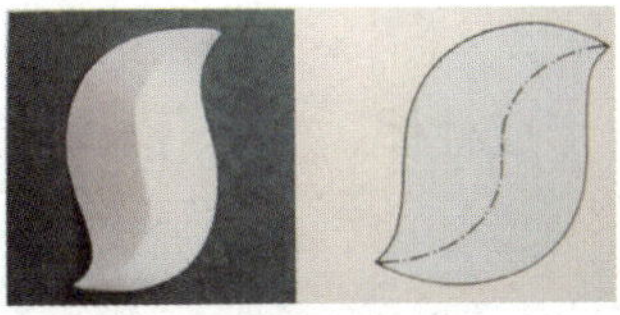

图 2-4-4 弯曲的叶脉

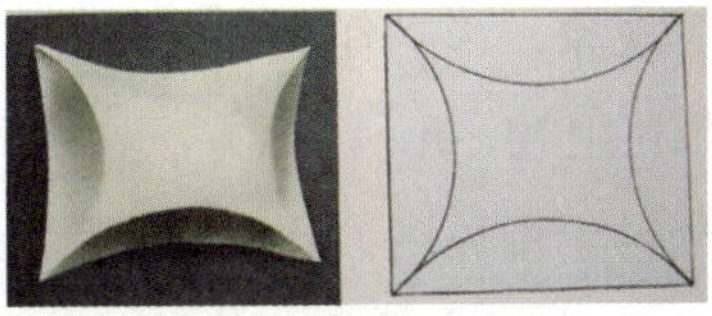

图 2-4-5 四方盒子

（3）组合（如图 2-4-6、图 2-4-7）

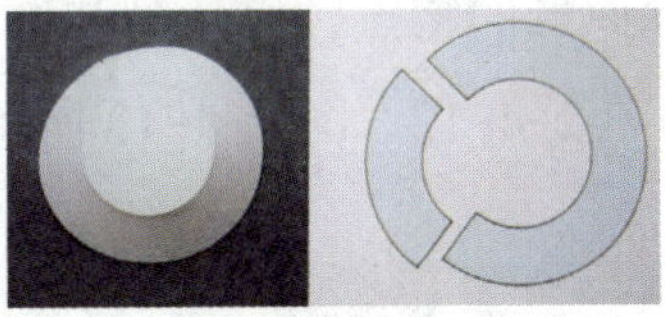

图 2-4-6 圆环

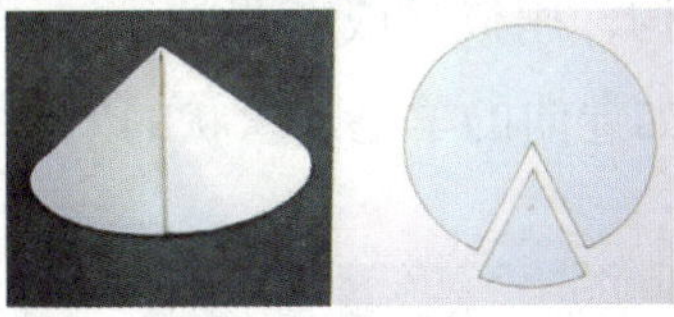

图 2-4-7 圆锥

（4）孔雀羽毛（如图 2-4-8）

图 2-4-8 孔雀羽毛

（5）五彩绣球（如图 2-4-9、图 2-4-10）

切割。也是在制作纸浮雕玩具造型中使用的一种基本方法。切割时沿着实线部分切割开，可以掀起或翻转，与切口的另一侧面形成多个角度的空间，既可以改变原材的形状，又能丰富形象细节。有时为强化形象的特征，还可以将一些多余部分去掉。此外，经过一些细致的切割裁剪能够得到线条的造型，是塑造人物、动物形象胡须、头发的常用方法。同时，应注意切割时刀刃要锋利，

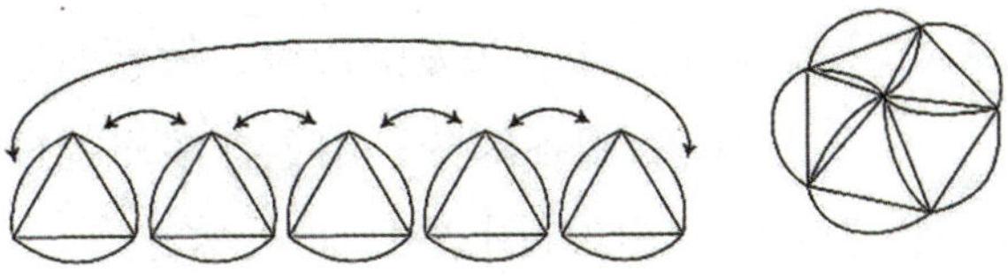

图 2-4-9 绣球制作步骤一

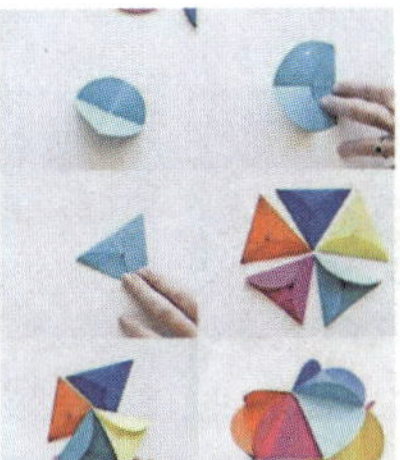

图 2-4-10 绣球制作步骤二

图 2-4-11 成品五彩绣球

执刀与平面的夹角不宜过大，边行刀边向下压切，切口才会整齐利落，否则会出现毛茬、堆纸等现象，影响作品的效果。

围合。即利用卷、折、粘等方法，将平面围合形成柱体、方体、锥体等。锥体围合，先剪去一部分衬于锥体内，再粘贴成锥形。

卷曲。曲面的制造方法，使用笔杆、木棒等工具卷曲出适合的弧度。卷曲时要注意纸张的方向性，运用卷曲思维方法将剪成条状或丝状纸材卷曲缠绕形成富有弹性的弯曲结构，用概括或夸张的手法强调物体原形的特点，以达到装饰美化画面形象的效果，如卷曲的羊毛、丝状的发丝等，如图 2-4-12、图 2-4-13 所示。

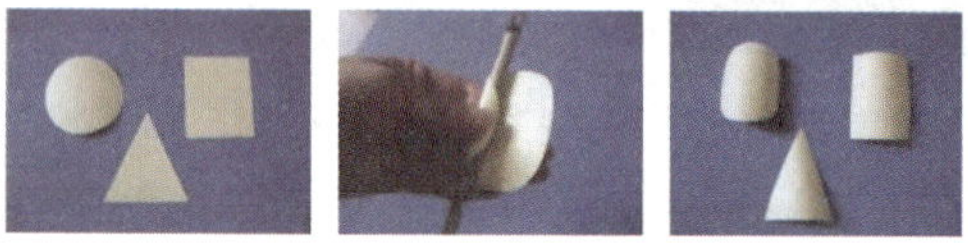

图 2-4-12 用笔杆制作的弯曲结构

图 2-4-13 用笔杆制作的弯曲结构

三、创意纸浮雕玩教具造型的操作与实践

制作范例一：白雪公主

白雪公主作为童话故事中的形象，她的美丽、善良给幼儿留下了深刻印象，制作这一纸浮雕形象能够吸引幼儿更高的参与兴趣。

（1）根据图稿剪出脸部，画上五官。剪出头发，在刘海处划出切口，把脸部嵌入头发。粘上发带。头发的边缘，做卷曲造型。如图 2-4-14 至图 2-4-16 所示。

（2）剪出衣服各部分，用笔杆滚压卷曲，成立体浮雕状。用相同方法做四肢造型。如图 2-4-17、图 2-4-18 所示。

（3）把各部分组合粘贴在底板上完成。如图 2-4-19、图 2-4-20 所示。

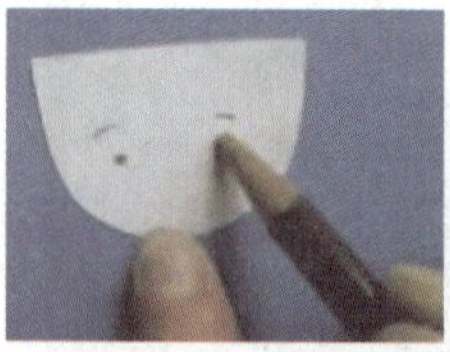

图 2-4-14 面部

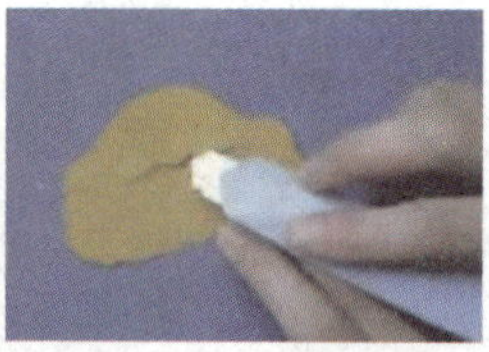

图 2-4-15 头发

图 2-4-16 头部

图 2-4-17 衣裙

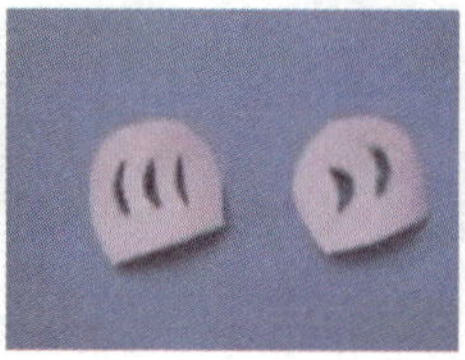

图 2-4-18 衣袖

图 2-4-19 腿部

图 2-4-20 白雪公主

制作范例二：气球面具

面具是幼儿园教学活动中常用的道具，在角色游戏、舞台剧表演、讲故事等活动中佩戴面具可以提高幼儿参与的兴趣。

气球面具作为面具中的一种，制作起来相对较为简易。把报纸条（或绘画纸）用浆糊糊在气球表面，待其干透扎破气球留下报纸壳，剪成圆形，挖出眼睛嘴巴的形状，上色、装饰，就成了逼真的面具了，如图 2–4–21 至图 2–4–25 所示。

图 2–4–21 把报纸糊在气球上

图 2–4–22 空报纸壳

图 2–4–23 小猫的耳朵

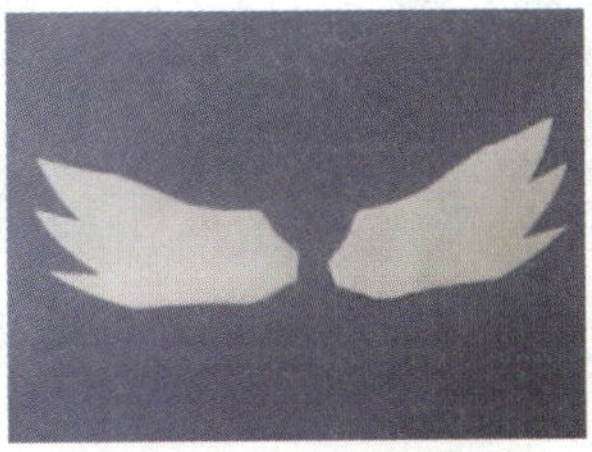
图 2–4–24 小猫的胡子

图 2–4–25 小猫面具成品

四、衍纸玩教具造型的基本方法与范例

衍纸艺术又叫卷纸装饰工艺，就是以专用的工具将细长的纸条一圈圈卷起来，成为一个个小“零件”，然后借由组合这些样式复杂、形状各有不同的“零件”来进行创作设计。衍纸工艺一直被认为是纸艺中的边沿艺术，它将雕塑和绘画技艺的承载体转换为纸，在艺术表现力方面不落后于其他艺术形式。

衍纸是一种简单而实用的纸造型艺术，主要运用卷、捏、折、皱、弯、搓、捏等制作方法组合完成。我们常常会把衍纸运用到卡片设计、包装装饰、装饰绘画等造型设计中。衍纸本身比较容易曲折，具有较好的回复力和弹性，还可以随意切割，将纸张的特质活用到了极致，而且呈现出来的衍纸作品从原有的平面扩及到多维的立体世界。

立体衍纸包含十几种以上的卷法，我们先进行衍纸基础卷的学习。

1. 紧卷

在所有衍纸卷中，紧卷是最基础最简单的。首先将纸条一端放入衍纸笔中。一手转动衍纸笔，一手同时轻拉纸条，用力要均匀，同时注意调整纸卷形状，如图 2-4-26。

2. 松卷

松卷是很多卷纹的基础。开始过程如紧卷，将纸条一端放入衍纸笔，然后卷动纸条。与制作紧卷相反，制作松卷时纸条不要拉得太紧。将松卷放入衍纸尺中，调整形状。用牙签或其他较细工具涂抹胶水，薄薄一层即可，不要太厚，如图 2-4-27。

3. 泪珠卷

泪珠卷是由松卷制成。用左手拇指和食指扭住松卷中心的部分向边上推，用另一只手拇指和食指掐住另一端，如图 2-4-28。

图 2-4-26 紧卷

图 2-4-27 松卷

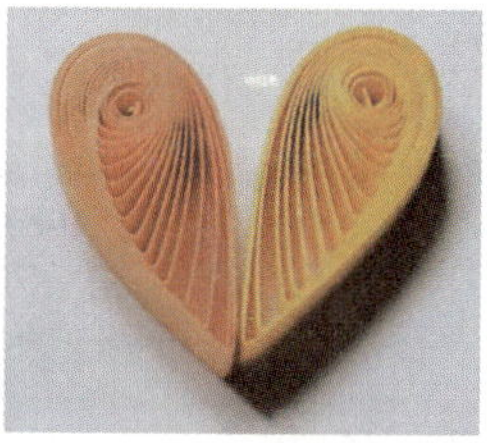
图 2-4-28 泪珠卷

4. 眼形卷

眼形卷是在泪珠卷的基础上制成。用左手拇指和食指掐住泪珠卷的尖头，将中心推向尖头部分，用右手拇指和食指指向另一侧也捏成尖形，如图 2-4-29。

5. 长叶卷

长叶卷是在眼形卷的基础上稍加变化制成，用手指抓住眼形卷的两端尖角轻轻扭动即可，如图 2-4-30。

6. 新月形卷

新月形卷是在松卷的基础上制作而成，取一松卷，用手指掐住两端向下弯曲，如图 2-4-31。

图 2-4-29 眼形卷

图 2-4-30 长叶卷

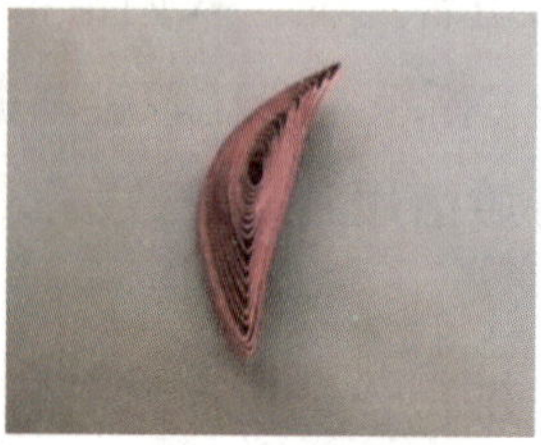
图 2-4-31 新月卷

7. 箭形卷

箭形卷在泪珠卷的基础上制成，用左手拇指掐住泪珠卷的尖头部分，将弯嘴镊子尖角放在另一端的中部向内推，左手手指同时向内紧捏，如图 2–4–32。

8. 半圆形卷

在松卷基础上制成，先做松卷然后用两手捏住圆形两边，使两角变尖，如图 2–4–33。

9. 方形卷

方形卷是在叶形卷的基础上制成，先做一个叶形卷，用左手拇指和食指轻压叶形卷的两个尖角部分。左手拇指和食指向箭头所指方向轻按，右手拇指和食指同时捏住另一角，使其成为方形，如图 2–4–34。

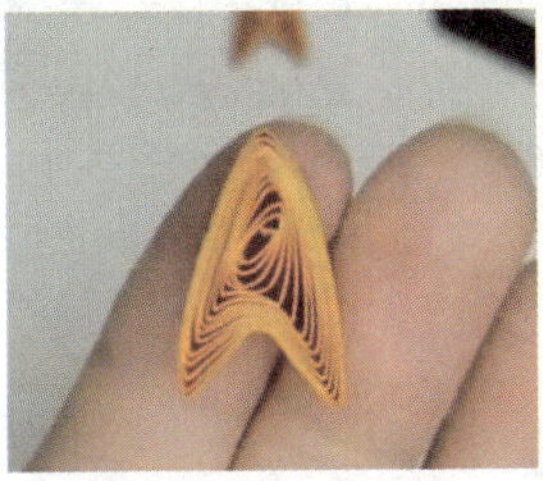

图 2–4–32　箭形卷

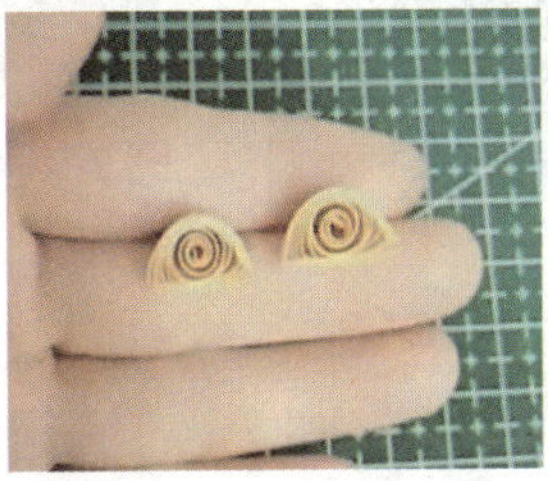

图 2–4–33　半圆卷

图 2–4–34　方形卷

10. 三角卷

三角卷是在泪珠卷的基础上制成，用左手拇指和食指捏住泪珠卷的尖头部分，另一只手拇指和食指推向圆头部分，如图 2–4–35。

11.V 形涡形卷

第一步同心形卷一样，将纸条从中间折一下，接着用衍纸笔将两侧纸条分别向外卷，如图 2–4–36。

12. 螺旋卷

螺旋卷的制作要用到长卷笔，如果没有长卷笔，也可使用较细的铁丝或细长的锥子代替。将纸条一端缠在长卷笔上，左手拇指和食指轻轻扭住笔头，右手转动使纸条顺势绕在长卷笔上，螺旋卷成品，如图 2–4–37。

图 2–4–35　三角卷

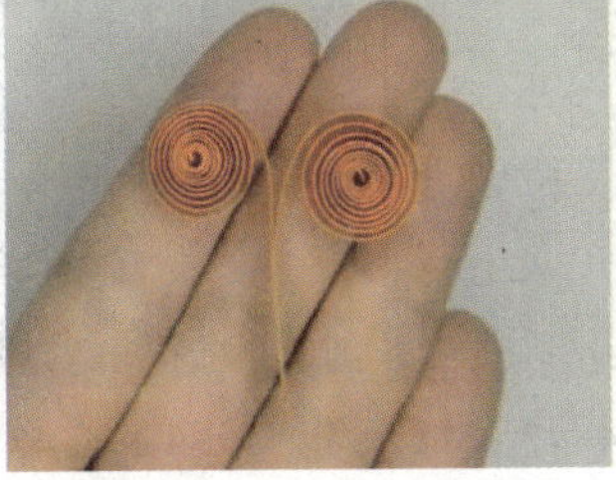

图 2–4–36　V 形涡形卷

图 2–4–37　螺旋卷

五、创意衍纸玩教具造型的操作与实践

衍纸由于材料较好准备，很多纸艺玩家都非常喜爱衍纸活动，不过光有好的材料还是不够的，更多的是需要好的创意，心灵之美在指尖的流露就是纸艺，纸艺的魅力就在于其无限的表达能力，而多样的表达手法更凸显出创意纸艺的包罗万象。下面一起来欣赏这流露在指尖的纸艺吧。

1. 动物篇

图 2-4-38

图 2-4-39

图 2-4-40

图 2-4-41

2. 植物篇

图 2-4-42

图 2-4-43

图 2-4-44

图 2-4-45

3. 人物篇

图 2-4-46

图 2-4-47

图 2-4-48

图 2-4-49

六、综合纸浮雕类玩教具作品展示与欣赏

纸浮雕作为一种以纸质为制作材料的手工艺品，它有别于其他的手工艺品。在现实生活中应用于各类装饰艺术中，运用切、剪、折、卷、叠、捏等手法通过制作者的想象力和创造力制作出一件件生动有趣、艺术感染力强，极具独特视觉、图案变化多样、效果夸张的手工制作艺术品。下面让我们一起从纸浮雕的三大流派：立体派、实验派和刻板派来欣赏这些集智慧与艺术于一体的综合纸浮雕作品吧。

1. 立体派

图 2-4-50

图 2-4-51

图 2-4-52

图 2-4-53

2. 实验派

图 2-4-54

图 2-4-55

3. 刻板派

图 2-4-56

图 2-4-57

第五节 综合纸材料类玩教具的设计与制作

一、综合纸材料类玩教具概述

纸质材料既具有实用功能，又具有审美功能。通过各种造型变化可以制作出极具视觉美感与实用价值的纸质作品。

（一）综合纸质材料玩教具的概念

幼儿园纸质材料玩教具是指教师根据教学活动要求及幼儿的发展现状与水平，借助各类纸质材料，经过折叠、剪切、粘贴、染色等艺术加工手段，设计、制作出的集教育、游戏、娱乐于一体的玩教具制品。

（二）综合纸质材料玩教具的特点

1. 取材方便

纸质材料是我们日常生活中常用的一种材料。在利用纸质材料制作学前儿童玩教具时取材方便。

2. 材质丰富

纸质材料的种类繁多、色彩丰富、性能各异，方便我们制作出丰富多彩的学前儿童玩教具制品。

3. 制作简便

纸质材料作为一种常见、常用的材料，我们对其性能比较容易掌握，因而较易因材制作出更具材质性能优势的学前儿童玩教具制品。

4. 经济环保

纸质材料本身安全环保，又较其他的材料经济便宜，而且在日常生活中随处可见，有利于我们对废旧纸质材料的再次利用，降低玩教具的制作成本。

5. 操作便捷

纸质材料玩教具本身的性能决定了学前儿童纸质材料玩教具不能有太多的烦琐细节，因此在使用操作方面就比较容易掌握。

（三）纸质材料玩教具的类别

（1）按纸质性能可分为软纸玩教具、硬纸玩教具和其他纸质玩教具。

（2）按制作方法可分为折纸类玩教具、纸类玩教具、拼贴类玩教具、面具头饰类玩教具、染纸类玩教具、纸绳纸花类玩教具、手偶类玩教具、纸浆造型类玩教具。

（3）按玩教具功能可分为形象玩教具、智力玩教具、建构玩教具、运动玩教具和娱乐玩教具。

（4）按活动目的可分为动作技能类玩教具、智力技能类玩教具和创造技能类玩教具。

（四）综合纸质材料玩教具的作用

（1）学前儿童玩教具作为教师在教学中采用的一种教学工具，可以有效地传递信息，提供直观的视觉形象，从而提高课堂教学效率。

（2）爱玩是孩子的天性。恰当地使用玩教具可以集中幼儿的注意力，帮助他们提升对知识、经验的理解和掌握能力，提高他们的兴趣，从而调动他们学习的积极性和主动性。

（3）学前儿童玩教具在课堂中的使用可以促进师生互动，活跃课堂氛围。

（4）玩是幼儿生活中的主要内容。学前儿童玩教具具有游戏性和操作性，可以让幼儿在玩中学、学中玩，帮助他们认识世界，培养各种能力。

（五）综合纸质材料玩教具常用纸张及其性能

1. 手工纸

纸张薄厚适中，色彩较多，易折叠、裁剪等，可在做折纸、撕纸、剪纸时使用。（如图 2-5-1）

2. 色卡纸

纸张厚硬，色彩丰富，不易折叠，可在做拼贴、面具、头饰时使用。（如图 2-5-2）

3. 皱纹纸

色彩较多，分薄、厚两种。厚皱纹纸张厚硬、不易折叠，可在做纸花、纸偶时使用。薄皱纹纸纸张软薄，方便裁剪，易折叠，可在做纸花、纸绳、纸偶时使用。（如图 2-5-3）

图 2-5-1

图 2-5-2

图 2-5-3

4. 瓦楞纸

纸张厚硬，色彩丰富，有纹理，不易折叠、裁剪，可在做纸花、纸偶时使用。（如图 2-5-4）

5. 宣纸

宣纸的纸张软薄，色彩单一，分生宣和熟宣两种，生宣吸水，熟宣不吸水。易折叠、裁剪等，可在做染纸、风筝时使用。（如图 2-5-5）

6. 废旧纸质材料

废旧纸质材料包括报纸、挂历纸、纸箱纸、纸盘、纸杯、纸袋、信封等。（如图 2-5-6）

图 2-5-4

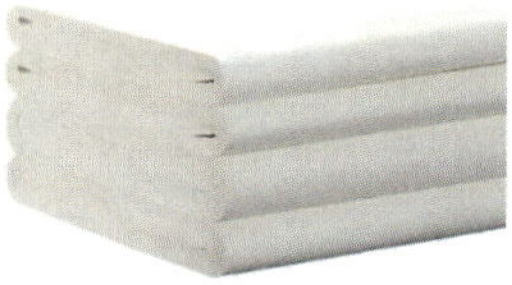

图 2-5-5

图 2-5-6

7. 其他纸张

其他纸张包括打印纸、牛皮纸、吹塑纸、卫生纸、海绵纸、即时贴纸等。

（六）综合纸质材料玩教具的设计原则

1. 教育性原则

学前儿童纸质材料玩教具的设计、制作和使用，都要符合教育目标及教学任务，并结合不同年龄阶段孩子的教育特点，使每件玩教具都能为孩子全面健康发展提供帮助。

2. 操作性原则

幼儿热衷于触摸、摆弄各种物件，其多种能力的培养与发展都是在各种活动中完成的，因此纸质材料玩教具要具有较强的操作性和游戏性，在设计、制作和使用过程中要尽量简洁，方便操作，以满足幼儿爱玩的天性，激发他们的学习兴趣。

3. 审美性原则

幼儿喜欢色彩明快鲜艳，造型乖巧的玩教具，因此我们在设计和制作纸质材料玩教具时要运用形式美的方法，在造型和色彩表现上迎合幼儿的审美心理，以激发他们对美的追求和向往，培养其美感。

4. 趣味性原则

学前儿童纸质材料玩教具的设计和制作要符合幼儿的年龄特点及审美情趣。从内容到形式都要贴近幼儿的生活，充满童趣，多采用拟人化的手法，以激发他们快乐和喜悦的情感。

5. 安全性原则

学前儿童纸质材料玩教具要符合安全卫生的要求，所用材料要无毒。附属小件要不易脱落，以免幼儿误食造成危险。

6. 经济性原则

纸质材料较其他材质易损坏、不耐用，因此纸质材料玩教具不易长久保存。为遵循经济性原则，我们可以多利用生活中的废旧纸质材料来制作，这样既经济又环保。

二、海绵纸类玩教具造型的操作与实践

（一）海绵纸剪贴画“日出”

材料准备：彩色海绵纸、双面胶、剪刀、一张白色卡纸。

基本步骤：

①在白色卡纸上铺上蓝色的海绵纸做蓝天，然后用橙色和黄色海绵纸做出太阳并张贴。（如图 2–5–7）

②用绿色海绵纸剪出山川和绿草并粘贴在蓝色底板之上，作品就完成了。（如图 2–5–8）

图 2–5–7

图 2–5–8

（二）海绵纸立体花朵“玫瑰花”（如图 2–5–9）

图 2–5–9

材料准备：彩色海绵纸、剪刀、双面胶、铁丝。

基本步骤：

①在彩色海绵纸上画出玫瑰花花瓣的形状，然后裁剪下来。（如图 2–5–10）

②用双面胶将花瓣依次围绕铁丝粘贴并整理花瓣。（如图 2–5–11）

③用绿色海绵纸制作叶子并粘贴，完整的玫瑰花就制作完成了。（如图 2–5–12）

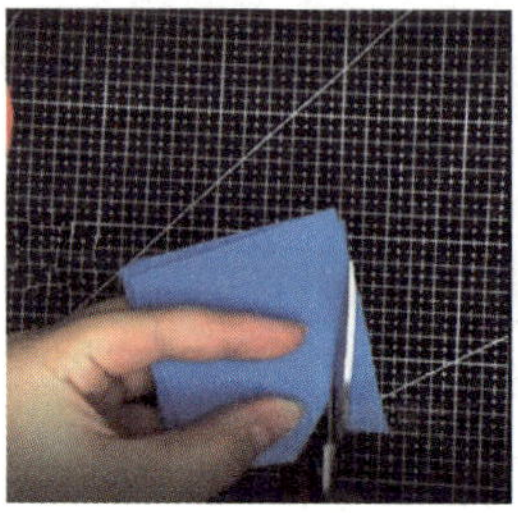

图 2–5–10

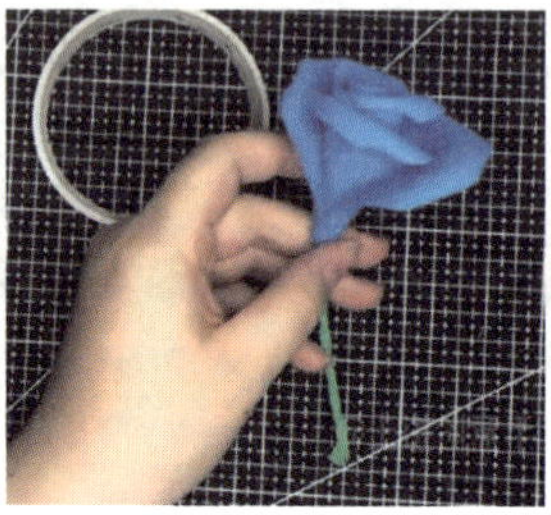

图 2–5–11

图 2–5–12

三、卡纸类玩教具造型的操作与实践

（一）卡纸剪贴类玩教具

卡纸剪贴就是按照主题构思和构图要求，剪出具体形象后再进行拼贴黏合，从而完成造型的一种造型艺术。其造型简洁概括、色彩鲜艳亮丽，在幼儿园的教育教学工作中使用非常广泛。卡纸剪贴类玩教具就是利用卡纸剪贴的方法制作的各种适合在幼儿园使用的玩教具，它应用在艺术、科学、社会、健康、语言及各区角等很多领域。

工具材料（如图 2–5–13）：

（1）色卡纸等。纸张质地较厚有弹性，色彩多，便于制作丰富的造型。

（2）剪刀、美工刀。用于造型的裁剪、切割。

（3）胶带、胶水等。用于造型黏合、连接及固定。

（4）其他辅助工具材料。直尺、刮痕笔、圆规刀、垫板等。

图 2–5–13

基本步骤：

①根据构思确定构图，用铅笔画出设计图稿的草图，并做色彩搭配和区块划分。

②把设计好的造型按形状、颜色等准确地裁剪出来。

③按照草图把剪好的各造型进行拼镶。

④刻画各造型的细节特征。

⑤根据拼摆的位置，把各组成部分粘贴在底板上。

⑥一幅平面拼贴作品完成。（如图 2-5-14、图 2-5-15）

图 2-5-14

图 2-5-15

（二）卡纸面具、头饰类玩教具

面具与头饰作为一种文化艺术载体，有着悠久的历史。其造型生动、色彩艳丽，是幼儿在日常生活中十分喜爱的玩具，也是幼儿园活动中常用的道具。在角色游戏、话剧表演、语言活动领域中，面具、头饰可以很好地渲染活动气氛，提高幼儿参与的兴趣，增强他们的角色感。制作面具、头饰可选用的材质非常多。但纸质材料无疑是最经济方便的一种。卡纸面具、头饰的制作形式主要有两种：平面式和立体式。我们要根据用途来确定面具、头饰类自制玩教具的设计与制作。（如图 2-5-16 至图 2-5-18）

图 2-5-16

图 2-5-17

图 2-5-18

1. 脸谱“齐天大圣”（如图 2-5-19）

（1）设计思路

孙悟空的形象深受幼儿的喜爱，以此做成面具造型来讲解京剧表演艺术，并进行佩戴戏曲脸谱面具的活动，使幼儿对京剧表演艺术有初步的认识，培养他们对传

图 2-5-19

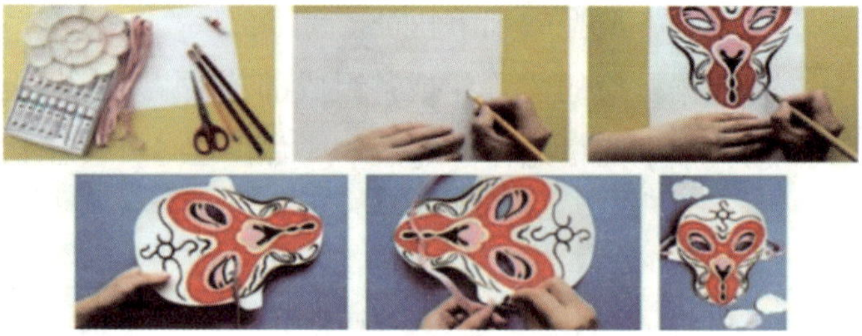

图 2-5-20

统文化艺术的热爱之情，增加他们的色彩认识，锻炼他们的动手能力。

（2）制作方法与过程（如图 2-5-20）

材料准备：白板纸、松紧绳、针线、水粉颜料、毛笔、调色盘、铅笔、剪刀。

基本步骤：

①根据脸型大小，在白板纸上画出面具草图。

②用水粉颜料进行上色处理。

③剪出面具轮廓。在两侧留出固定松紧绳的部位，并在眼睛的部位挖孔。

④把长度适合的松紧绳固定在面具两侧。孙悟空造型的戏曲脸谱做好了。

（3）应用与操作

以戏曲脸谱面具为活动道具，师生开展艺术领域的学习。教师讲解京剧常识，幼儿在面具造型上画上自己喜爱的纹饰和颜色。师生佩戴面具感受戏曲表演的韵味。

（4）拓展延伸

其一，可在面具造型和活动内容上进行拓展延伸。用卡纸做成双层折叠面具，进行变脸的游戏，使对传统艺术的学习更具操作性和趣味性。

其二，可在适用活动领域上进行拓展延伸。儿歌、寓言、童话等的学习都可以利用面具、头饰做成的玩教具来配合进行，以提高幼儿的学习兴趣。

拓展阅读

纸贴画

纸贴画是以纸张为材料，利用不同纸张的色彩、明暗、肌理、纹路等效果，使用剪刀、胶水等工具，按照预先设计好的图样，进行粘贴、组合和重叠黏合的一种创作形式。它是一种既新颖又古老的艺术形式，最早可以追溯到我国汉朝。现代纸贴画在我国民间剪纸的基础上融入现代审美意识，将传统工艺和现代工艺结合得淋漓尽致，可以说是中国民间剪纸艺术的延续和发展。

现代纸贴画按照绘画的远近透视原理，通过构思、组合，将画面内容层次的各个部分分别单剪出来，再运用切、折、卷、叠、粘等手法，逐层粘贴，以表现作品光影透视的三维立体空间，使作品在视觉和触觉上都具有色彩丰富、明暗区分、三维立体的表现效果。

纸贴画的创作图案范围广泛，包括人物、动物、植物、风景等题材的作品，具有造型灵活、色彩艳丽、美观大方、装饰性强等艺术特点，且制作技术方法简单，材料容易获得，因此很受学习者的青睐。

纸贴画是幼儿园环境布置、幼儿教师手工教学中非常实用的一种美工形式，也是幼儿非常喜欢的一种美术活动，不同年龄段的幼儿都可以粘贴出不同难易程度的纸贴画作品。纸贴画对幼儿的身心发展具有极其重要的教育意义，不仅可以培养幼儿的观察能力、想象能力和创造能力，还可以培养幼儿的审美能力和幼儿耐心、细致的良好习惯。所以，纸贴画教学是学前教育美工课程的重要内容，教师应该积极开展此项美工教育教学活动。

四、皱纹纸类玩教具造型的操作与实践

纸花是以纸张为主要材料，根据真花的结构和特征制作而成的一种人造花。纸花以其艳丽的色彩、逼真的造型、简便的制作方法，经济的材质深受人们的喜爱。纸花艺术集审美性和实用性于一身，也是我们在制作学前儿童纸质材料玩教具时可以借鉴的一种艺术表现形式。纸花类玩教具以各种纸花造型作为玩教具设计和制作的造型基础，制作材料一般以软、硬皱纹纸等为主，具有造型丰富，色彩鲜艳的特点。（如图 2-5-21 至图 2-5-24）

图 2-5-21

图 2-5-22

图 2-5-23

图 2-5-24

（一）制作皱纹纸花

材料准备：剪刀，皱纹纸（绿色，黄色，白色），绿胶带，白乳胶（或者双面胶）。

基本步骤：

（1）剪长度为 20cm 的黄色皱纹纸。（如图 2-5-25）

（2）顺着一个方向搓，搓成图中一条一条的样子。

（3）粗铁丝上面弯一个小钩，防止花从上面掉落，剪长度为 10cm 的白色皱纹纸，粘在粗铁丝上面，便于粘贴花蕊。

（4）将搓好的花蕊粘在粗铁丝上，然后再修剪花蕊。

（5）花瓣可以根据自己想要的大小剪成如图 2-5-26 的样子。

（6）在花瓣底边涂上白乳胶，粘在粗铁丝上面，先粘一圈，第二圈对着第一圈的缝隙粘。

（7）准备一小片绿色皱纹纸，剪成如图 2-5-27 的样子，粘在花上，然后就可以缠绿胶带了。

（8）花就做好了。（如图 2-5-28）

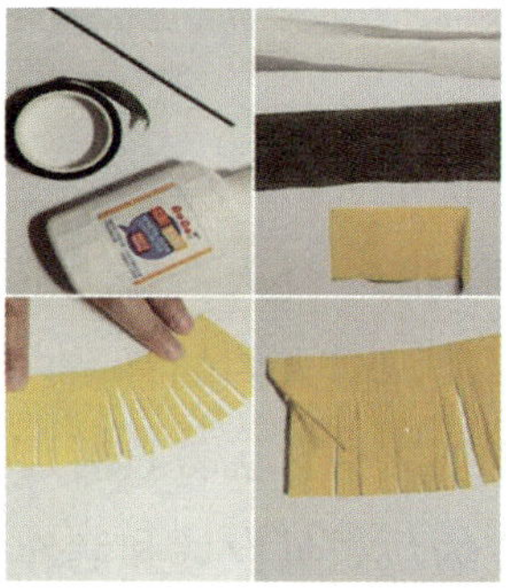

图 2-5-25

图 2-5-26

图 2-5-27

图 2-5-28

五、纸浆类玩教具造型的操作与实践

纸浆造型是把纸张制浆后添加乳胶、石膏粉等增加黏稠度和可塑性，再进行平面或立体造型的一种艺术表现形式。纸浆造型在制作方法上有先彩后型、先型后彩两种形式，在造型表现上有平面造型和立体造型两种形式。纸浆造型可爱、色彩艳丽，具有极强的纹理质感，制作过程充满操作性和趣味性，很容易引起幼儿的兴趣。我们可以利用这些优势把纸浆造型运用到幼儿园的玩教具制作中。纸浆造型制品本身的操作性并不太强，但这并不影响纸浆类玩教具在艺术、健康、科学、社会、语言等领域的使用。（如图 2-5-29 至图 2-5-31）

（一）工具材料

（1）卫生纸。质地柔薄，吸水性较强的纸张均可作为纸浆造型用纸。

图 2-5-29

图 2-5-30

图 2-5-31

（2）石膏粉等。可作为增白剂，还可增加纸浆的黏稠度和可塑性。

（3）白乳胶。作为黏合剂增强纸浆的可塑性。

（4）辅助工具。泥刀、小盆、小木棒、牙签等。

（二）基本塑造方法

1. 纸浆的制作

（1）泡浆。将纸尽量撕碎放入清水盆中进行浸泡。

（2）滤水。等纸泡湿泡碎后，挤掉其中的水分。

（3）制浆。把滤过水的纸撕扯开放入盆中，拌入乳胶和石膏粉等搅匀，纸浆制作完成。

2. 平面纸浆造型的制作方法（先彩后型）

先彩后型就是在制好的原色纸浆里调上各种颜色，制成彩色纸浆，之后再用彩色纸浆进行造型表现。（如图 2-5-32 至图 2-5-34）

图 2-5-32

图 2-5-33

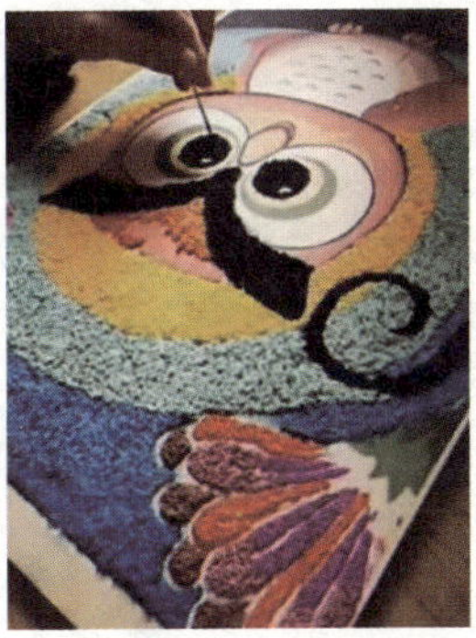
图 2-5-34

（1）材料准备：彩色纸浆、底板、铅笔、水笔、小木棒、牙签等。

（2）基本步骤：

①把设计好的图稿用铅笔轻轻画在合适的底板上。

②用深色勾线笔对图稿进行勾画。

③在图稿对应的位置铺上彩色纸浆，用小木棒或牙签等捣匀，使纸浆更牢固地粘贴在底板上，注意保留勾线。

④铺完所有部分，把纸浆晾干即可。

（三）参考应用

纸浆造型作为一种艺术表现形式，其作品本身是静态的，但制作过程充满趣味性。我们在利用纸浆造型的方法制作学前儿童玩教具时，可以把它的这种特点利用起来，让幼儿参与玩教具的制作过程中，体会制作过程的乐趣。

六、综合纸材料类玩教具作品展示与欣赏

图 2-5-35

图 2-5-36

图 2-5-37

图 2-5-38

图 2-5-39

图 2-5-40

图 2-5-41

图 2-5-42

图 2-5-43

图 2-5-44

本章小结

纸是中国古代四大发明之一，在人们的生活中具有举足轻重的地位。纸在材质方面的可塑性和观感方面的多样性都能够吸引幼儿的好奇心，激发幼儿的探索欲望，提高幼儿的注意力等。因此，纸材料玩教具是幼儿园玩教具中当之无愧的主角。本章分别介绍了折纸类玩教具、剪纸类玩教具、纸编类玩教具、纸浮雕类玩教具以及综合纸材料类玩教具的设计与制作方法及实践。

思考与实训

1. 熟练掌握对边折、对角折、集中折、向中心折、双三角形折、双正方形折、单菱形折、双菱形折等基本折纸技法。

2. 理解与思考剪纸中“阴阳”剪纸的本质区别。

3. 尝试用不同材质的纸张设计制作不同主题的玩教具作品，并用在幼儿园的环境创设中，以“春天来了”为主题设计并制作一幅综合纸材料的玩教具作品。

第三章

布艺材料玩教具设计与制作

学习目标

- 了解布艺材料玩教具的基本特点、构思方法和设计原则。
- 掌握布艺材料玩教具制作的基本技法和布艺材料制作的特性及规律。
- 学会欣赏不同的布艺创意作品，培养学生的创新意识和环保意识，提高学生的造型能力、动手能力和审美能力。

学习重难点

- 重点：掌握布艺造型的剪切、粘贴、缝纫等基本制作针法和步骤。
- 难点：运用布艺进行主题式玩教具制作与环境创设。

案例破冰

一位教师的观察记录

区角活动时间到了，孩子们马上选择了自己喜欢的区域进行活动。今天表演区里的孩子们正在准备举行一次服装秀，大家挑选着自己喜欢的服装，“这条红裙子是我喜欢的”“这条短裤和我家里的一样”“这是少数民族的衣服”……

听到彤彤和俊茹争吵的声音，我过去询问原因。“老师，这个帽子是我先拿到的”彤彤带着哭腔说。“可是这是我喜欢的”俊茹说道。了解情况之后，我有了一个想法，对他们说：“老师需要一些新的服装，想请你们来做小小服装设计师，设计自己喜欢的衣服。”话音刚落，孩子们都兴高采烈地欢呼起来。

这样既可以让孩子设计制作自己喜欢的服饰风格，又让孩子收获劳动的成果并能学习到新的技能。

接着我又说："但是，小朋友们要在这次活动顺利结束之后才能进行小小设计师的活动。"

在接下来的活动中孩子们玩得更起劲了，俊茹也把帽子还给彤彤，两个人一起玩了起来……

第一节 布艺材料玩教具概述

一、布艺玩教具的特点

布艺玩教具的制作可以追溯到古代，人们用布缝制布偶给孩子玩耍，孩子的早期教育也在无意中开始了，如传统布艺虎头鞋、虎头帽和虎头枕（如图 3–1–1 至图 3–1–3）。还有许多传统的玩教具，如沙包、蹴鞠球，都是用布缝制而成的。由于布料选材方便、制作简便，布艺玩具有柔软、安全、温暖、易清洗等特点，其适用范围非常广泛。布艺玩教具从古至今一直都是幼儿教育中常见的玩教具。

“幼儿布艺”同时也是布艺制作的启蒙教育。《幼儿园教育指导纲要（试行）》要求“指导幼儿利用身边的物品或废旧材料制作玩具、手工艺品等来美化自己的生活或开展其他活动”。在学前教育活动中，教师可遵循幼儿的年龄特点与发展规律，设计适宜幼儿参与的布艺手工制作活动，主要通过游戏活动，引导幼儿利用布材料“剪剪玩玩、想想贴贴、添添变变”，让儿童在自制玩教具的过程中逐步发展其认知能力、动手能力、思维能力、审美能力、想象能力等，进而丰富幼儿的感性经验、情感体验以及培养幼儿表现美和创造美的情趣。

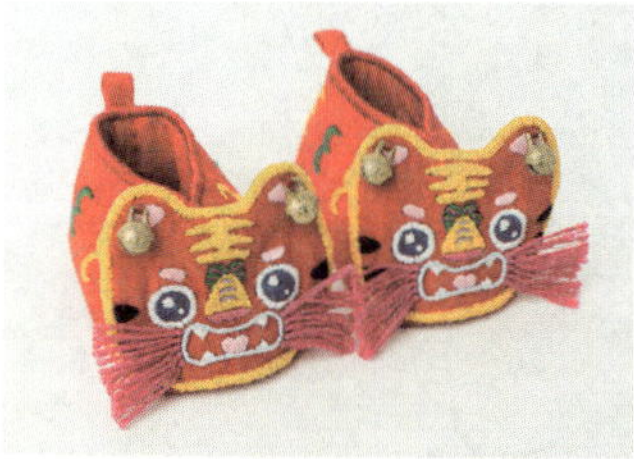

图 3–1–1

图 3–1–2

图 3–1–3

二、布艺玩教具造型的基本方法与范例

（一）基本制作材料

除针、线、剪刀等基本工具材料（如图 3–1–4）外，制作布艺玩教具还常需要以下几种材料。

珠针：可固定布面。（如图 3–1–5）

水消笔：用水清洗笔痕即会消除，不会在布面上留下痕迹。（如图 3–1–6）

填充棉：一般用 PP 棉，弹性高、色白，触感柔软。（如图 3–1–7）

无纺布：除传统布料外，无纺布常用于布艺手工制作中。无纺布，又称不织布，是新一代环保材料。由于没有经纬线，裁剪、缝纫都极为方便。（如图 3–1–8）

热熔胶棒：运用广泛，可与胶枪配合使用，胶棒放入热熔枪后，插电加热即可使用，或直接用打火机加热胶棒的一端，涂于要黏合之处。（如图 3–1–9）

胶水：适用于布料、木材、塑料、玻璃、金属等材料的黏合，具有黏结力强、透明无痕、固化效果快、环保等特点。（如图 3–1–10）

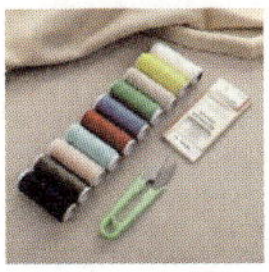
图 3–1–4

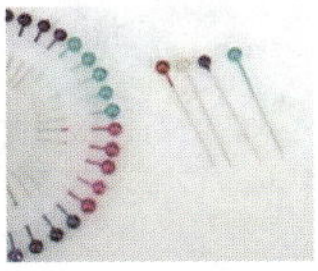
图 3–1–5

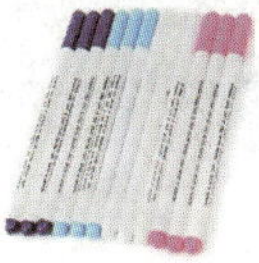
图 3–1–6

图 3–1–7

图 3–1–8

图 3–1–9

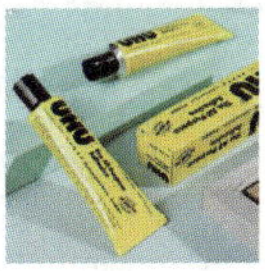
图 3–1–10

（二）布艺玩教具的制作技巧

1. 粘贴

粘贴是布艺制作过程中经常使用的技巧。过去人们用面粉制作黏稠的糨糊把布层层糊在平面上，形成厚实硬挺的“布袼褙”，用来制作鞋、帽、小配饰等。传统的绣球、布老虎、针插均是用这种方式制作而成的。

2. 缝制

缝制是布艺制作的主要技巧。缝制的方法多种多样，在布艺玩教具制作的过程中，根据不同的部位与不同的需要，采用不同的针法，以保证缝制的质量与效果。布偶及仿真花的制作大部分要靠缝制完成。布艺缝制的主要针法如下。

（1）攻针

攻针又称拱针，可缝制两层或多层样片，是手工缝纫最基本的针法。攻针的操作方法是：针一上一下自右向左，按规定的缝纫线路连续地、针距均匀地向前进针、挑针；进针过程中，左手大拇指与食指保持在距离针尖 1—2 针处，随着进针左手不断向后移动。操作时可一次一针，也可一次数针后一次性抽线。（如图 3–1–11、图 3–1–12）

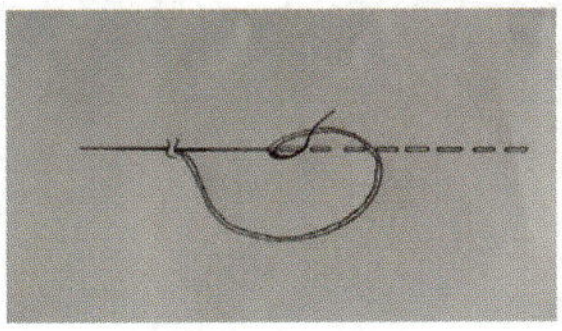
图 3–1–11

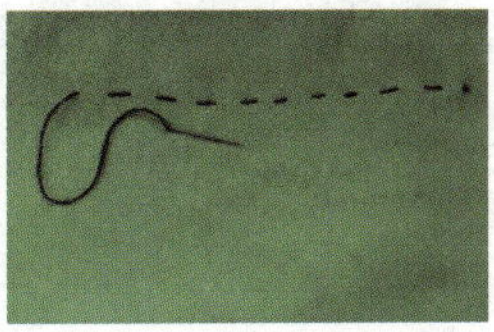
图 3–1–12

（2）缲针

缲针又称撬针，用于将样片折叠部分缝合在一起，正面不露出明显线迹。它多用于布片的贴边，以及一般暗处的缝合等。缲针的操作方法是：先把布的毛边朝反面折进 0.5—0.7 厘米，再折上贴边宽度，手针从外向里，由右向左上方斜缝；一般在上层出针的部位，向前 0.3 厘米的距离挑起下层的布丝，然后再以 0.2 厘米的距离向上层缝进，使两者缝合。（如图 3-1-13、图 3-1-14）

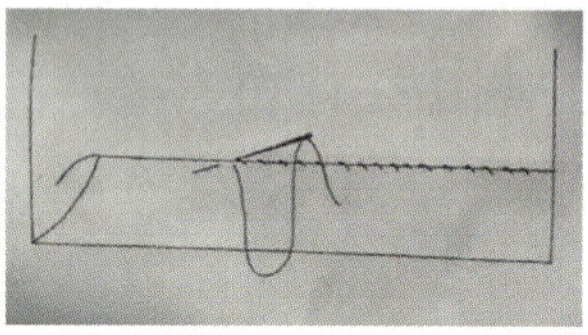

图 3-1-13

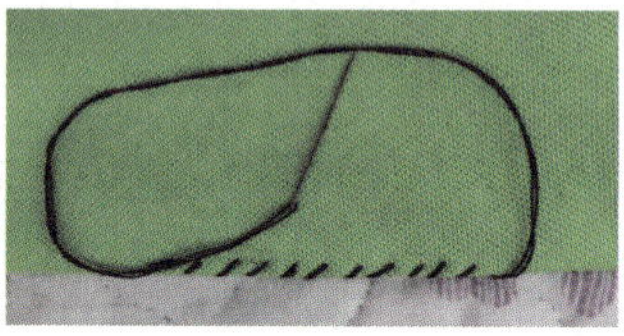

图 3-1-14

（3）回针

回针又称钩针、倒钩针，常用于布艺玩教具经常着力的部位，如手套布偶的手指用力点等部位，尤其适用于弹性面料的缝合。缝纫时可以从右至左向前缝一针进三分，再向后缝一针退一分，也可以从左至右进三分退一分。（如图 3-1-15、图 3-1-16）

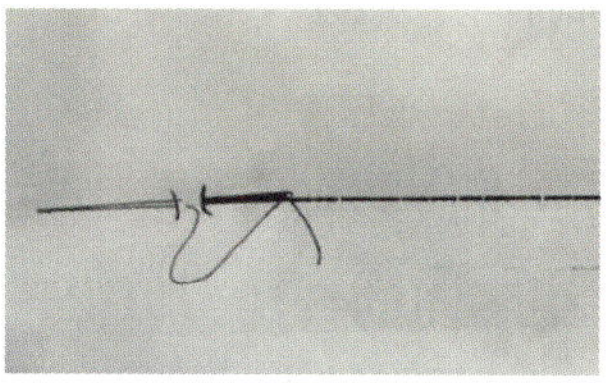

图 3-1-15

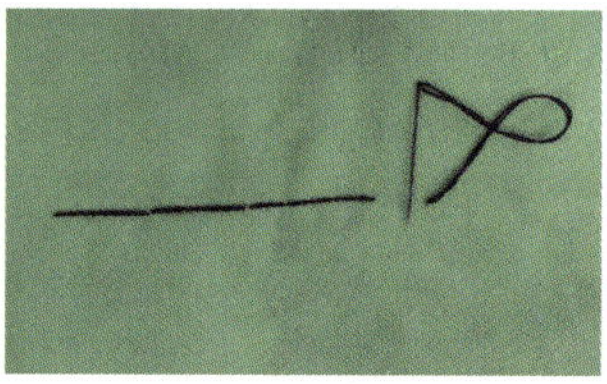

图 3-1-16

（4）藏针缝

藏针的缝法顾名思义是将缝线隐藏的缝法，比较美观，主要用于缺口的缝合，以及布偶玩具肢体的组合接缝上，缝制后针脚隐没于布料内，从外观上看不到针脚。（如图 3-1-17 至图 3-1-19）

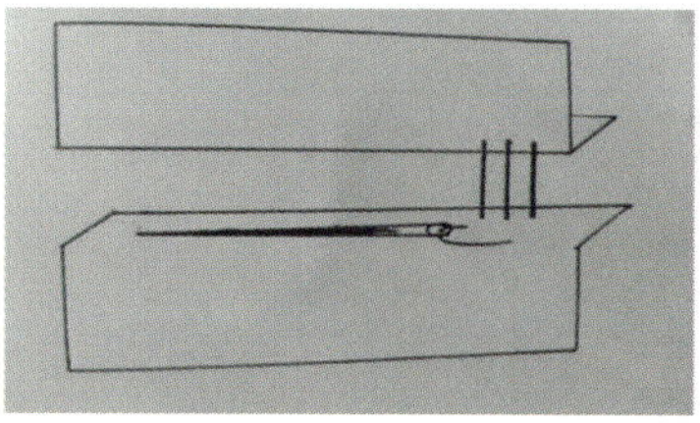

图 3-1-17

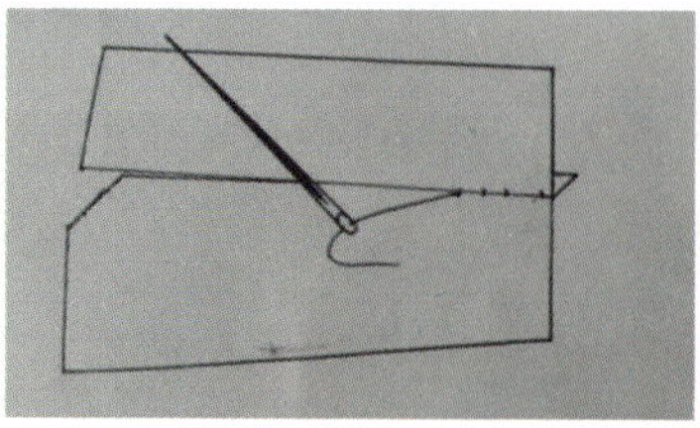

图 3-1-18

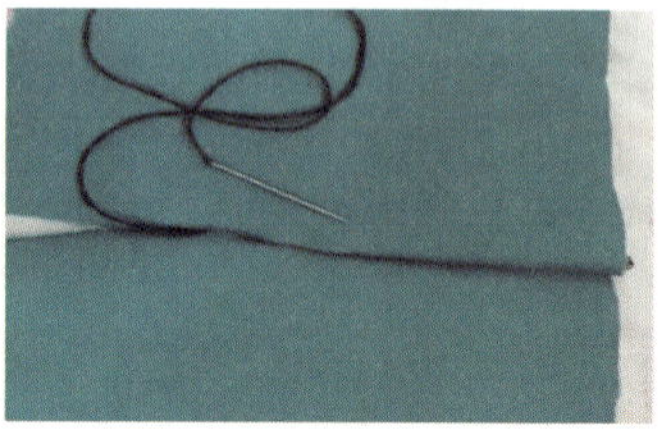

图 3-1-19

（5）打结缝

打结缝一般用于缝线收尾的打结，也可用于表现布偶的胡渣、胡须或斑点等。（如图 3-1-20 至图 3-1-22）

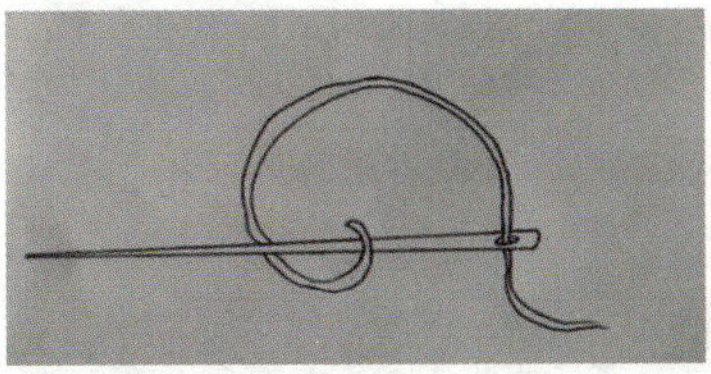
图 3-1-20

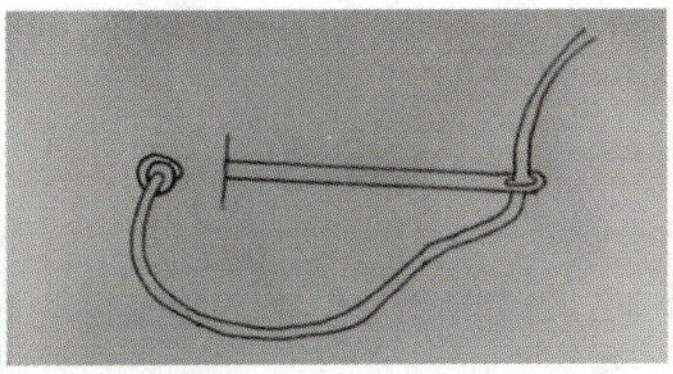
图 3-1-21

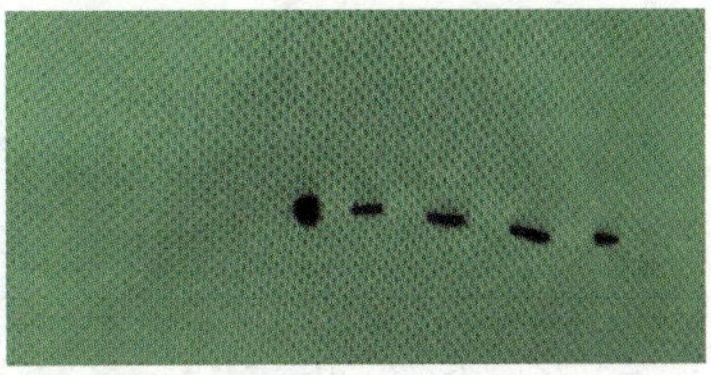
图 3-1-22

（6）缎面缝

缎面缝的特色是以连续的线形成一块面积，可用于缝制布偶的鼻子、斑纹等，注意缝线不要太紧或太松，保持布面的平顺。（如图 3-1-23 至图 3-1-25）

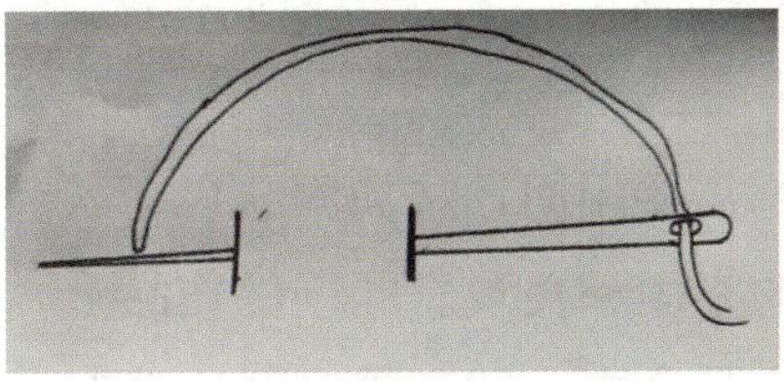
图 3-1-23

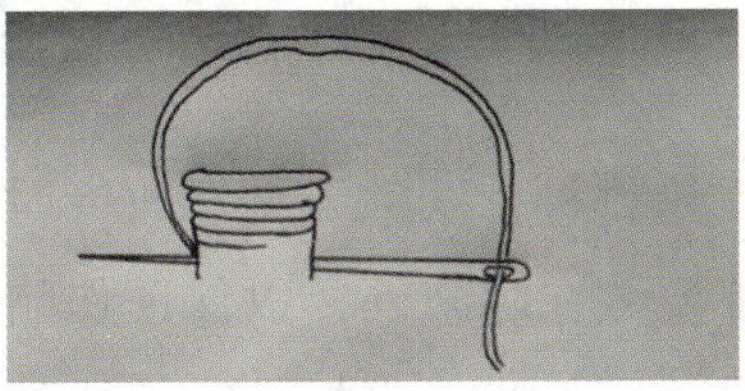
图 3-1-24

图 3-1-25

（7）锁边缝

锁边缝具有防止布片脱絮散开的滚边功能以及装饰花边的功能，因此多用于容易脱絮的松散布料缝合和立体花边装饰。（如图 3-1-26 至图 3-1-28）

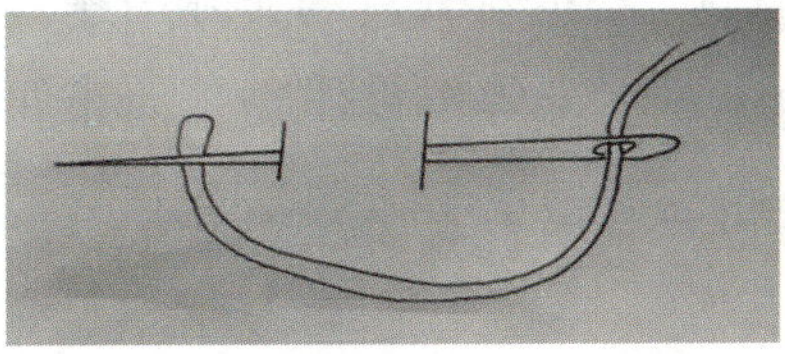
图 3-1-26

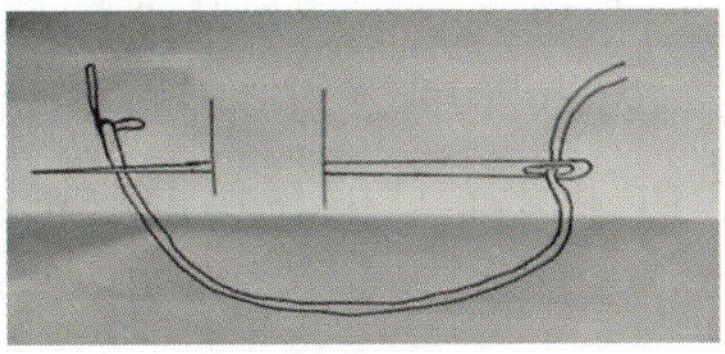
图 3-1-27

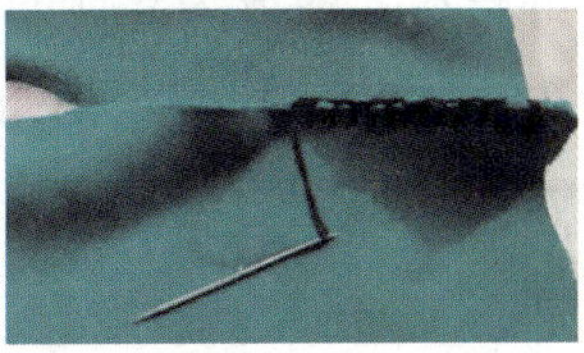
图 3-1-28

（8）锁链缝

锁链缝环环相扣，可以表现出较粗的线条，以此适合表达嘴巴或眉毛等。（如图 3-1-29 至图 3-1-31）

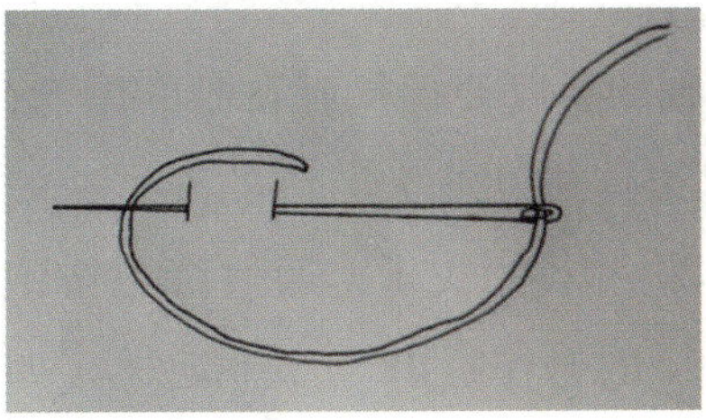
图 3-1-29

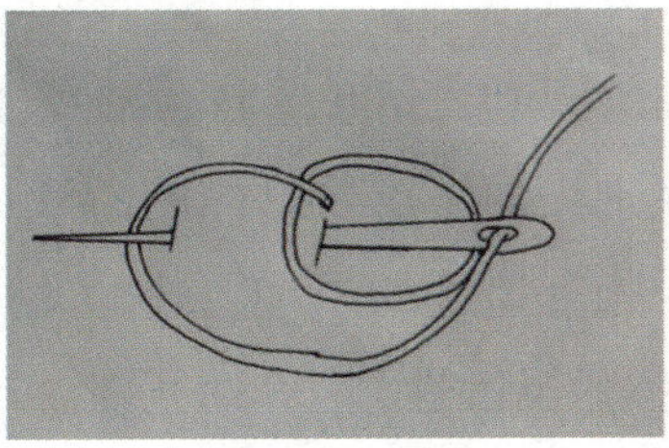
图 3-1-30

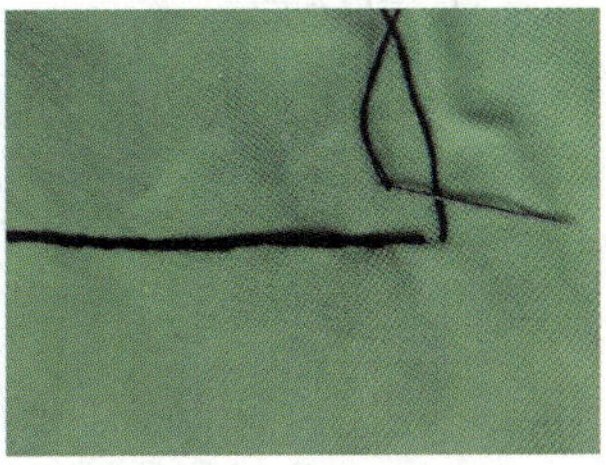
图 3-1-31

（9）钉纽扣

在布偶制作中，钉纽扣主要是为了做布偶的“眼睛”。纽扣通常分为实用扣和装饰扣，一般有四眼扣、二眼扣、背面单眼扣（一眼暗扣）等。四眼扣钉好后，正面的线呈“×”形或“=”形，根据需要还可以钉成其他形状；二眼扣钉好后，呈“–”形；一眼暗扣正面看不见线迹。（如图 3–1–32 至图 3–1–35）

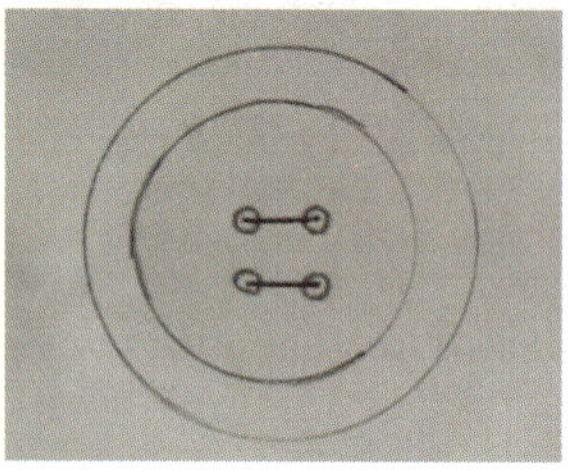

图 3–1–32

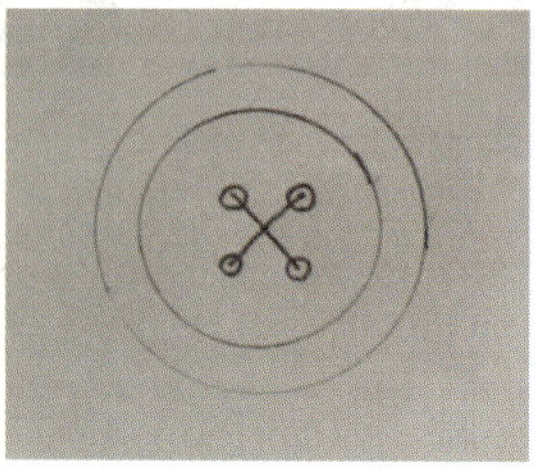

图 3–1–33

图 3–1–34

图 3–1–35

需要注意的是，无论哪种针法，入针和收针时都需要用回针法加固缺口。入针和收针时所打的节，都要藏在隐蔽处，以保证作品的牢固和美观。同一件作品上，最好用同色线连缝，尽量用长线，少打结，这样的作品会更牢固和美观。连缝时，前一步骤缝完后，将针线穿引到下一步骤的位置继续缝制即可。

3. 填充

填充也是布艺制作中常见的技艺。布料本身不能成为立体形状，只有填充一定的材料才能成为立体的。填充物一般是颗粒状或棉絮状物。根据玩教具的实际用途，填充物各不相同。例如，沙包可以填充玉米粒、干豆子、大米等粮食作物，而布偶则需要填充棉花、丝绵、PP 棉等柔软的材料，填充量也需要根据实际需要而定。

三、布艺玩教具的分类

布艺玩教具主要分为户外布艺玩教具、手工区布艺玩教具和综合布艺玩教具。

（一）户外布艺玩教具

1. 抢尾巴

将布尾巴套在小朋友的腰上，相互追赶。游戏规则就是既要保护好自己的尾巴，不被别人捉住，又要捉住别人的尾巴。这样的游戏可以促进幼儿大肌肉的发展，锻炼幼儿的躲闪能力，感受相互追逐的乐趣，让幼儿体验游戏的快乐，通过练习快跑和躲闪动作，提高幼儿身体的灵敏性，培养幼儿在游戏中的合作意识与合作能力。（如图 3–1–36）

图 3-1-36

2. 袋鼠跳

将尾巴按两两之间的距离摆好，先双脚并拢单根跳，再双根跳，能力强的幼儿可再进行三根跳。让幼儿学习立定跳远的正确姿势，锻炼他们的弹跳力及身体的平衡性。（如图 3-1-37）

图 3-1-37

3. 跳房子

把尾巴摆成传统“跳房子”的样子，发展幼儿单双脚交替跳的能力。

4. 投沙包

通过练习正确的挥臂投掷沙包的动作，提高幼儿的投掷能力，发展幼儿动作的协调性和灵活性，在活动中培养幼儿之间友爱互助克服困难的精神。（如图 3-1-38）

图 3-1-38

（二）手工区布艺玩教具

手工活动在幼儿园是比较受幼儿喜欢的一项活动。教师可以以幼儿的经验、能力、兴趣、需要为出发点，让幼儿以“看一看、摸一摸、动动手”的方式加强对表象形体的记忆，从而锻炼幼儿动手动脑的能力，训练幼儿技能以及眼、手、脑的协

调运用能力，培养幼儿观察、想象和创造思维等各方面的能力。（如图 3–1–39 至图 3–1–51）

1. 系鞋带

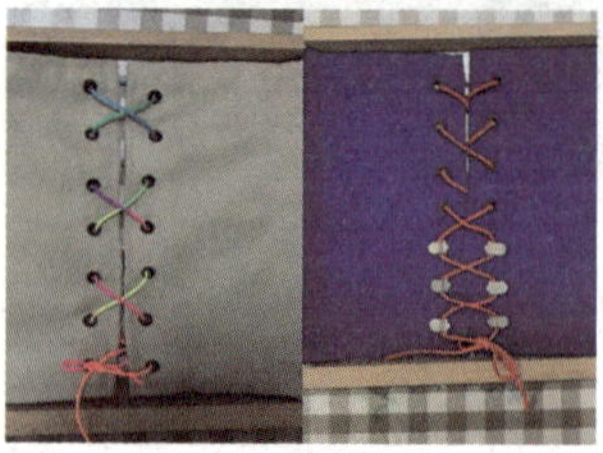

图 3–1–39

2. 拉链

图 3–1–40

3. 系纽扣

图 3–1–41

图 3–1–42

4. 粘粘

图 3–1–43

图 3–1–44

5. 梳辫子

图 3–1–45

图 3–1–46

图 3–1–47

6. 编制玩具

图 3-1-48

图 3-1-49

图 3-1-50

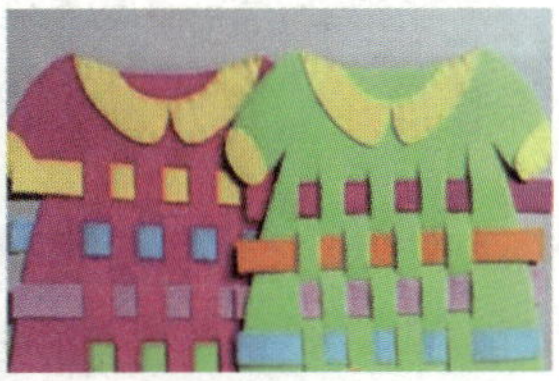
图 3-1-51

（三）综合布艺玩教具

综合布艺玩教具一般分为布偶类玩教具、环保类布艺玩教具以及其他形式的布艺玩教具。

1. 布偶类玩教具又分为怀抱布偶、手套布偶和指套布偶

（1）怀抱布偶

怀抱布偶指用来摆设、把弄、玩耍的布偶，属于封闭式结构。例如布娃娃、泰迪熊、卡通动物等，都是幼儿乃至成人喜爱的怀抱玩具。（如图 3-1-52 至图 3-1-54）

图 3-1-52

图 3-1-53

图 3-1-54

（2）手套布偶

手套布偶又称布袋布偶、手偶，主要指可以把手伸进布偶身体内，可以操纵、玩耍、表演的布偶。（如图 3-1-55 至图 3-1-57）

图 3-1-55

图 3-1-56

图 3-1-57

（3）指套布偶

指套布偶指的是套在手指上进行游戏表演的小型布偶。由于用材少、形象可爱，操作简单，深受幼儿的喜爱。（如图 3-1-58、图 3-1-59）

图 3-1-58

图 3-1-59

2. 环保类布艺玩教具

环保类布艺玩教具指利用环保材料的外形制作的布艺玩教具。这类玩教具由于选材便利、制作简便，被幼儿园和幼儿家庭广泛制作和使用。环保类布艺玩教具的制作特点与一般布艺玩教具不同，环保类布艺玩教具要根据环保材料的原形特点先构思玩教具的外形和用途，考虑适当的布料、制作方法，再进行制作。（如图 3-1-60 至图 3-1-63）

图 3-1-60

图 3-1-61

图 3-1-62

图 3-1-63

3. 其他形式的布艺类玩教具

除了布偶类和环保类布艺玩教具，我们还可以根据需要缝制更多的布艺玩教具。例如，传统绣球、布老虎、荷包等。根据现代缝纫材料、技术条件，许多传统布艺玩具经过改造，制作简便，更适合现代社会的学前教育玩教具的功能需要。（如图 3-1-64 至图 3-1-67）

图 3-1-64

图 3-1-65

图 3-1-66

图 3-1-67

在幼儿园里，环境装饰也是幼儿的“大玩具”，利用布艺技术制作一些大型的互动环境装饰品，既适用美观，又能开展游戏教学，起到寓教于乐的作用。（如图 3-1-68、图 3-1-69）

图 3-1-68

图 3-1-69

第二节 综合布艺类材料玩教具的设计与制作

一、布偶类玩教具造型的操作与实践

布偶玩教具主要包括怀抱布偶、手偶、指偶等。儿童热爱布偶，有的将布偶视为守护天使、伙伴、保护对象等。赋予了布偶一系列的奇幻角色。通过这些角色，如与布娃娃玩过家家游戏，儿童能更好地理解生活和社会关系。这对于培养儿童的爱心，学会照料他人都有着无可替代的功用。

玩具布偶的制作步骤：

设计。给需要制作的玩教具设计好纸样，包括形状、尺寸等，并准确地画出来。

打版。依照设计好的图样将玩具身体各部位进行版型描绘，这是整个作品制作过程中最需要精确计算数据的步骤。

剪裁。将各部位的版型描绘在布料上，再裁剪下各部位布片，注意留出缝制的余地。

缝合。将裁剪好的布按照各部位的连接点与顺序分别缝合。再把两片对好后缝合。从反面缝制，就用平针缝；从正面缝制，就用回针缝。反面缝制的布料，要留一个小口。缝制完毕，就把布料从这个小口翻过。

填充。将缝合好的各部位填入棉花，把留好的小口缝合好。

组合。将头、躯干、手脚、耳朵等各个部位分别制作完成后，将它们按照各自的位置组合缝制在一起。

钉眼睛、鼻子。鼻子、眼睛可以用纽扣代替，将针从布偶侧面顶入，引至眼睛和鼻子的位置，钉牢；也可以用丙烯颜料在相应的位置上画出鼻子和眼睛。

配件与配饰。给布偶制作一些饰品、配件、使其更加可爱。

（一）怀抱布偶

【阿狸不织布玩偶】

材料准备：不同颜色的不织布、针、线。

（1）先把阿狸的造型画在白纸上，然后分别剪下各部分，再把纸模放在对应颜色的不织布上面，剪裁不织布。分别是头部 2 片，脸部 1 片，耳朵 4 片，内耳 2 片，

被单 1 片，被子 1 片，手部 4 片，身体 2 片，鼻子 1 片，内裤 2 片。（如图 3-2-1）

（2）分别用黑线和红线，将脸上的眼睛和腮红用回针法绣出。然后将鼻子部分也缝到脸上，鼻子上面的白色部分用白线绣出，接下来把脸缝到头部上，用内线贴布缝。（如图 3-2-2）

（3）将内耳部分分别缝到外耳上面，然后把外耳 2 片为一组缝合在一起，并塞棉花填充，留最下面部分为开口。（如图 3-2-3）

（4）将 2 片内裤分别缝到前后两片身体上，再把手部 2 片为一组缝合在一起，塞棉花填充，并留一个开口。

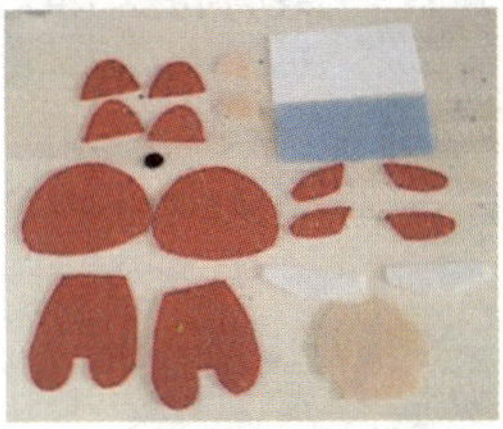
图 3-2-1

图 3-2-2

图 3-2-3

（5）把 2 片身体重叠，缝合并塞棉花和插入手部缝合，然后将头部 2 片重叠，缝合并塞棉花和插入耳朵，身体缝合。（如图 3-2-5）

（6）将被子放在被单上，沿着被单边缘缝线。缝好后把被单卷起来缝合固定在身体上即可。（如图 3-2-6）

图 3-2-4

图 3-2-5

图 3-2-6

【小熊不织布玩偶】

材料准备：不同颜色的不织布，针，线。

（1）先把小熊的造型画在白纸上，然后分别剪下各部分，再把纸模放在对应颜色的不织布上面，剪裁不织布。分别是头部 2 片，耳朵 4 片，内耳 2 片，被单 1 片，被子 1 片，手部 4 片。身体 2 片，鼻子 1 片，裤子 2 片。（如图 3-2-7）

（2）将脸上的五官用针线绣出来，并把鼻子缝到脸上。（如图 3-2-8）

（3）将内耳部分分别缝到外耳上面，然后把外耳 2 片为一组缝合在一起，并塞棉花填充，留最下面部分为开口。（如图 3-2-9）

图 3-2-7

图 3-2-8

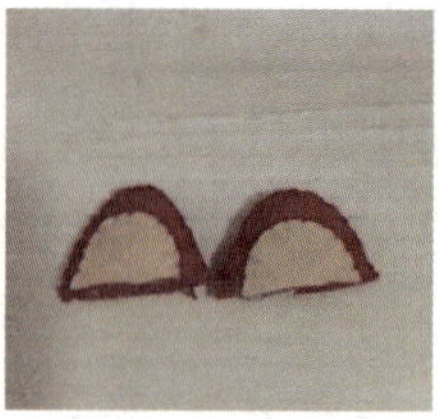
图 3-2-9

（4）将 2 片裤子分别缝到前后两片身体上，再把手部 2 片为一组缝合在一起。塞棉花填充，留一个开口。（如图 3-2-10）

（5）把两片身体重叠，缝合并塞棉花和插入手部缝合，然后将头部 2 片重叠，缝合并塞棉花和插入耳朵，身体缝合。

（6）最后将被子放在被单上，沿着被单边缘缝线。（如图 3-2-12）

图 3-2-10

图 3-2-11

图 3-2-12

【作品欣赏】（如图 3-2-13 至图 3-2-19）

图 3-2-13

图 3-2-14

图 3-2-15

图 3-2-16

图 3-2-17

图 3-2-18

图 3-2-19

案例分享

大班美术活动《小布偶》

★活动目标：

1. 学习布偶的基础知识，了解掌握布偶的制作手法。

2. 引导幼儿学会布偶的制作方法。

3. 通过活动，感受布偶所带来的情感体验，培养创造美好生活的愿望与能力。

★活动重点：

学会运用美术基本技能制作小布偶，根据自己的想象力创造布偶新形象。

★活动难点：

运用材料本身的形状、色彩和性质特点制作布偶，体现布偶的易操作与表演功能。

★活动过程：

1. 创设情境，激趣导入

播放简短的北京绢人制作过程，感受中国传统民间工艺的魅力，激发幼儿活动兴趣与热情。师生欣赏各种传统手工艺小人偶，说说小人偶的特点和观赏感受。

2. 自主探究

首先，了解小布偶外形，观察制作的材料。

教师带来一个箱子，请学生猜里面是什么？从中取出小布偶进行展示，请学生欣赏。

其次，观察这些布偶都是用哪些材料制作而成的。

再次，探讨如何制作小布偶的支架。

根据所带材料，小组讨论制作过程与方法。讨论怎样把废旧布料裁剪成能够“穿”在小偶人身上的服饰，并动手操作。

首先，选择已有的材料，进行材料探究，分析制作方法。

其次，指导幼儿制作小布偶。如何让小布偶站稳？如何让小布偶的动作形象生动？如何让小布偶的服饰美观？

最后，实践体验，学生掌握小布偶制作方法。

3. 交流展示

幼儿介绍制作心得，共同分享制作乐趣以及遇到的困难。

★活动延伸：

活动结束，小组内交流：可否给小布偶配上合适的布景？

（二）手套布偶

手套布偶又称布袋偶、手偶，主要指可以把手伸进布偶身体内，可以操纵、玩耍、表演的布偶。手偶起源于17世纪中国福建泉州或漳州等地区，主要在福建泉州、漳州、广东潮汕地区与台湾地区等地流传的一种用布偶来表演的地方戏剧。布袋偶的头是用木头雕刻成中空的人头，除偶头、手掌与足部外，偶身躯干都是用布料做出的服装。演出时，将手套入戏偶的服装中进行操偶表演。而正因为早期此类型演出的戏偶偶身极像“用布料所做的袋子”，因此有了“布袋戏”之通称。这种偶主要是靠手伸进偶身中进行操作，最大的特点就是他嘴巴可以动，动就是靠手掌、手指来活动，这种偶我们称他为“手偶”，也有人叫他“手套偶”。

手偶对小朋友通常有很大的吸引力，运用手偶可以提高幼儿故事讲述水平。手偶可以调动手、口、眼等感官通，而且手偶的可动性和形象性对幼儿的语言思维和形象描述具有启发作用。手偶颜色鲜艳、造型生动，既能吸引幼儿的注意力，又能提高幼儿对故事的想象力、理解力。运用手偶，孩子有更多感触，不仅提升幼儿的审美能力，而且对幼儿有安抚作用。父母和孩子一起用手偶玩耍对话，就如同话剧创作，增强语言能力的同时还可增进亲子间的互动。

【手偶小熊】

（1）布料准备好，将手调整为手偶表演姿势形态，用笔画出大概轮廓，剪下两片初型的布。（如图 3-2-20）

（2）两块初型布料正面相叠，平针缝合，留伸手的大口不缝。可以把伸手口分别往里缝，这样整洁一点，手偶身体部分制作完成。（如图 3-2-21）

（3）接下来制作小熊的头，需要两片大小一样的圆布，大小要根据小熊身体部分来决定，两片圆布采用回行针缝合，要留个口，用来塞棉花和安装小熊身体。（如图 3-2-22）

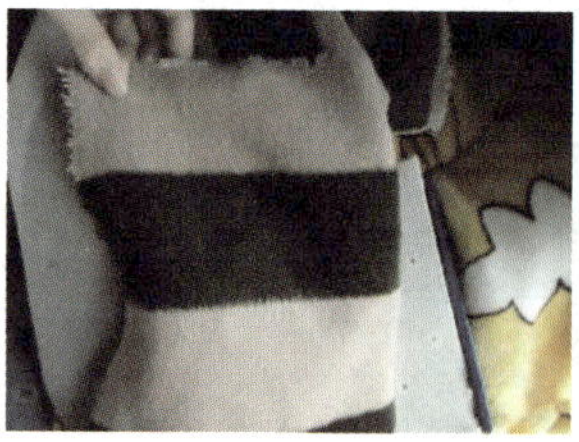

图 3-2-20

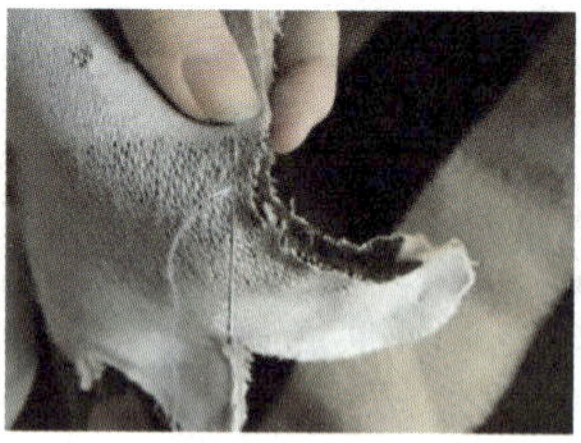

图 3-2-21

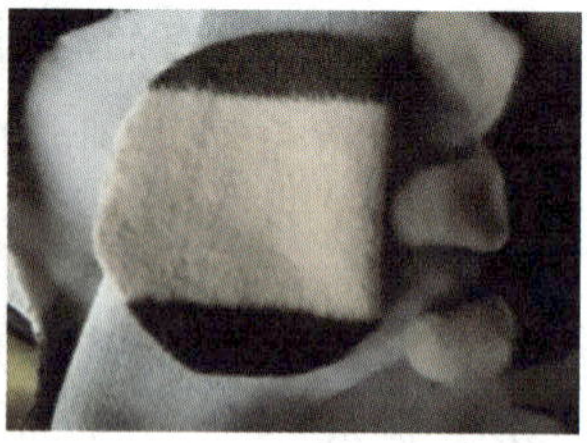

图 3-2-22

（4）塞入棉花，使头部圆满，记得留有空隙可以将头部安装到身体上。（如图 3-2-23）

（5）布料准备好，用笔画出大概轮廓，剪下两片黑色的耳朵。（如图 3–2–24）

（6）用黑色绣线绣上小熊的眼睛。（如图 3–2–25）

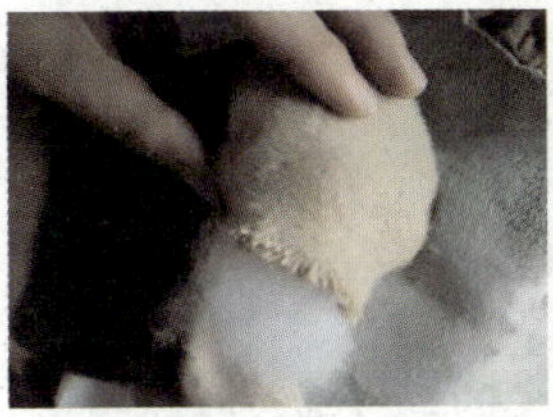
图 3–2–23

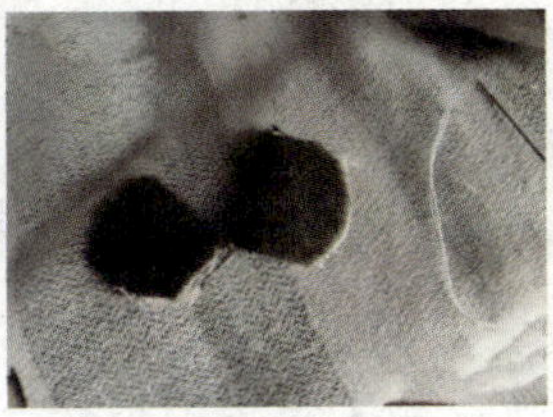
图 3–2–24

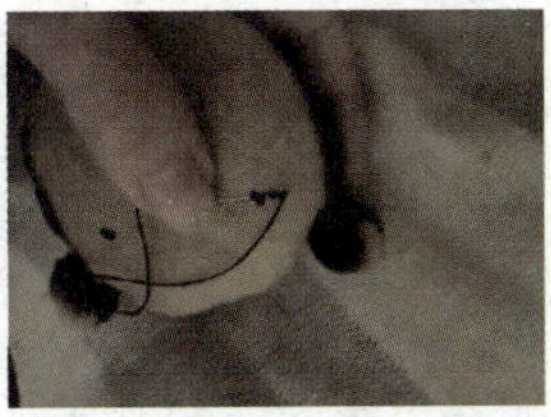
图 3–2–25

（7）剪一块小圆布，如图 3–2–26 边沿走线，缝成圆形，边沿的布料往中间塞，形成一个半圆体，绣上鼻子嘴巴，最后用藏针缝好头部。

（8）最后，进行头部和身体的组合，用藏针把头部缝在身体上，小熊就完成了。（如图 3–2–27、3–2–28）

图 3–2–26

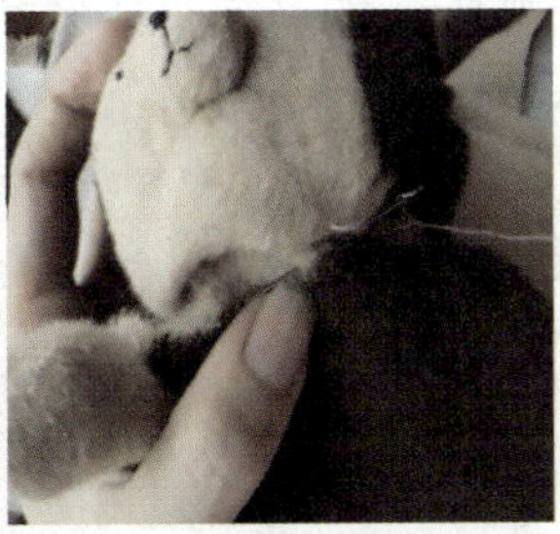
图 3–2–27

图 3–2–28

【作品欣赏】（如图 3–2–29 至 3–2–34）

图 3–2–29

图 3–2–30

图 3–2–31

图 3–2–32

图 3–2–33

图 3–2–34

案例分享

语言活动玩教具——手套偶

★教学目标：

1. 学会适形造物的方法，拓展形象思维能力和观察能力，充分发挥想象力和创造力。

2. 让学生学会制作小玩偶的主要技法，培养学生的动手能力。

3. 利用所做手偶进行复述故事、改编故事。

★教学重点：

通过欣赏不同的小玩偶找到制作小玩偶的技法和窍门以及方法步骤，并且能够灵活运用。

★教学难点：

能够自己独创更多的制作技法，充分利用身边的辅助材料在有限的时间内制作出各自独特的小玩偶。

★教学准备：

师：栩栩如生、形神兼备、可爱的手套小玩偶，多媒体幻灯片。

生：手套一双、针、线、小扣子、亮片、碎布头、棉花、废旧毛线、铁丝等辅助材料、乳胶或双面胶等。

★教学过程：

1. 导入新课

教师运用课件向学生展示一些小玩偶，提出这些小玩偶既漂亮又好玩，请学生分析是用什么材料做成的。学生交流并回答。

2. 欣赏

教师通过课件展示第一组小玩偶——两只小狗，提示学生重点注意观察两只小狗的耳朵有什么不同，分析是用哪两个手指做小狗的耳朵？

学生开始讨论，并纷纷举手把自己的发现告诉老师。

教师总结：同学们观察得很仔细，我们在做小玩偶的时候，可以根据自己的创作需要，选择不塞棉花或少塞棉花。

设计意图：培养学生的观察能力，让学生在感受手套小玩偶的乐趣中总结制作方法。

接着，教师通过课件展示第二组小玩偶——大象，请学生欣赏并仔细观察运用哪个手指做大象的鼻子。怎样做大象的腿？运用什么方法可以让大象的鼻子翘起来？

学生通过认真的观察，了解了大象的鼻子是用大拇指做的，其他的4个手指可以做大象的腿。运用铁丝做辅助材料可以使大象的鼻子翘起来。

教师总结：在做小玩偶的时候可以根据自己的需要来决定把手指全部藏起来还是藏部分。因为铁丝比较柔软，可以任意弯曲，在玩偶手指里面放进铁丝，我们就可以把手指头做成我们需要的形状。（教师一边弯曲大象的鼻子，让学生感受铁丝起到的作用）

设计意图：通过引导学生欣赏，培养学生观察和思考能力，学生自己在发现和研究中总结出制作小玩偶的方法，以及制作时的小窍门——辅助材料的运用。

3. 引导探究，激发学习动机

拿出准备的材料手套，将知识问题化：最近天气特别冷，我们出门要戴手套，那么手套除了保暖、御寒，还能干什么？拿出教师制作好的手套手偶，明确表示这节课用手套制作玩偶，调动学生学习的兴趣。明确本节课的学习任务。体现教学内容“有用”，在思想上对本课将要学习的内容给予足够重视，激发学生学习动机。

4. 教师讲解，分配任务

学生听完老师讲解手套手偶制作步骤后，以小组为单位，6人一组。相互协商，分工合作，明确画图、剪图案和缝制图案等分工。教师借助课件对学生的学习效果进行纠正和补充，实现师生的有效互动。发挥评价的鼓励作用，根据学生的制作情况，组织学生相互评价，让学生关注整个学习过程，有兴趣，有信心去完成任务。

5. 学生实践，教师指导

观察各小组制作的情况，教师指导并给出参考意见。所有都缝制成功以后，最后将棉花塞入指头处，用线系好即可。各个指头塞入的棉花要均匀，切不可一大一小，这样手偶便制作完成了。

6. 作品展示、总结评价

首先结合每小组的制作情况用2分钟进行汇报、交流，以帮助学生养成及时总结、反思的习惯。通过学生之间的有效交流，实现资源共享。然后由教师进行总结，进一步明确手套手偶的制作过程。教师简单总结后，要求学生利用本节课所做的手偶编故事，然后让学生表演。最后教师可以根据学生所做的手偶进行拓展提升，开阔学生视野，引导学生关注幼儿的语言表达能力。教师引导学生先进行图案设计，在海绵纸上用铅笔画出人物的眼睛、鼻子、嘴巴、胡子、帽子等图案。注意：不能画得太重，以免擦不了影响美观。

也可使用不出水的中性笔，只需勾出大致图案即可。由于学生一人能力有限，采取小组合作完成，一人画图案，一人负责剪图案，一人负责粘图案，一人负责缝制图案。在具体操作时，先由教师示范，学生观察，然后学生自己动手操作，教师指导、讲解并纠正错误。

接下来，每小组将所做图案剪裁好，并粘贴缝制好。注意：粘贴时，要用双面胶将边角部分粘好，以免后面塞入棉花后，图案翘起来。小边角实在不好粘贴可用针线缝制。画的人物要突出特征，例如：奶奶、爷爷、爸爸、妈妈等，爷爷可以有白胡子，奶奶可有老花镜，利用所做手偶给幼儿讲故事，并请幼儿复述老师讲的故事，从而促进幼儿语言的发展，真正使所做的玩教具能够得到物以致用。

★教学反思：

同学们今天都做得非常认真，做的手指偶也很精致。在今天这堂课中，同学们不仅掌握了玩教具制作的乐趣，也将我们做的手偶和你们所学的幼儿儿歌结合起来，体现了学前教育的共通性。以后在幼儿园的实习中，我们就可以将所做的玩偶运用起来，开动幼儿想象力，创造力，加强孩子们的语言表达能力和讲故事的能力。

二、手套、袜子类玩教具造型的操作与实践

袜子、手套剪一剪、缝一缝就可以华丽变身。用废旧的袜子手套，采用剪、拼、贴等方法进行造型。通过动手与动脑相结合，“想一想、做一做”的方法，体验设计制作活动的乐趣。使得“物以致用”同时激发学生美化生活的愿望，培养学生审美情趣。

（一）制作——袜子雪人（一只袜子）

材料准备：一只白色的袜子 、剪刀、针、线、棉花。（如图 3-2-35）

（1）将袜子剪成两段，底部一段做雪人的身体部位，袜筒的部分做雪人的头部。（如图 3-2-36）

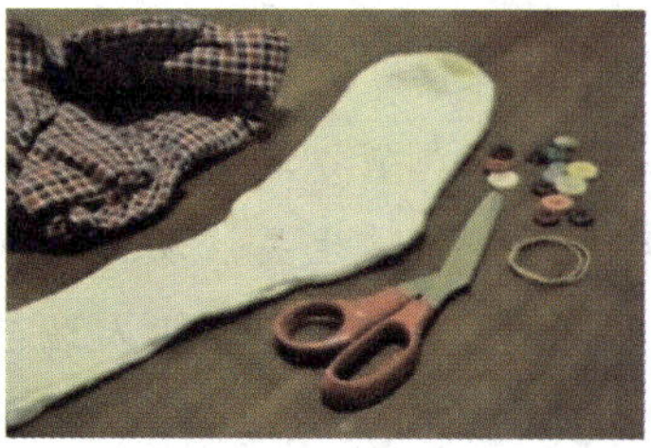

图 3-2-35

图 3-2-36

（2）将袜筒的一端翻过来缝起。（如图 3–2–37）

（3）缝好之后再翻回去。（如图 3–2–38）

（4）将雪人的头部填入棉花，用缩口缝法封住头部。（如图 3–2–39）

（5）把另一段袜子用同样的方法填上棉花并封口，从头和身体的连接处入针。（如图 3–2–40）

（6）用针线缝好雪人的眼睛和鼻子，完成袜子雪人。（如图 3–2–41）

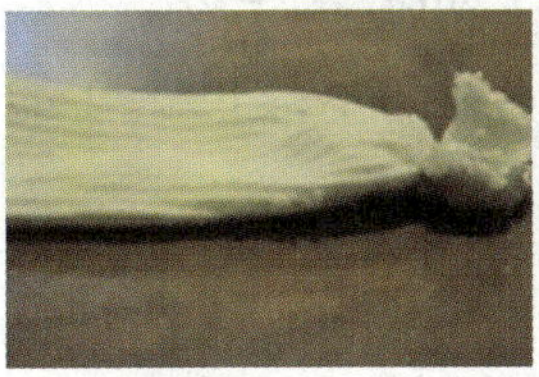
图 3–2–37

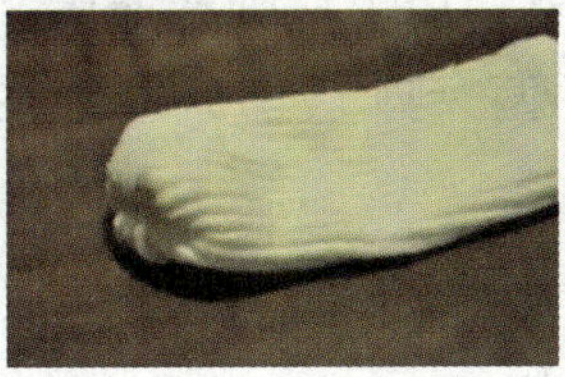
图 3–2–38

图 3–2–39

图 3–2–40

图 3–2–41

（二）制作——袜子娃娃（两只袜子）

材料准备：两只袜子、剪刀、针、线、棉花。（如图 3–2–42）

（1）把棉花塞到袜子中间，用剪刀剪下袜子的两端。（如图 3–2–43）

（2）用针线把袜子两端缝合在一起，缝在下面。（如图 3–2–44）

（3）缝好的袜子成为一个小球。（如图 3–2–45）

（4）把袜子剪成上面左右各两个弧度，上下整齐，高度为 6cm 左右。（如图 3–2–46）

（5）裁剪好的袜子是这样的。（如图 3–2–47）

（6）在剪裁好的袜子里塞入棉花。（如图 3–2–48）

（7）把缝好的圆球与之相拼接缝好。（如图 3–2–49）

（8）拼接完成，身体的轮廓就已经完成了。（如图 3–2–50）

图 3–2–42

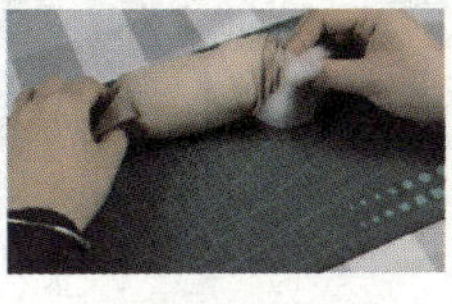
图 3–2–43

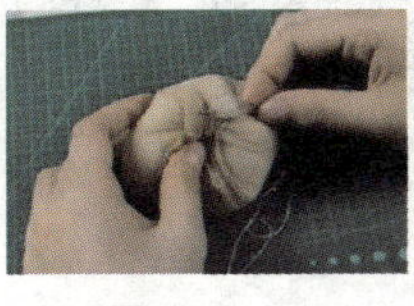
图 3–2–44

图 3–2–45

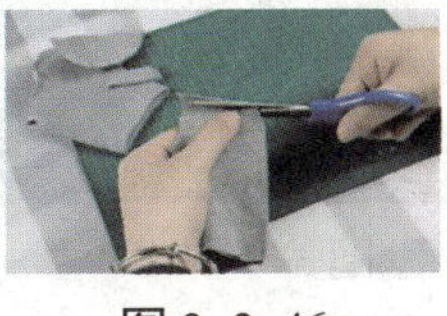
图 3–2–46

图 3–2–47

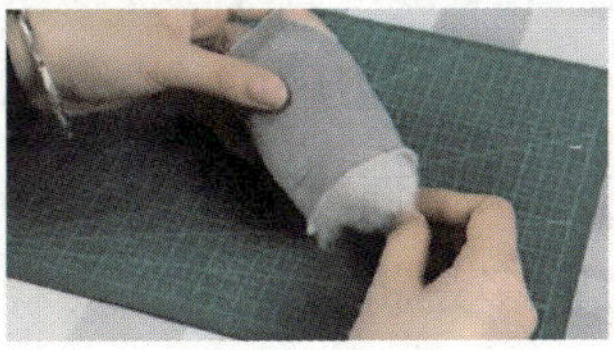
图 3–2–48

图 3–2–49

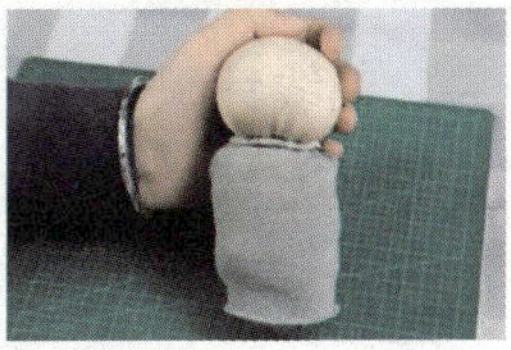
图 3–2–50

（9）把底端的口缝合拉紧固定。（如图 3–2–51、图 3–2–52）

（10）剪下两条宽 1.5cm，长 4cm 的长条，翻过来用针缝合，留下口翻出来。（如图 3–2–53）

（11）翻过来之后塞入棉花，当作胳膊。（如图 3–2–54）

（12）把两个缝合好的棉花胳膊，用针线缝合在棉袜有弧度的位置。（如图 3–2–55）

（13）再把两小块袜子，翻过来缝好，留个口翻塞棉花。（如图 3–2–56）

（14）用针线把两个缝合好的袜子（两只脚），分别固定在身体的左右下端。（如图 3–2–57）

（15）把毛线剪成两根 4cm 的线，从中间固定在头顶。（如图 3–2–58）

（16）把眼睛和嘴巴固定好，缝上帽子，一个可爱的娃娃就制作完成了。（如图 3–2–59）

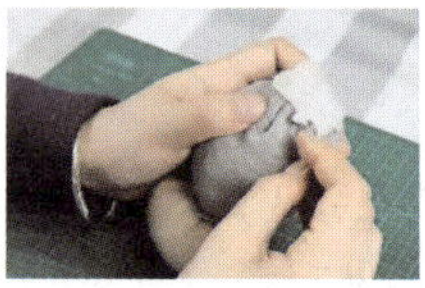
图 3–2–51

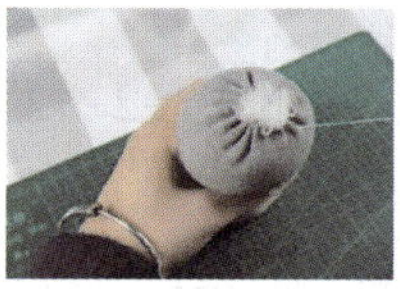
图 3–2–52

图 3–2–53

图 3–2–54

图 3–2–55

图 3–2–56

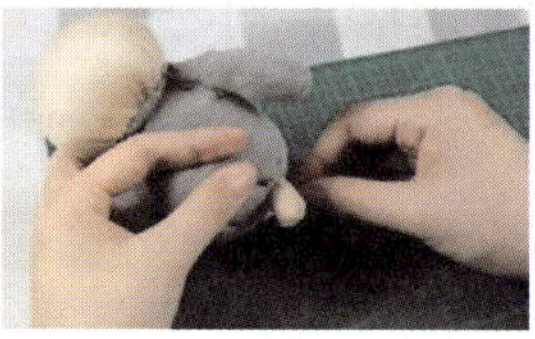
图 3–2–57

图 3–2–58

图 3–2–59

【作品欣赏】（如图 3–2–60 至 3–2–64）

图 3–2–60

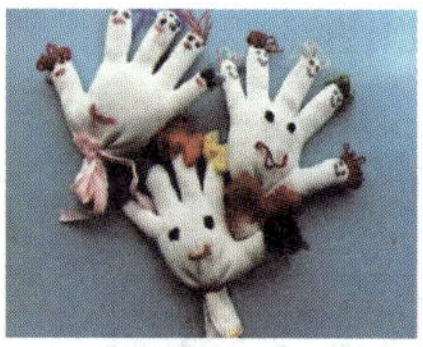
图 3–2–61

图 3–2–62

图 3–2–63

图 3–2–64

三、棉线、毛线类玩教具造型的操作与实践

毛线针织作为一种工艺制品，有着两千多年的历史。工业革命后，机械化带给人们更为科学、繁复且更有效率的成品。毛线、棉线有着随意弯曲、质地多样、颜色丰富等多种特征，运用于贴画当中，我们多是将其作为“线”使用，是线描的工艺展示。

毛线染色性强，触感柔软，色彩鲜艳、丰富。毛线编织是一种传统且风靡的手工艺，在幼儿园里也是老师们常用来锻炼孩子动手能力与提高孩子专注度的一种方式。将粗细不同、质地不同、色彩各异的毛线粘贴于画面上，可以构成以线条为主且具有浮雕效果的装饰贴画。毛线贴画的制作过程相对简单，大致可分为构图、选好毛线、涂上胶水、粘贴毛线这几个步骤。毛线贴画的难点在于线条的排列，以及不同质感、不同色彩毛线的具体运用。针对要表达对象的不同，挑选合适的毛线，才能体现毛线贴画的工艺美感。

（一）毛线贴画

毛线贴画的重要材料当然是毛线。传统的毛线品种主要是棉、麻、丝、毛四大类，随着现代科学的发展，毛线的品种也越来越多，出现了各种各样的合成纤维。按粗细程度，毛线可以分为特细、极细、中细、中粗、高粗等类型。

【毛线贴画的制作方法】

（1）取一张稍厚的纸，如硬纸板、素描纸或卡纸，一般常用的是素描纸。

（2）先用铅笔在纸上画图稿，选的图要简单一些，这是为了方便粘贴，不用总换线。

（3）画好后，在纸上涂胶水。幼儿制作毛线贴画一般用双面胶，既方便操作又不易粘到身上。

（4）选好一种颜色的毛线，开始按一定的规律粘贴，如按直线粘贴，圆形图块可绕圈粘。粘贴时可用镊子等工具辅助，也可用手按压。

【毛线贴画制作的工具和材料】（如图 3-2-65、图 3-2-66）

图 3-2-65

图 3-2-66

基本材料：各种颜色、材质的毛线。

基本工具：胶水、铅笔、剪刀、橡皮、镊子、各色卡纸、KT 板等。

【毛线贴画的制作步骤】

（1）先用笔画出轮廓。（如图 3-2-67）

（2）在“地球”和“手”的轮廓处涂满胶水，粘贴黑色毛线。（如图 3-2-68）

（3）根据个人喜好，用漂亮的毛线粘贴双手。（如图 3-2-69）

（4）分别用绿色和蓝色毛线粘贴地球。（如图 3-2-70）

（5）最后把地球上的小草和小花粘贴好，漂亮的毛线手工粘画就做好了。（如图 3-2-71）

图 3-2-67

图 3-2-68

图 3-2-69

图 3-2-70

图 3-2-71

【作品欣赏】（如图 3-2-72 至图 3-2-76）

图 3-2-72

图 3-2-73

图 3-2-74

图 3-2-75

图 3-2-76

（二）毛线编织玩教具

【冰棍棒编织小海龟】

材料准备：迷你冰棍棒、丙烯颜料、毛线、黑色笔、胶水。

基本步骤：

（1）取 3 根冰棍棒，交叉粘贴在一起，用黑色笔画上小海龟的头和四肢。（如图 3-2-77、图 3-2-78）

在冰棍棒的交叉处开始重要的一步——毛线编织。（如图 3-2-79 至图 3-2-82）

（2）壳的图案，即线条的颜色可以随意更换，做出自己满意的小乌龟。（如图 3-2-83）

图 3-2-77

图 3-2-78

图 3-2-79

图 3-2-80

图 3-2-81

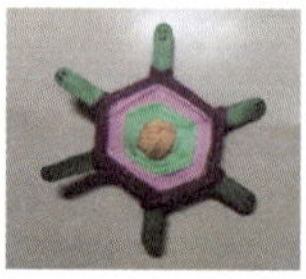
图 3-2-82

图 3-2-83

【彩色毛线小装饰】

材料准备：迷你冰棍棒、毛线、塑料钻石。

基本步骤：

（1）两根冰棍棒交叉并用毛线缠绕固定住之后，用毛线往四个方向蔓延编织，并更换毛线的颜色，使整个作品更加丰富。（如图 3–2–84 至图 3–2–90）

（2）最后还可以贴上几个装饰物。（如图 3–2–91）

同样的方法，吸管也可以代替冰棍棒，效果也是差不多的。（如图 3–2–92、图 3–2–93）

图 3–2–84

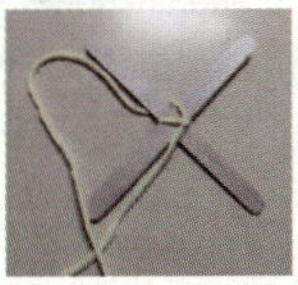
图 3–2–85

图 3–2–86

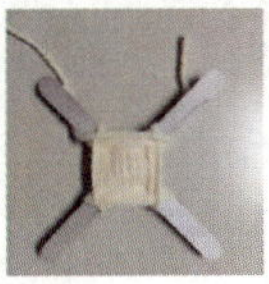
图 3–2–87

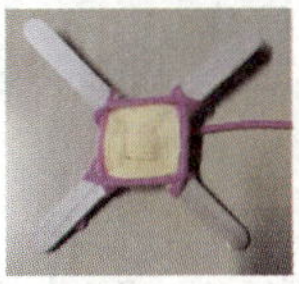
图 3–2–88

图 3–2–89

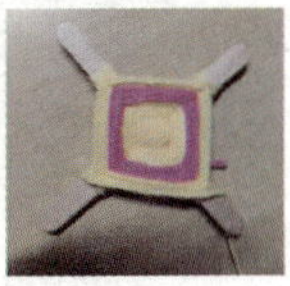
图 3–2–90

图 3–2–91

图 3–2–92

图 3–2–93

【纸皮编织】

材料准备：圆形纸皮、毛线、毛球、串珠等装饰零件、剪刀。

基本步骤：

（1）圆形纸皮上画出多条直线，将每条线的边缘剪开 2—3cm，用毛线交叉先绕上一圈，回到原点。（如图 3–2–94 至图 3–2–96）

（2）在毛线的交叉处将毛线一上一下缠绕编织，并不断地换颜色。（如图 3–2–97 至图 3–2–99）

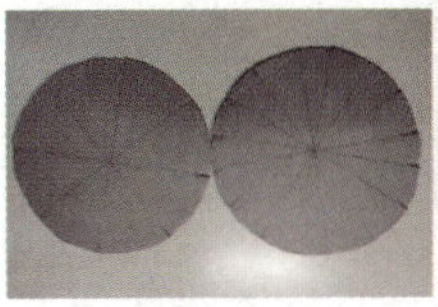
图 3–2–94

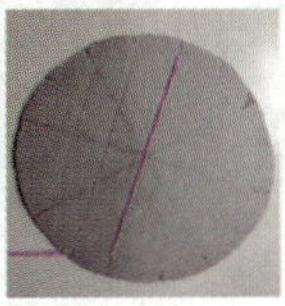
图 3–2–95

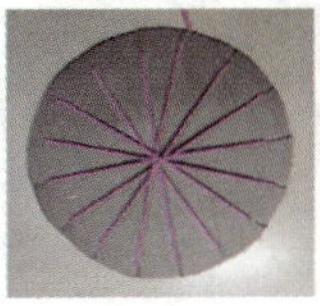
图 3–2–96

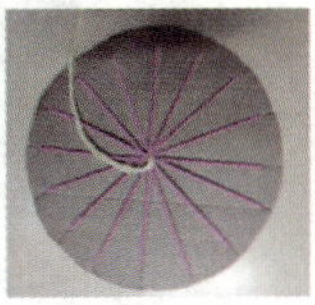
图 3–2–97

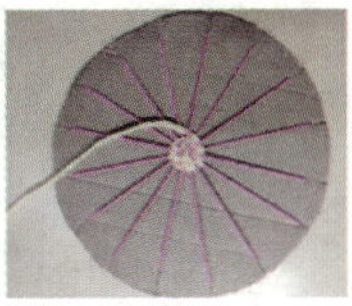
图 3–2–98

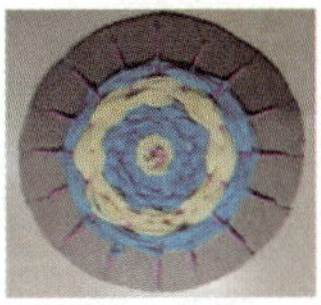
图 3–2–99

【纸盘编织树】

材料准备：纸盘、彩色颜料、剪刀。

基本步骤：

（1）在纸盘上先画好图案，可以是“树”后面的风景。（如图 3–2–100）

（2）在纸盘上端的边缘剪开 10 个左右的小口，底端两个即可，然后上下绕线。剩下的线用来绑住底部，做出树干。（如图 3–2–101）

（3）用前几个教程中学到的方法开始编织，一棵树就完成啦！（如图 3–2–102、图 3–2–103）

图 3–2–100

图 3–2–101

图 3–2–102

图 3–2–103

（三）棉线作画

棉线吸水性强，较结实，弹性好。可以用作棉线画。

材料准备：黑色卡纸、纸盘、棉线、颜料。

基本步骤：

（1）选择自己喜欢的颜色，把颜料挤在纸盘上。（如图 3–2–104）

（2）将棉线顺着颜料的轨迹摆放，可以拿个纸片压一压，使得棉线尽可能蘸上颜料。（如图 3–2–105）

（3）把黑卡片一分为二，提起刚刚的颜料棉线，随意地铺放在黑色卡纸上。（如图 3–2–106）

（4）另一张卡纸盖上，取重物压上去，缓缓抽出棉线。（如图 3–2–107、图 3–2–108）

（5）打开卡纸，完成棉线画。不同的棉线摆放制作出不同的画。（如图 3–2–109、图 3–2–110）

图 3–2–104

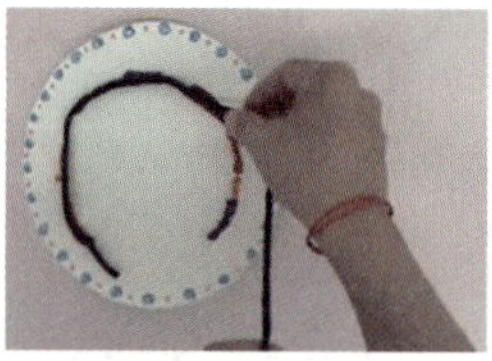

图 3–2–105

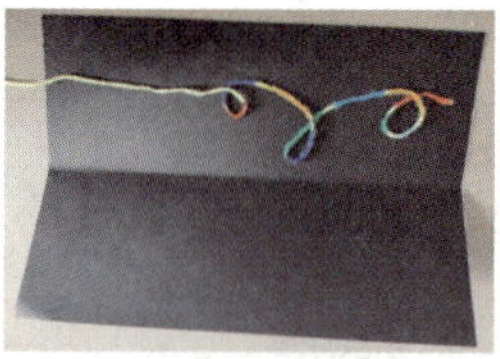

图 3–2–106

图 3–2–107

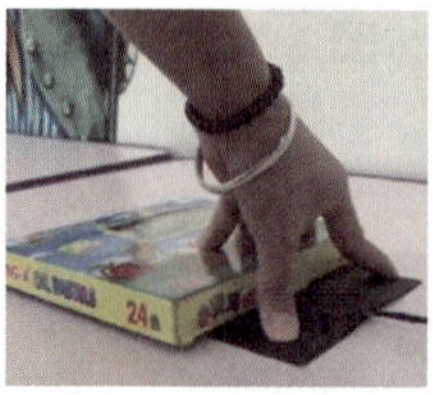

图 3–2–108

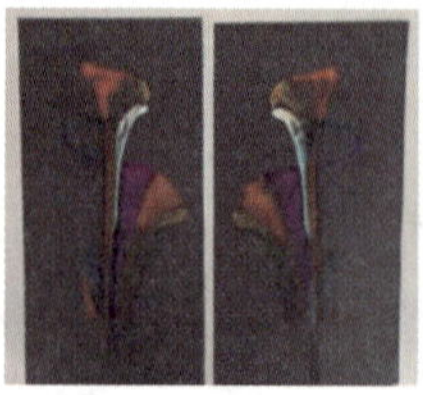

图 3–2–109

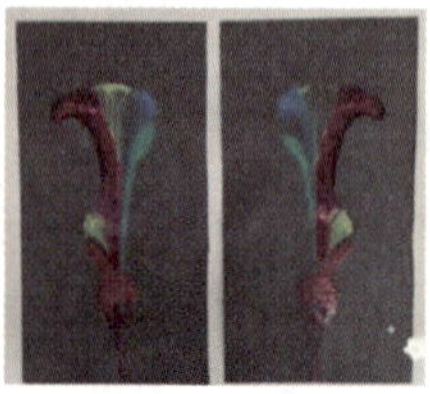

图 3–2–110

案例分享

幼儿园中班《毛线画》

★活动目标：

1. 让幼儿学习用毛线作画，提高幼儿对美术活动的兴趣，培养幼儿大胆作画。

2. 能顺利完成作品。

3. 培养幼儿动手操作的能力，并能根据所观察到的现象大胆地在同伴之间交流。

4. 增进参与环境布置的兴趣和能力，体验成功的快乐。

★活动准备：

白纸，每人一份红、黄色颜料，抹布，毛线，音乐磁带。

★活动过程：

1. 播放磁带、幼儿跳舞

师：现在请小朋友休息一会儿，看谁来了？（出示毛线）这是毛线，毛线也想和小朋友们一起跳舞。请小朋友们看老师是怎样和毛线跳舞的。

2. 教师示范用毛线作画

毛线穿了件红色的衣服(蘸上红色颜料)在纸上走一走(拖拉毛线)跳一跳。毛线又穿了件黄色的衣服，在纸上走一走、跳一跳。跳完了把毛线送回家。

师：小朋友们看毛线跳的舞漂亮吗？你们想不想和毛线一起跳舞？

3. 组织、指导幼儿作画

任意弯曲毛线，大胆表现富有创意的造型。尝试运用多种材料让毛线画丰富起来。

培养幼儿大胆尝试、勇于探索与表达的精神。

4. 评讲幼儿作品

★活动反思：

把软软的毛线用来绘画会发生什么样的情况呢？小朋友们带着疑问开始尝试大胆地绘画。大家都尝试作画，作品中大多都是线条组合的，也有个别幼儿有色块。呈现的作品很有现代元素的感觉。

四、综合布艺类玩教具作品展示与欣赏

为了适应现代幼儿的需要，除了对一些传统民间布艺玩具进行改良外，又增加了许多新材料制作的布艺玩教具。从传统绸棉布料到如今广泛应用的不织布，从纯布玩具到与塑料、金属等结合的布艺玩教具，都无不使得现在的布艺玩教具更加丰富多彩。好的玩教具不仅能使儿童开心，更能激发儿童的创造能力，提高儿童的审美能力，达到寓教于乐的目的。不管形式与内容如何变化，只有用心制作饱含爱意的布艺玩教具，才是儿童最好的玩具。

【布艺玩教具欣赏】

（1）布艺飞碟（如图 3-2-111）

（2）编织益智玩具（如图 3-2-112）

（3）表情变变变（如图 3-2-113）

图 3-2-111

图 3-2-112

图 3-2-113

（4）布绘本（如图 3-2-114、图 3-2-115）

图 3-2-114

图 3-2-115

（5）不织布笔筒（如图 3-2-116）

（6）布艺钟表（如图 3-2-117）

图 3-2-116

图 3-2-117

拓展阅读

布老虎的起源与传说

老虎，在民间一直被视为百兽之王、恶鬼的克星。老百姓们经常在春节、端午节、元宵节等节日里给孩子们制作各式各样的手工老虎，表达祛病、祝福、驱邪避灾的美好寓意。常见的有老虎鞋、画虎脸、老虎枕，以及形态各异的布老虎等等。对于造型夸张的布老虎，也有着一些关于它的神话传说。

一、驱鬼辟毒

传说在桃都山有棵大桃树，盘踞三千里，在盘根错节的桃树枝丛下，有一扇万鬼门，乍看之下宛若人间炼狱。树下有一对兄弟，一个叫神荼，一个叫郁垒。最早的时候，他们还不是民间信奉的两位门神。据说这两兄弟力大无比，技艺高强。他们饲养着巨冠金鸡，驯服了山上的虎群，大家共同守护着桃都山的桃林，彼此一直相安无事。桃树长得枝繁叶茂，眼看着就要迎来丰收的一年。但万鬼门的饿鬼对桃林的桃子垂涎欲滴，它们冲上山来，企图抢夺桃林。饿鬼们与守山的老虎拼杀在一起，而神荼与郁垒则在一旁用桃木棍将鬼击倒，并用苇绳将鬼绑住。最后，这些饿鬼们一个个都被老虎吞吃入腹，神荼与郁垒也被民间尊称为门神。

二、镇宅祈福

布老虎的起源与征战也有一些联系。相传朱元璋的军队征战四方，所到之处无不烧杀抢掠，但偏偏避开了山东博兴的一户人家。事后才知道，朱元璋属虎，凡是供奉虎、以虎为图腾的人家都避免了杀身之祸，正是这户人家门口立的两座石虎救了他们的命。一经传出、奔走相告，于是百姓们家家户户都开始供奉虎，来不及的就用布缝制老虎，以期望逃脱杀身之祸，人丁兴旺。此后，布老虎便作为镇宅的吉祥物，制作工艺也一直延续下来。

三、虎眼传情

很久以前，在扬州古城内，住着一个名叫大羊的船夫，他很慷慨也很大方，而且很乐于帮助别人。不久，村里来了一位年迈的旅行者，她对大羊善良的品格大加赞赏。临走时，她将一幅古画送给了大羊，画中是一个漂亮的姑娘正在用针线缝一双虎头鞋，船夫非常喜欢这幅画，他一回到家，立即就将画挂在了他床头的墙上。

一天晚上，画中的姑娘突然从画中走了出来，与大羊共同度过了一段美好的时光。打那以后，他们每晚都见面。一年以后，他们生了一个男孩，孩子为两口子带来了更多的欢乐。

然而不幸的事发生了，村长听说大羊家中有奇画的事后，将这幅神奇的画抢走了。贪婪的村长像大羊那样将画挂在了床头的墙上，每天都期待着画中女子能够下来，令他失望的是，什么事都没有发生。大羊的孩子长大了，他总是不停地呼唤着自己的母亲。当他最终找到了母亲，母亲告诉孩子：“只有当你穿着我为你缝的虎头鞋走进村长家的卧室时，我们才能够真正团聚。”

后来，孩子来到村长家，并告诉村长说他可以将画中的女子召唤下来。孩子对着画召唤道：“妈妈，我们走。”话音刚落，画中女子应声出画，搂起孩子就往外走。然而贪婪的村长已经挡住了去路。孩子勇敢地冲上去与他搏斗。正当这时，那双虎头鞋从男孩的脚上松脱下来，立刻变为一只斑斓猛虎，迅速地扑向邪恶的村长。

…………

在北京市的故宫博物院里，就有一只清宫旧藏的布老虎。它宽 16 厘米，高 20.6 厘米，尾长 42 厘米，这只小老虎头颅硕大，尾巴颀长，造型雄壮。在工艺上采用彩绘、嵌珠挖补等手法描绘出了虎纹和五官。布老虎已经从一代代的传承中脱去了它凶狠狰狞的牙齿和尖锐的利爪，身体和尾巴也被缩小，但头却被放大，显得十分憨态可掬、娇小可爱。

手艺人用他们细腻的笔触勾画出了他们心中老虎的样子，布老虎的制作方式和材料千差万别，百姓们用自己独特的思维制造出了他们各自心中的老虎形象，这也是布老虎的传神之处。中国妇女们把对孩子的爱通过一针针、一线线缝入了一只只造型夸张、威猛可爱的布老虎中，希望老虎能为孩子们挡去一切灾害侵扰。

现代的工艺品往往更偏向于精致，刺激了人对于美的极致追求。而布老虎不同，手工制作的小老虎往往神态各异，甚至有点“丑萌”。那是因为中国人历来讲究“以形写神”，在一定形象的基础上，布老虎更加注重写神传意，有着更加鲜明的民族特色，也塑造了非物质化遗产中一类独特的俗雅并存的艺术品。

本章小结

布艺作为一种古老的民间艺术，能让幼儿产生丰富的想象，给幼儿以真的启迪、善的熏陶、美的享受。但现在的幼儿生活在电子时代，从小和动漫、卡通为伴，孩子身上已很少看到带有民间色彩的东西。本章通过园本特色课程的开发和实施，让幼儿掌握布艺制作及创作的基本技能，培养幼儿耐心、细致的良好个性品质，提高幼儿的审美情趣和能力，拓展幼儿的视野和创造能力；并促进教师的课程开发、设计，研究能力、教科研素质的提高。通过本章的学习我们可以明确布艺材料玩教具在幼儿教育中的价值以及所要达到的目标。首先了解布艺玩教具的特点，历史发展与运用。其次，学会布艺玩教具制作的基本技法，根据幼儿的年龄特点，引导幼儿运用日常生活中常见的不同的布材料进行制作玩教具。

思考与实训

1. 简述布艺材料玩教具在促进幼儿发展方面的价值。
2. 简述幼儿园环境创设中，在不同区域中布艺材料玩教具投放的适宜性。

专题探讨

布艺材料玩教具在幼儿园教育活动中的应用

通过创新，把具有鲜明时代特征的儿童布艺玩具，融入幼儿园活动中来，让幼儿从小就能够感受文化所带来的艺术价值和丰富内涵，以培养幼儿的民族自豪感，提高其艺术修养，并且使幼儿具有初步的审美、创造和动手动脑能力。

在幼儿园中开展布艺欣赏和制作等活动，让幼儿通过看、触摸等方式充分调动感官。一些日常布艺品如纸巾盒、零钱包，都能给幼儿的生活增加多种乐趣，从而潜移默化达到教育的目的。在幼儿园里，环境装饰也是幼儿的“大玩具”，利用布艺材料制作一些大型互动环境装饰品，既美观又能用作游戏、教学，起到寓教于乐的目的。

第四章

泥工材料玩教具设计与制作

学习目标

● 能够掌握泥工材料的基本技法和熟悉不同泥工材料的特性及应用；了解泥工材料玩教具在儿童美术教育发展中的意义。

● 培养幼儿形象思维、立体塑造能力，陶冶幼儿情操，培养幼儿审美能力及表现美、创造美的能力。

● 能根据幼儿特点和教学活动要求制作并设计运用自制泥工材料玩教具活动，完成具有代表性的作品。

学习重难点

● 重点：掌握泥塑的基本技能技巧，能够规范运用不同的泥工材料进行制作。

● 难点：能运用泥工材料进行主题式玩教具制作与环境创设；审美能力和创造能力的培养。

案例破冰

一位教师的观察记录

“圆圆的，圆圆的是汤圆，我最喜欢吃妈妈给我准备的汤圆了，扁扁的，扁扁的是大饼，啊呜一口，我在吃大饼呀！”一个小朋友在泥工区兴致勃勃地做大饼，两只小手将黄色的橡皮泥搓成圆圆的，又压成扁扁的，还低下头模仿吃汤圆、吃大饼。“面条、面条，油条，油条！”旁边的小朋友两只小手在用力做油条，把彩泥揉成细细的长条，一根根放在碗里。李老师见状，将“大饼”包裹住“油条”，对小朋友们说：“看，蛋饼制作完成了！”小朋友们开心极了，说道：“我在吃蛋饼，我喜欢吃蛋饼。”

李老师灵机一动，“请小朋友们来制作更多美味的食物吧”！

“好！”大家都纷纷投入制作美食……

第一节　传统泥塑类玩教具的设计与制作

一、陶泥类玩教具概述

陶泥是一种以蒙脱石、高岭土等为主要材料的有黏性的天然材料，可塑性较强，可用来制作各种器皿、装饰摆件等。陶泥高温烧制后可定型，不易碎。陶泥本身颜色较少，以灰白色、黄褐色、红褐色较为常见，陶泥制作出的作品颜色质朴、表面粗犷，有返璞归真的天然气息，还可通过人工上色丰富色彩，达到生动精美的效果。

泥塑艺术是我国一种古老的民间艺术。它以泥土为原料，用手工捏制成形，或素或彩，以人物、动物为主。泥塑的基本用料——泥土，需精心准备，一般选用具有黏性且细腻的土，经过锤、打、摔、揉等工艺，有时还在泥土里加棉絮、纸或蜂蜜。泥塑先运用雕、塑、捏等手法塑造形象，然后经过修、磨光、晾干等步骤，最后着色。泥塑素有“三分塑、七分彩”之说。一般着色之前先上一层底色，以保持表面光洁，便于吸收彩绘颜色，彩绘的颜料多用品色，调以水胶，以加强颜料附着力。

我国泥塑艺术可追溯到4000至10000年前的新石器时代，其后逐渐发展为一门重要的艺术门类。考古工作者在汉代墓葬发掘的大量文物中，就有为数众多的陶俑、陶兽、陶马车、陶船等。至今，泥塑艺术品在人们的生活中也是常见之物，尤其是小型泥塑，既可以观赏陈设，又可让儿童玩耍。同时，在我国不同的地域也形成了各自不同特色的民间泥塑艺术形式，如天津“泥人张”、无锡惠山泥人、陕西凤翔泥塑挂虎、山东高密泥塑、河南浚县泥咕咕、北京兔儿爷等，都是我国珍贵的非物质文化遗产。

传统泥玩具具有特殊的审美情趣和魅力，其不拘一格的质朴特性与儿童在美术活动中所表现出来的倾向有相通之处，即传统泥玩具与幼儿美术有内在的共同特性。幼儿美术活动是人在成长过程中最初的艺术意识表现，如果把儿童泥塑作品与传统泥玩具摆在一起即可发现，无论是从作品表现的内容、形式、风格和创意上比较，还是从产生、发展的角度去看，两者有着惊人的相似。传统泥玩具对自然的表达和对艺术的追求表现得纯朴而钝拙，适宜幼儿美术学习活动。传统泥玩具始终保持着从原始艺术传承下来的群众性和参与性，将民众的精神反映到了物化的泥塑形式中，并通过传统泥玩具的审美情趣、造型以及色彩，充分体现出它独特的艺术表现力。

二、传统泥塑的基本方法与范例

（一）基本方法

使用传统陶泥制作玩教具的基本技法有摔、团、搓、捏、盘、切和抹。

（1）摔：用力摔泥巴，使其柔软便于塑造，并且可以摔出要刻画物体的大致形状。（如图 4-1-1）

（2）团：取一小撮泥巴，放在手掌心，然后两手掌心相对，上手掌圆形打圈，将泥块团成球状或椭圆状。（如图 4-1-2）

（3）搓：两手掌心相对，前后来回搓动泥块，或放在平板上，一只手来回搓，即可搓出长条状。（如图 4-1-3）

（4）捏：大拇指和食指相互配合，捏出所需的形状，注意用力要均匀。（如图 4-1-4）

（5）盘：把搓成的细长条泥巴一圈一圈地盘起来。（如 4-1-5）

（6）切：事先做好长条形、圆形和长方形等基本形状，然后在此基础上切分成小块。（如图 4-1-6）

（7）抹：使用工具将造型接口处的痕迹抹平。（如图 4-1-7）

图 4-1-1

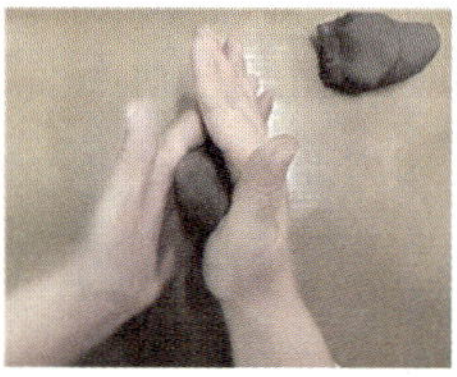
图 4-1-2

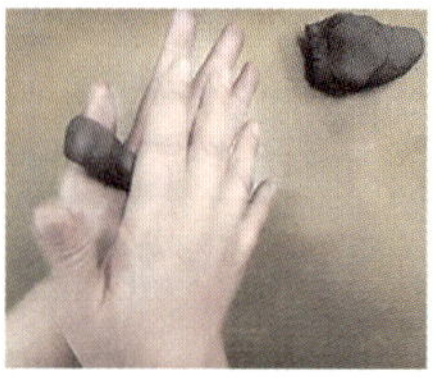
图 4-1-3

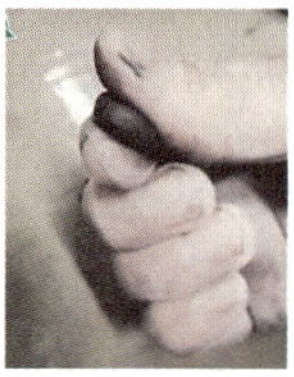
图 4-1-4

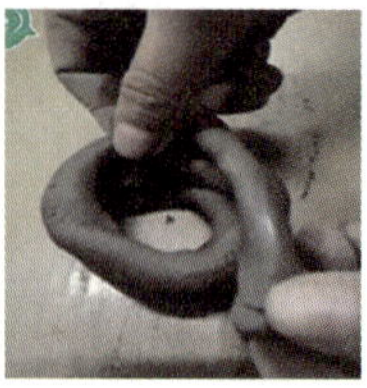
图 4-1-5

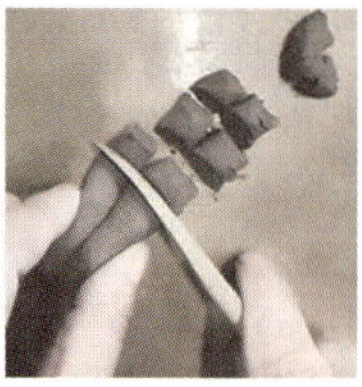
图 4-1-6

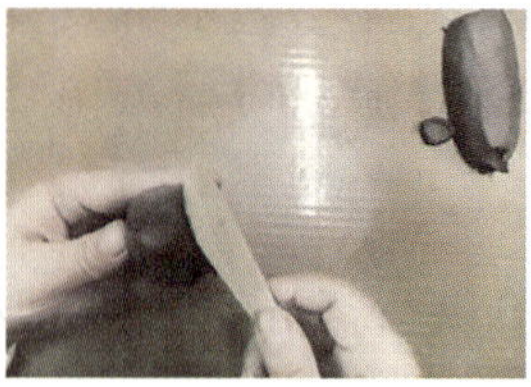
图 4-1-7

（二）造型方法

（1）手捏成型法：直接用手捏的方法塑造陶泥作品，这种方法对制陶技术要求不高，可以不借助工具，因此受众广，对陶艺乐趣的体验性强。手捏成型法没有外在条件限制，内容可自由发挥，手制的作品表面会产生自然的肌理效果，作品有独特性。（如图 4-1-8）

（2）泥条盘筑法：泥条盘筑，从器物底部向上一层层有规律地盘筑泥条，特殊造型的器物根据需要调整泥条的排列方式，盘筑过程中每层泥条之间要压实加固，每层之间用泥浆黏合可起到密封作用。底部制作：压一块薄厚适中的泥饼作为陶泥作品的底部，泥饼边缘可用工具加工规整，底部如有图案可以先处理。泥条制作：用揉匀的陶泥搓出粗细均匀的泥条备用，如果环境较干燥， 泥条不要一次搓太多，长时间不用的泥条水分流失容易干裂也不易盘筑。（如图 4–1–9）

（3）拉坯成形法：将揉匀揉实的陶泥放在拉坯机的中间并固定好，拉坯机按照一个方向高速旋转，将手指伸进泥坯中间，另一手固定，让黏土向外、向上扩张，具有雏形后，通过人为控制调整，可快速地制作出匀称的圆形器物，这种方法对拉坯的技术要求很高，手的力度，收放的速度，器物壁的薄厚程度，都需要拉坯者有丰富的经验和高超的技艺。拉坯成型法可快速地制成较规整的器物，是现代陶艺的主要工艺，拉坯工艺的出现，提高了制陶者的工作效率，也让陶艺作品更加精美。（如图 4–1–10）

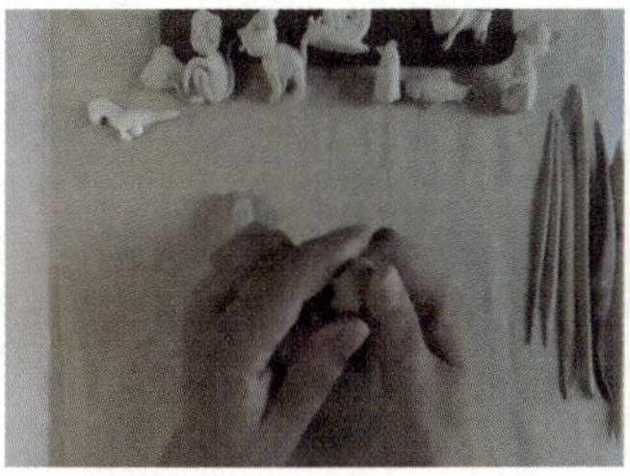
图 4–1–8

图 4–1–9

图 4–1–10

（三）基本工具

（1）各种塑刀，也称泥笔。塑刀可用竹、木、塑料、铁、铜等各种材料制作，根据需要做成一头尖、一头圆，呈刀状或扁平状等，以供做造型用。

（2）各种毛笔及绘画工具。

（3）其他工具。如木槌、铁铲，用于槌泥翻泥；笔洗、色盘，用于调色和洗笔。

（四）制作范例

1. 茶壶的制作步骤

材料准备：棕色泥、小刀、铅笔。（如图 4–1–11）

制作方法与步骤：

①把棕色泥放在手心里，两只手把它搓成圆球，用来做壶身。（如图 4–1–12）

②用小刀在球的上方横着刻一圈，刻出壶盖。（如图 4–1–13）

③再用一小块棕色泥团成圆球，粘在壶盖上，当作壶盖上的球。（如图 4-1-14、图 4-1-15）

④再取一小块，搓成粗粗的圆条，把圆条弯一下，左端捏成尖的，当作壶嘴。（如图 4-1-16、图 4-1-17）

⑤用铅笔在壶嘴上捅一个孔，然后把壶嘴粘在茶壶的左侧。（如图 4-1-18、图 4-1-19）

⑥再取一小块，搓成长一些的圆条，再弯成半圆形，当成壶把。（如图 4-1-20、图 4-1-21）

⑦把壶把粘在茶壶的右侧，一把小茶壶就做成了。（如图 4-1-22）

图 4-1-11

图 4-1-12

图 4-1-13

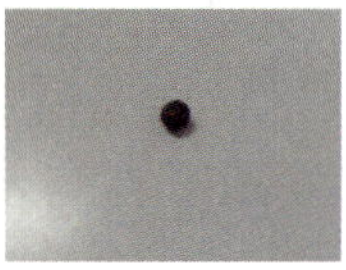
图 4-1-14

图 4-1-15

图 4-1-16

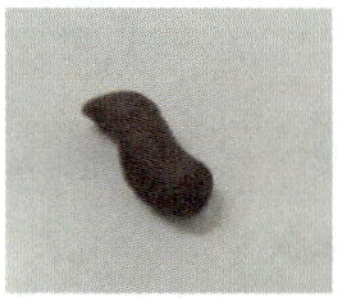
图 4-1-17

图 4-1-18

图 4-1-19

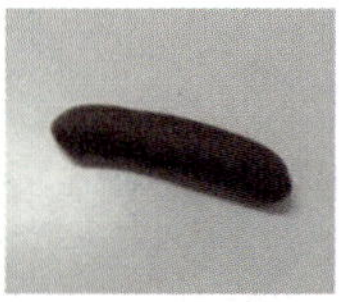
图 4-1-20

图 4-1-21

图 4-1-22

2. 浮雕鱼的制作步骤

材料准备：一团瓷泥、一块海绵、竹刀等制陶工具、木工板一块。（如图 4-1-23）

制作方法与步骤：

①把泥团分成两团，一团用来做鱼身体，一团用来做装饰。（如图 4-1-24）

②用手掌把揉圆的泥团在报纸上压平整。（如图 4-1-25）

③用陶艺针或铅笔在泥板上轻轻画出鱼的外形。注意千万不要画太深，不然干了很容易断裂。（如图 4-1-26）

④用刻刀沿着画过的外轮廓把鱼的形状刻下来。（如图 4-1-27、图 4-1-28）

⑤用剩下的泥做出小鱼的眼睛，用泥浆粘贴到小鱼的头部。（如图 4-1-29、图 4-1-30）

⑥搓出小泥条用来装饰鱼的头部和鱼鳍。（如图 4-1-31、图 4-1-32）

⑦将小泥团和陶艺工具结合起来，做出小鱼身上的鱼鳞。（如图 4-1-33、图 4-1-34）

⑧装饰完成，一条美丽的小鱼就完成了。（如图 4-1-35）

图 4-1-23

图 4-1-24

图 4-1-25

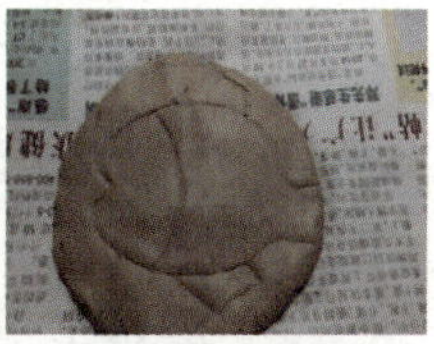
图 4-1-26

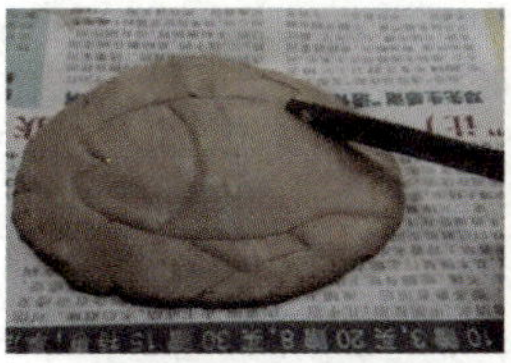
图 4-1-27

图 4-1-28

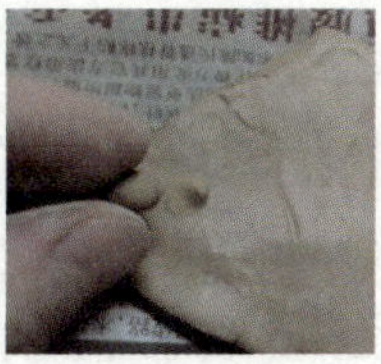
图 4-1-29

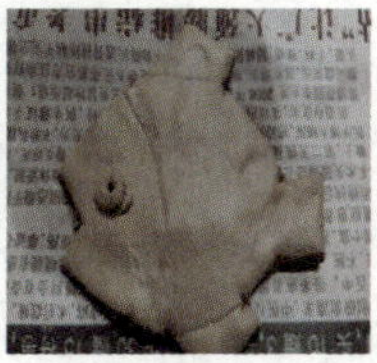
图 4-1-30

图 4-1-31

图 4-1-32

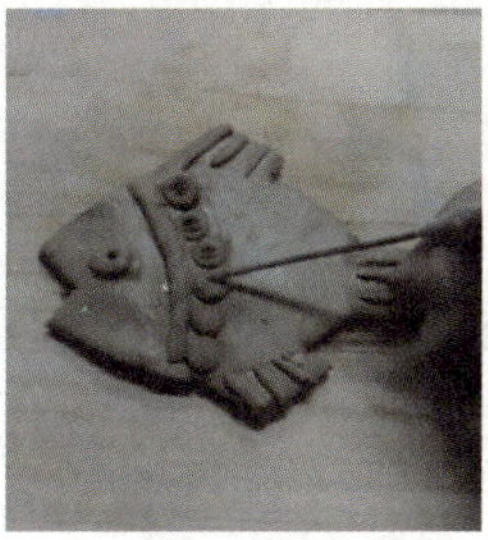
图 4-1-33

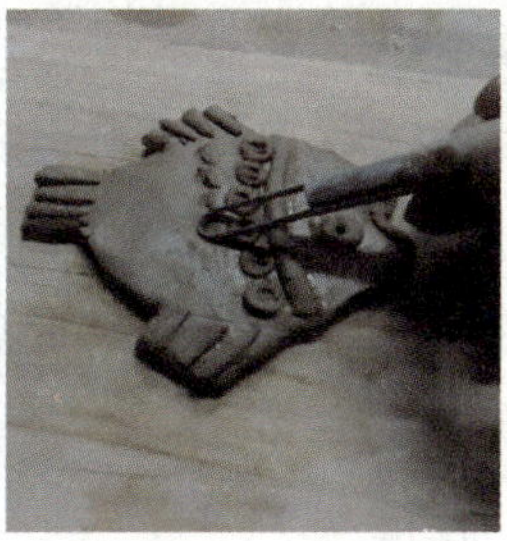
图 4-1-34

图 4-1-35

3. 应用与操作

用同样的方法，我们可以制作多个不同颜色的小鱼，让小朋友一块来做小猫钓鱼的游戏。此玩教具适用于幼儿园艺术、语言、社会、健康等活动领域。

这款陶泥玩教具适用于健康领域，除鱼形外，我们还可以做小乌龟、小海星、小章鱼等小动物，增强幼儿的活动乐趣。

案例分享

大班美工课——《泥塑活动——特别的我》

★活动目标：

1. 引导幼儿用夸张的艺术形式创造性地表现自己的头部，促进幼儿自我意识的发展。

2. 培养幼儿创造力和想象力，体验自由创作的快乐。

★活动准备：

1. 陶泥和泥工板若干，各种辅助物（豆类和铅丝，火柴、羽毛、毛线等），背景音乐。

2. 网上下载有趣的脸谱图以及一些大师的作品。

3. 幼儿每人一面小镜子。

★活动过程：

一、师生一起玩“照镜子”游戏：找一找自己头部特别的地方

师：“你觉得自己什么地方最特别？”

幼：“我的眼睛小小的，还戴着眼镜；我的耳朵像数字；我的头发是卷卷的。”

教师小结：每个小朋友都很特别，这些特别的地方都很有趣。

二、欣赏有趣的脸谱图或大师作品，拓宽幼儿思路，引导幼儿富有个性的想象

师：“老师这里也有几张特别的脸，有的还用了一些特别的材料。我们一起来看一看。”你觉得哪幅作品最特别？什么地方最特别？它是用什么材料来装饰的？

幼：“这些作品都很特别，有的耳朵像蝴蝶；有的一张大脸上还有三张小脸；有的脸像个爱心；有的辫子上还有两个小脸；有的脸上还插着羽毛。”

教师小结：这些作品有的很有趣，有的给人感觉很奇怪，但这些作品都很特别。

三、幼儿创作“特别的我”

1. 师：老师也想变一个特别的我。教师运用泥塑的基本技能进行示范讲解：先用紫砂泥做脸盘（紫砂泥有些硬，可以先捏一捏，再压一压，尽量使脸盘变大），然后用团圆、握条、压扁等方法做眼睛、嘴巴、耳朵等五官，最后选用自己喜欢的辅助材料装扮“特别的我”。

2. 师：小朋友，你们想不想也变得特别呢？那你想变得怎样特别呢？

3. 幼儿互相交流后说一说自己的想法。教师根据幼儿的回答适时追问：“你为什么要这样变？”“你想用什么材料来装扮自己？”

4. 幼儿操作，教师提示幼儿选用自己喜欢的辅助材料进行创作（播放背景音乐）。

5. 交流展示幼儿作品。

（1）请小朋友和同伴互相说一说自己什么地方变得最特别，心里是怎么想的？

（2）同伴间互相评价：你觉得谁最特别？为什么？

（3）教师评价幼儿作品：表扬有创意、能显示个性的作品。

教师小结：今天我们每个小朋友都用紫砂泥和辅助材料为自己设计了一张特别的脸，老师觉得只要小朋友能够把自己心中的想法大胆地表现出来，那你就是最棒的。

★活动反思：

泥塑是小朋友非常喜欢的活动之一。本次活动选择了孩子们感兴趣的材料——陶泥，并添加了羽毛、纽扣、吸管、毛线等辅助材料，让幼儿与材料展开积极互动，大胆想象和创作。另外，活动中还提供了一些大师的作品，让幼儿与大师直接对话，感受其独特的构思和创新，这为幼儿的想象提供了更广阔的空间。尤其是本次活动立足于让幼儿在熟悉“团圆、搓条、压扁”的技能基础上，大胆想象创作出“特别的、与众不同”的我。凸显了幼儿对自己的想象和对自我的认识，促进了幼儿的个性化发展。

二、传统泥塑造型玩教具作品展示与欣赏

图4-1-36

图4-1-37

图4-1-38

图4-1-39

图4-1-40

图4-1-41

拓展阅读

天津“泥人张”

“泥人张”为天津的一种民间美术品，是天津市首批国家级非物质文化遗产，创始于清代道光年间，创始人张明山。“泥人张”彩塑在艺术上继承了中国古代泥塑的优秀传统，并有所发展和创新，在2006年入选国家非物质文化遗产目录。“泥人张”的彩塑，把传统的捏泥人提高到圆塑艺术的水平，又装饰以色彩、道具，形成了独特的风格。它是继元代刘元之后，中国又一个泥塑艺术的高峰，其作品艺术精美，影响远及世界各地，在中国汉族民间艺术史上占有重要的地位。

“泥人张”彩塑艺术取材于神话、戏剧、小说以及现实生活，通过“塑造”与“绘色”，不仅形象地表现人物，而且“随类赋彩”地刻画了人物的性格，展示出近代的生活气息，不但接近日常情感，而且综合了中国文艺传统的抒情和线的艺术。

“泥人张”彩塑创作题材广泛，或反映民间习俗，或取材于民间故事、舞台戏剧，或直接取材于《水浒》《红楼梦》《三国演义》等古典文学名著。所塑作品不仅形似，而且以形写神，达到神形兼具的境地。“泥人张”彩塑用色简雅明快，用料讲究，所捏的泥人历经久远，不燥不裂，栩栩如生，在国际上享有盛誉。

第二节　现代泥塑类玩教具的设计与制作

超轻黏土又叫纸黏土，是一种水性泥；超轻黏土打开即用，若长时间暴露于空气中，会蒸发水分变干，容易被风干，备用的泥需要用湿润干净的毛巾包裹起来。泥和泥的黏合度很高，只要接触到就绝对不可能再完整分开，所以制作时应合理安排，有序进行。但这种黏土不会粘手，方便制作。彩色黏土的体积大，但质量很轻，拿在手里轻飘飘的。捏起来手感松软，像海绵，像棉花，轻轻一捏就能变形，所以使用时力量要均匀掌控。彩色黏土在刚拿出来的时候延展性很好，但是它的表面不容易糅合得很光滑。因为超轻黏土本身有水分，所以风干时，摆放的衬板应是透气吸水的，否则底盘和四周的作品会出现很严重的干湿分裂，产生裂痕。建议底板选择纸张或者木板，放一会儿就换个地方晾一晾。晾干后的作品质地细腻，坚硬中带着弹性。

超轻黏土的颜色多样，而且可以相互混合，轻松调制出其他颜色，干后也可以在上面涂抹颜色。超轻黏土也可以和其他材料结合。比如，有的作品需要放内胆制作，内胆选择面很广，但只要完全用彩色黏土包裹，任何材料都可以被裹在里面，增加作品的结实度。

超轻黏土作为儿童泥塑的常用材料，是一种培养儿童创意思维的益智玩具，其特点如下：

（1）颜色鲜艳、丰富，可随意搭配出想要的花色及效果。（如图 4-2-1）

（2）材质柔软，可塑性、拉伸性极强，不粘手，适合在儿童日常手工活动中使用。

（3）作品完成后需在常温下自然晾干 7 小时左右，通常两三个小时表面就能干燥定型，定型后不干裂，不易变形、变色。风干后的超轻黏土，适量加水还可以恢复柔软再次使用。

图 4-2-1

（4）在揉捏超轻黏土的过程中，儿童会较长时间地集中注意力，全程投入自己的创作当中，专注力得到提升。

（5）“儿童的智慧在他的手指尖上。”在玩的过程中，儿童的手指自由地触摸，感受彩泥的特性，不断有新的发现，手脑并用有利于儿童智力的发展。

（6）超轻黏土的制作简单易学，儿童完全可以独立制作出自己想要的、满意的作品，并从中获得成就感，增强自信心。

（7）超轻黏土非常适合亲子或玩伴一起制作，快乐和谐的游戏氛围有利于儿童大胆表达感受、分享彼此的收获。

一、超轻黏土玩教具的基本方法与范例

（一）基本方法

1. 基本形状的做法

（1）球形：将黏土放在手心里，两掌相对，不要用力，反复揉搓成球形。（如图 4-2-2）

（2）水滴形：以球形为基础，将圆球放在手心，手掌一侧合一侧微张，反复搓，将圆球搓成一头尖的水滴形。（如图 4-2-3）

（3）心形：将水滴形轻轻按压留一定厚度，尖头朝下，用超轻黏土配套的塑料工具刀下压并切开一个小口，用刀身左右按压，使开口变大，最后调整成心形轮廓。（如图 4-2-4）

（4）剪切造型：将圆球压扁成片，借助工具剪切出三角形、五角星形等特殊造型。

图 4-2-2

图 4-2-3

图 4-2-4

2. 色彩探索

（1）均匀混合调色。将两种颜色按需要混合在一起揉匀，调出第三种颜色。（如图 4-2-5、图 4-2-6）

（2）不均匀混合制造肌理效果，需要特殊花色的时候，糅在一起的几种颜色应各自保留，也就是一块彩泥上有多色效果。（如图 4-2-7）

图 4-2-5

图 4-2-6

图 4-2-7

3. 超轻黏土连接

湿的黏土之间、干的与湿的黏土可直接粘连，干的黏土之间可用水或胶水连接，还可用铁丝牙签等加固支撑。（如图 4-2-8）

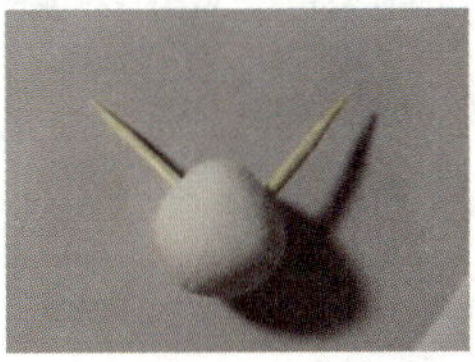

图 4-2-8

4. 填充物定型

在做造型时可用填充物定型。做大型彩泥作品时，用填充物既能起到支撑定型的作用，又节省材料。

5. 超轻黏土的制作工具

（1）配套工具——超轻黏土一般都附带安全的（塑料、木质等）工具。（如图 4-2-9）

（2）超轻黏土垫板——一般选择表面光滑的塑质材料，作为操作台使用。（如图 4-2-10）

（3）可弯的薄尺子（代替可弯刀片）——切直线和有弧度的形状。剪子——修剪超轻黏土。（如图 4-2-11）

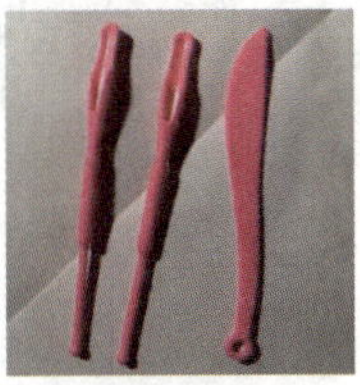

图 4-2-9

图 4-2-10

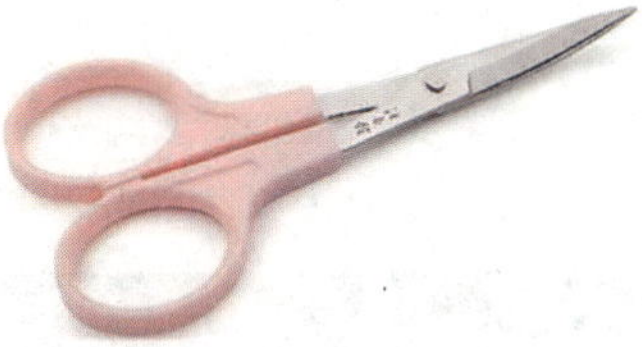

图 4-2-11

（二）制作范例

1. 可爱的黏土小雪人

（1）材料准备：黏土、剪刀、颜料、画笔。

（2）制作方法与步骤：

①搓两个白色黏土球。（如图 4-2-12）

②将两个球叠放在一起。（如图 4–2–13）

③做出红色的黏土围巾，用剪刀剪掉多余的部分。（如图 4–2–14）

④制作一顶红色的小帽子。（如图 4–2–15）

⑤做出树杈般的手臂。（如图 4–2–16）

⑥做出胡萝卜状的鼻子。（如图 4–2–17）

⑦做出眼睛和纽扣。（如图 4–2–18）

⑧在雪人的脸部用工具戳 5 个小洞。（如图 4–2–19）

⑨粘贴上眼睛、鼻子、腮红及纽扣。（如图 4–2–20）

⑩给小雪人戴上帽子。（如图 4–2–21）

⑪画上嘴巴，用颜料画上白色的高光。（如图 4–2–22）

⑫画好后的样子如图 4–2–23，不要忘了上一层亮油。

图 4–2–12

图 4–2–13

图 4–2–14

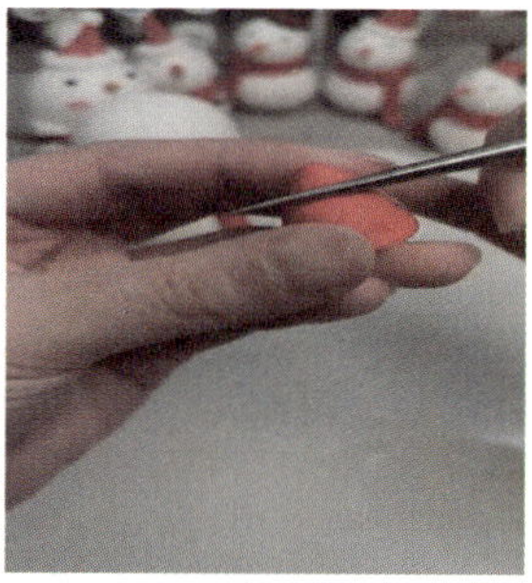

图 4–2–15

图 4–2–16

图 4–2–17

图 4–2–18

图 4–2–19

图 4–2–20

图 4–2–21

图 4–2–22

图 4–2–23

2. 美味的蛋糕

（1）材料准备：超轻黏土、塑料小刀。

（2）制作方法与步骤：

①取出一小团白色黏土搓圆压扁后，用塑料工具小刀将其边缘划出规则的缺口。（如图 4-2-24）

②再将棕色的黏土同样地搓圆压扁后，将两块黏土叠起来。（如图 4-2-25）

③用绿色黏土捏成叶子形状后，用小刀划出叶片脉络。（如图 4-2-26）

④用红色黏土捏出草莓，然后在草莓上填上白色草莓籽，将其放置于蛋糕表面。（如图 4-2-27）

⑤用巧克力色的黏土捏成一块三角形状的巧克力，并在上面划出线条。（如图 4-2-28）

图 4-2-24

图 4-2-25

图 4-2-26

图 4-2-27

图 4-2-28

案例分享

中班美工课——《美妙的食物》

★活动目标：

1. 了解什么是超轻黏土，以及它的特性与制作方法。

2. 巩固使用超轻黏土制作玩教具的基本技法，并掌握一种新的技法——卷（有助于一些食物的制作）。

3. 通过亲自动手制作，感受制作超轻黏土作品的乐趣。

★活动重点：

掌握超轻黏土材料的特性和食物的制作过程。

★活动难点：

学习新的基本技法——卷。

★活动准备：

背景音乐、喜洋洋餐厅环境、教师示范食物作品若干、课件、超轻黏土若干和各种制作工具（如牙签、瓶盖、纸盘子）等。

幼儿已经掌握团、搓、压等基本技法。

★教学过程：

一、主题导入

1. 听喜洋洋的音乐和教师一起跳舞，准备去喜洋洋餐厅吃饭。

2. 到了餐厅后，告诉小朋友们厨师们忙不过来了，需要聘请几位优秀的厨师来帮忙，问谁愿意来帮忙。

二、中间环节

1. 教师告诉小朋友们，今天做饭的材料是超轻黏土，并介绍它的一些特性，而且一定要告诉小朋友们，使用超轻黏土做出来的东西虽然很漂亮，但是不能吃。

2. 播放课件，看一看餐厅的菜单里有什么食物，有助于增长小朋友们的见识。

3. 教师详细讲解制作方法与步骤，特别要讲新的技法——卷。教师出示自己制作好的食物包括麻花、包菜、花卷和寿司等。

4. 教师指导幼儿用今天新学的技法制作食物，使小朋友们掌握卷的动作。

三、展示食物

让制作完成的小朋友展示自己的食物，并讲一讲自己做的是什么。

四、小结

教师对幼儿进行全面积极的评价，并鼓励幼儿创新求异。

二、超轻黏土造型玩教具作品展示与欣赏

图 4-2-29

图 4-2-30

图 4-2-31

图 4-2-32

图 4-2-33

图 4-2-34

本章小结

幼儿泥工是利用泥塑材料手工捏制物品的一种艺术活动，是艺术教育中的一个重要组成部分，也是幼儿园教育活动中的重要内容之一。本章主要介绍在幼儿园多元美术园本课题的研究背景下，围绕传统泥塑和现代泥塑开展教学活动，从基本概述、造型方法、教案分享、制作范例等方面展开论述，蕴涵了从观察到思考，从认识到操作，从想象到创造的一系列主题教学过程，培养儿童的三维空间表现能力。所以根据幼儿的年龄特征，在幼儿园开展泥塑造型的主题活动，激发幼儿对传统泥塑的兴趣、掌握基本的造型技能技巧、在日常活动中渗透和拓展，对于训练和培养幼儿通过视觉、触觉、动觉之间的配合，发展手部肌肉动作的协调性、灵活性具有一定的作用。理论性地总结和分析泥塑艺术与儿童教育的关系，探索一条培养儿童想象能力、创造能力、表现能力的途径，为幼儿美术教育开辟新的实践路径。

思考与实训

1. 传统泥塑和超轻黏土制作的技法练习。

2. 设计并制作适合儿童审美趣味的泥塑造型，并较完整地表现一两件动物或人物形象的泥塑作品。

3. 谈一谈幼儿泥塑玩教具与幼儿美术教育发展的关系。

4. 根据某项学前教育活动制作一个陶泥类或彩泥类玩教具，并设计其操作与应用方案。

专题探讨

泥塑在幼儿园教育活动中的应用

一、将泥塑作品与区角创设相结合

皮亚杰提出："儿童的智慧源于操作。"就是说儿童是在对材料的操作、摆弄过程中建构自己的认知结构的。为了满足幼儿日益增长的泥塑活动要求，我和班级老师联合家长收集了大量的废旧材料，如卷筒纸芯、干果壳、废旧水彩笔，各种形状的包装盒、酒瓶等，进行消毒处理后投入"创意彩泥吧"中，将其作为创意彩泥的辅助材料。一方面，它们可以帮助幼儿造型；另一方面，也能满足幼儿持续发展、表现和创造的强烈需求。比如"超市"的创设，里面所有陈列的商品都是由幼儿自己动手制作的，"蔬菜区"中的辣椒、茄子、西红柿……"水果区"中的苹果……这些商品的制作是孩子们自发的，他们想到什么需要的用品，就会开拓思维，动手制作出来，虽然有的作品奇形怪状，可是在他们眼里，就是一件完美的艺术品。

二、将泥塑作品与各教学领域相结合

将泥塑作品与数学、语言、社会、科学活动相结合。培养幼儿手口一致地点数的能力，培养幼儿感知事物的形状特征的能力，培养幼儿理解数与数之间的关系的能力。每个幼儿都有自我表达和表现的需要，他们不仅用语言、声音和动作，也用自己的泥塑作品表现自己的感受和内心体验。

幼儿在对自然事物的探究和运用数字解决实际生活问题的过程中，不仅获得丰富的感性经验，充分发挥形象思维，而且初步尝试归类、排序判断、推理，逐步发展逻辑思维能力，为他们在其他领域的深入学习奠定基础。

第五章

环保材料玩教具设计与制作

学习目标

- 能够了解各类废旧环保材料玩教具的设计原理及制作规律。
- 能够掌握各类环保材料玩教具的制作方法及造型技巧。
- 能够结合教学活动要求及幼儿特点创造性地制作、操作环保材料玩教具。
- 能够利用生活中的环保材料创造性地进行玩教具的综合设计与制作，具有环保意识。

学习重难点

- 重点：掌握常见环保材料玩教具制作的主要方法。
- 难点：认识各类废旧材料及其独特的艺术效果，能够利用废旧材料开展自制玩教具活动。

案例破冰

一位教师的观察记录

到了室内自主游戏的时间了，于是，我们让孩子从资料库里自由选择材料，自由结伴，自主玩耍，出乎意料的是他们竟然玩得非常起劲，一起看看他们是怎么玩的吧！

我是小厨师

徐新尧把一个圆形的塑料盒放在桌子上，她用小勺不停地搅拌着一块包装水果的塑料网，我问：“你在干什么呢？”她笑着说：“我在给妈妈做面条吃呢！”她还用一个口香糖盒当作调料盒，往锅里添加调料，真像一个小厨师。瞧，熙然把装果冻的塑料盒子放在桌子上，然后将各种颜色的橡皮使劲塞在里面，她说："我在做果冻呢，可好吃了。"

我是涂色小能手

看，萍萍在一个蛋糕盘上，用彩笔描绘了一个可爱的小娃娃。洛雪拿起一个硬纸盒子，选择自己喜欢的颜色，在里面不停地涂着，涂完后，她拿着让我看。"老师，你看漂亮吗？"呀，一幅美景呈现在我面前。

玥希和玥彤也在塑料瓶盖上不停地涂着，一个盖子在孩子的笔下变成了一个漂亮的笔筒。

精美的艺术品

孙晨轩和腾子欣利用一根管子、一个奶茶盒子、一个盖子便搭起了一个漂亮的时光灯。

潘娃给卢姿彤传递材料，卢姿彤慢慢地将材料不断摞高，一开始一不小心就会倒塌，但是她们没有放弃，而是寻找原因，不断调整位置寻找平衡，最终把塑料瓶子、纸盒子、盖子等物品摆成了一件精美的作品。

《幼儿园教育指导纲要（试行）》提出："指导幼儿利用身边的物品或废旧材料制作玩具、手工艺品等来美化自己的生活或开展其他活动。"废旧环保材料在幼儿园活动中的价值和意义可归纳为如下几点。

一、培养幼儿养成勤俭节约的好习惯

废旧环保材料皆来自生活，其材料丰富，易于收集，经过加工改造之后，可以发挥新的用途。而且，用废旧物品制作玩教具既经济实惠又环保便利。除此之外，搜集废旧环保材料还有利于培养幼儿勤俭节约的好习惯。

二、开发幼儿的想象力和创新力

废旧环保物品种类繁多，取材方便，且可以通过剪、切、折、粘等多种制作方法对其进行改造、创新，既能开发幼儿的想象力和创造力，又有利于提高幼儿的动手操作能力，同时拓展游戏空间，丰富教学活动。

三、促进亲子之间的沟通交流

利用日常废旧环保物品制作玩教具的活动有助于督促幼儿家长积极参与幼儿园的教学活动，促进亲子间的沟通交流，同时也可以使家园合作取得更好的效果。

废旧环保材料是指人们在生活中常见的既安全又卫生的废品，是幼儿园教学活动的重要资源。利用废旧环保材料自制新的玩教具供幼儿们使用，在幼儿园玩教具制作中提倡利用身边的一切可用之物进行再创造，可以增强幼儿的环保意识。

日常生活中的废旧环保材料多种多样，其中，用于制作幼儿园玩教具的废旧环保材料可归纳为以下几类：

1. 废旧纸材料，包括硬纸板、纸盒、纸箱、纸杯、纸托盘、报纸和扑克牌等。

2. 废旧塑料材料，包括塑料瓶、瓶盖、塑料药瓶、塑料杯、塑料袋、吸管和纽扣等。

3. 废旧木质材料，包括筷子、冰糕棍和牙签等。

4. 废旧铁质材料，包括奶粉罐、饮料罐等。

第一节 废旧纸类材料玩教具的设计与制作

一、废旧纸类材料玩教具概述

玩具是儿童的天使，是幼儿的教科书。学前儿童纸类材料玩教具是指教师根据教学活动要求及幼儿的发展现状与水平，借助各类纸质材料，经过折叠、剪切、粘贴、染色等艺术加工，设计、制作出的集教育、游戏、娱乐于一体的玩教具制品。废旧纸在人们的日常生活中随处可见，如纸箱、纸盒、纸杯、纸盘、纸袋、报纸和台历等。幼儿纸类材料玩教具不但取材方便，材质丰富，而且经济环保，操作便捷。人们通过剪切、弯卷、折叠、粘贴、绘制和组合等方式，可以将废旧的纸类材料变废为宝、重新利用，因此在幼儿园玩教具制作中使用广泛。作为幼儿教师，要善于创新，将废旧纸变废为宝。

二、纸杯材料玩教具造型的操作与实践

（一）纸杯花

（1）在距离杯底大概 2 厘米的地方切开，让纸杯变成 2 个部分——杯身和杯底。（如图 5–1–1）

（2）取所剪的杯底部分，用剪刀沿着残留的杯壁剪出间距相等的缺口。（如图 5–1–2）

（3）将剪开的杯壁向外翻折，形成花朵的花瓣。任取 2 片相邻的花瓣，在接近杯底的地方剪开大概 2/3 宽度的缺口，2 个缺口相对。（如图 5–1–3）

（4）杯身捏扁，两侧向内折叠出细长的三角形，让杯身变成一个梯形。（如图 5–1–4、图 5–1–5）

（5）然后内推，把两侧向内折叠。（如图 5–1–6）

（6）现在剪掉阴影部分，形成花朵的叶子和茎。（如图 5–1–7）

（7）将茎插入步骤 3 剪开的缺口里面，在背面用胶水或透明胶带固定住。（如图 5–1–8、图 5–1–9）

（8）再整理一下叶子造型就可以了。（如图 5-1-10）

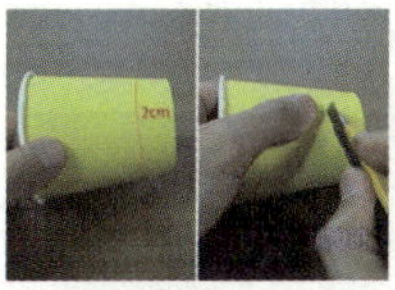
图 5-1-1

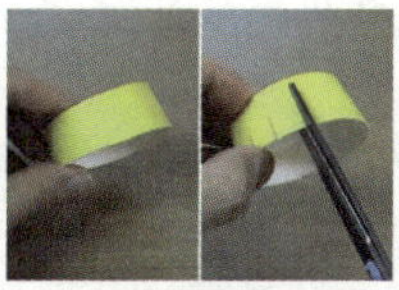
图 5-1-2

图 5-1-3

图 5-1-4

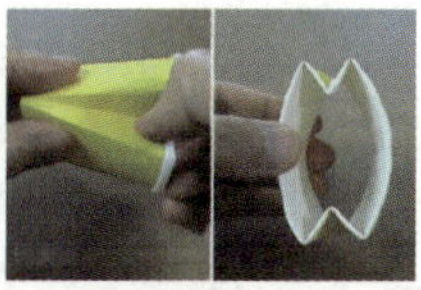
图 5-1-5

图 5-1-6

图 5-1-7

图 5-1-8

图 5-1-9

图 5-1-10

（二）企鹅宝宝

（1）将纸杯整个涂黑，然后将剪好的白色肚皮粘贴在纸杯上。（如图 5-1-11）

（2）用橘黄色和浅黄色的卡纸剪出三角形嘴巴和脚备用，用白色卡纸剪两对圆形眼睛并画上眼珠，将眼睛等粘贴到纸杯上。（如图 5-1-12）

（3）最后将脚、嘴巴和翅膀贴好，小企鹅就做好了。（如图 5-1-13）

图 5-1-11

图 5-1-12

图 5-1-13

三、纸盒材料玩教具造型的操作与实践

（一）心形收纳盒

（1）准备一个长方形纸盒。（如图 5-1-14）

（2）在卡纸上画出心的样纸，将其放在纸盒上，用彩笔画下轮廓，用剪刀剪下。（如图 5-1-15、图 5-1-16）

（3）将多余部分剪掉。（如图 5-1-17）

（4）利用白色油纸来做花边，将其折出等宽褶皱，花边都是弧形的。（如图 5-1-18）

（5）彩色包装纸包裹在做好的篮子外面，再将刚刚折好的花边粘在内侧。（如图 5-1-19）

（6）利用白乳胶在篮子花边周围涂上胶水，装饰上同色系纽扣。（如图 5-1-20、图 5-1-21）

（7）用剪刀将两边取孔，可以系带子。（如图 5-1-22）

（8）用画笔涂鸦上图案即可。（如图 5-1-23）

图 5-1-14

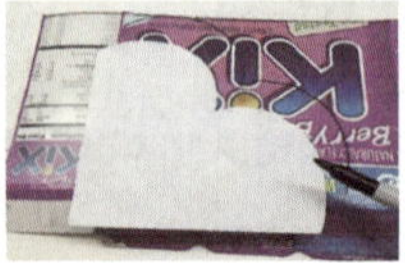
图 5-1-15

图 5-1-16

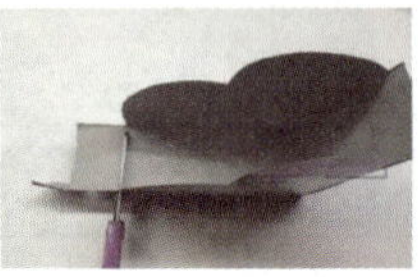
图 5-1-17

图 5-1-18

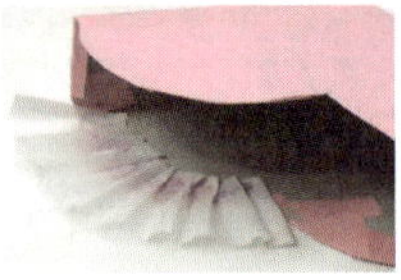
图 5-1-19

图 5-1-20

图 5-1-21

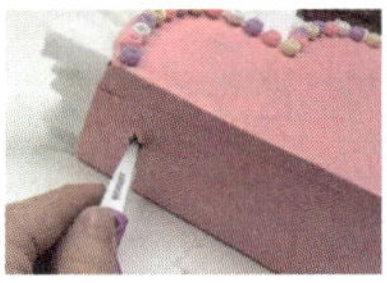
图 5-1-22

图 5-1-23

（二）鳄鱼

（1）从抽纸盒中间将三面剪开，留顶面不剪。（如图 5-1-24）

（2）贴上彩纸：三面贴绿色，顶面是鳄鱼嘴巴部分，贴了红色。（如图 5-1-25）

（3）剪出鳄鱼牙齿、眼睛、鼻子贴上。（如图 5-1-26）

（4）鳄鱼玩具就做好了。（如图 5-1-27）

图 5-1-24

图 5-1-25

图 5-1-26

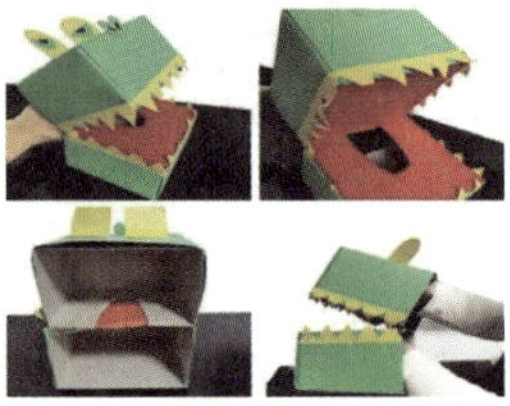
图 5-1-27

四、纸筒材料玩教具造型的操作与实践

（一）白鹤

（1）先将白纸包裹在纸筒上作为白鹤身体。（如图 5-1-28）

（2）用镊子或者打孔器打出两个圆孔。（如图 5-1-29）

（3）将橙色扭扭棒穿入纸筒中，用手将扭扭棒扭出腿弯曲的姿态。（如图 5-1-30、图 5-1-31）

（4）再在纸筒另一边穿入白色扭扭棒作为鸟头。（如图 5-1-32）

（5）一只白鹤就完成啦。（如图 5-1-33）

图 5-1-28

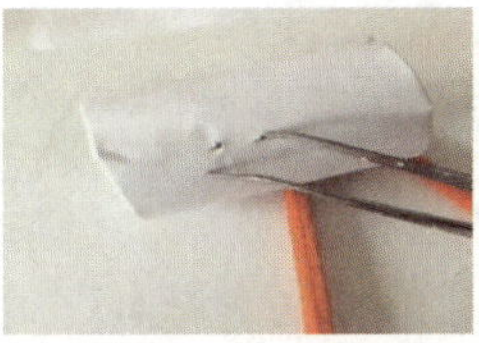
图 5-1-29

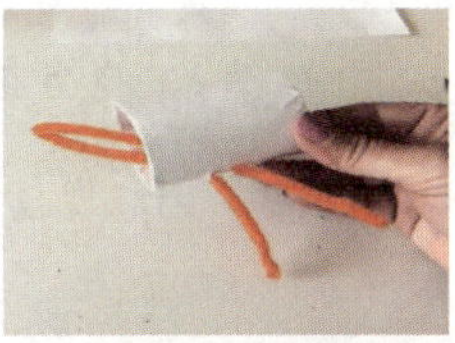
图 5-1-30

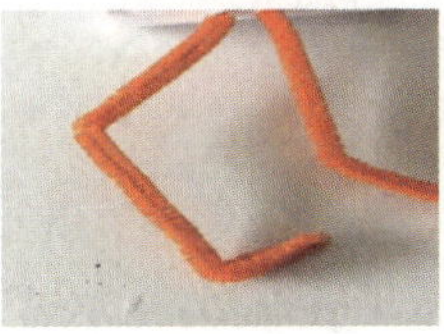
图 5-1-31

图 5-1-32

图 5-1-33

（二）小羊

（1）准备好纸筒、棉球、黑色不织布、黑色扭扭棒、热胶枪、胶水、剪刀等。（如图 5-1-34）

（2）先用热胶枪将白色棉球粘贴在纸筒上，在黑色不织布上画出羊的脑袋并剪下来。（如图 5-1-35、图 5-1-36）

（3）贴上尖尖的耳朵和活动眼球。（如图 5-1-37）

（4）再将做好的羊头粘贴在合适位置。（如图 5-1-38）

（5）用黑色的棉球作为尾巴粘贴在纸筒另一边。（如图 5-1-39）

（6）在铅笔的帮助下将扭扭棒扭出圆圈。（如图 5-1-40）

（7）再将四条小腿粘贴在纸筒底部。（如图 5-1-41）

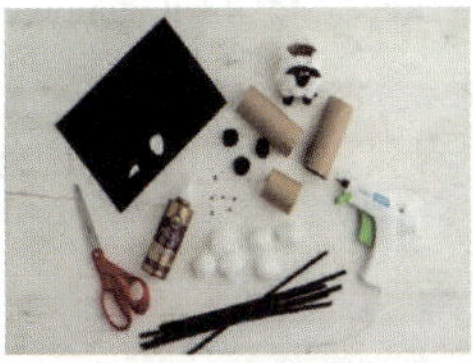
图 5-1-34

图 5-1-35

图 5-1-36

图 5-1-37

图 5-1-38

图 5-1-39

图 5-1-40

图 5-1-41

五、纸盘材料玩教具造型的操作与实践

（一）纸盘小飞船

（1）用不同颜色的彩色卡纸做一道彩虹，然后用紫色卡纸做飞船的身体，用白色卡纸做几朵白云，用红色卡纸做一个爱心，这样纸板的样子就做好啦。（如图5-1-42）

（2）用透明胶水将彩虹和云朵粘贴在纸盘上，要记得在彩虹的两边都粘贴上云朵，然后将红色爱心装饰在其中的一朵云朵上。（如图5-1-43）

（3）在彩虹下面粘贴飞船，给飞船粘贴上翅膀、前窗户和机身上的窗户，纸盘小飞船就完成。（如图5-1-44）

图5-1-42

图5-1-43

图5-1-44

（二）火烈鸟

（1）用铅笔在卡纸上起稿后裁剪轮廓。（如图5-1-45）

（2）把纸盘对折，用固体胶粘贴起来。（如图5-1-46）

（3）接着就是贴上眼睛，如果没有塑料小眼睛的话，也可以自己用卡纸画一个。（如图5-1-47）

（4）把腿和头的部件贴在对应位置上。（如图5-1-48、图5-1-49）

（5）接着就是做羽毛，把彩纸（选深浅近似颜色）剪成小长方形。（如图5-1-50）

（6）最后把这些羽毛贴在纸盘上就完成了。（如图5-1-51、图5-1-52）

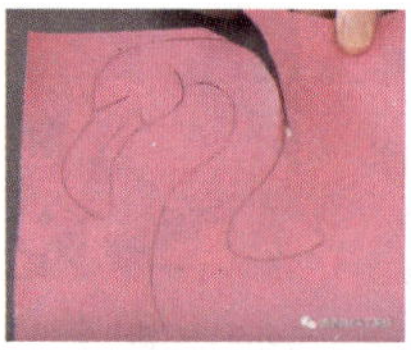
图5-1-45

图5-1-46

图5-1-47

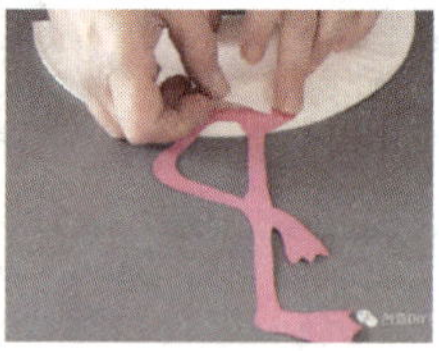
图5-1-48

图5-1-49

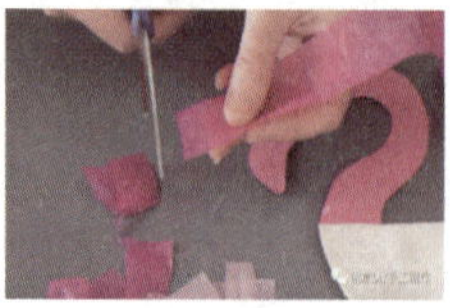
图5-1-50

图5-1-51

图5-1-52

案例分享

幼儿园大班纸杯设计——《纸杯花》

★活动目标：

1. 给纸杯涂色，尝试用剪、卷曲的方法来制作纸杯花。

2. 培养幼儿废旧物利用的意识。

★活动准备：

1. “纸杯花”作品若干幅。

2. 纸杯（人手一个）、彩色笔、蜡笔、剪刀、胶水等。

★活动过程：

一、活动导入

1、请幼儿欣赏作品，激发幼儿活动兴趣。

画面内容：花园里开满了五颜六色的“纸杯花”，有红的、有黄的、有白的，还有粉的。

2、提问：花朵好看吗？你们知道那些漂亮花朵是怎么做的吗？

3、小结：我们要善于发现周围废旧物品的再利用价值。

二、幼儿操作，教师讲解示范

1、小朋友任意挑选自己喜欢的纸杯，在纸杯上剪出各种有规律的图案。如：长条、尖条、圆条等。

2、把剪好的纸杯放在桌上打开就变成一朵美丽的“纸杯花”了。

3、给纸杯花涂上漂亮的颜色，并画上眼睛和嘴巴就变成可爱的“纸杯花娃娃”了。

三、展示背景图画，请幼儿把做好的“纸杯花”粘到上面

幼儿共同欣赏，相互评价。

★活动延伸：

让小朋友们把美丽的“纸杯花”作品布置、装饰到班级环境中。

六、废旧纸材料玩教具作品展示与欣赏

图 5-1-53

图 5-1-54

图 5-1-55

图 5-1-56

图 5-1-57

图 5-1-58

图 5-1-59

图 5-1-60

图 5-1-61

图 5-1-62

图 5-1-63

图 5-1-64

图 5-1-65

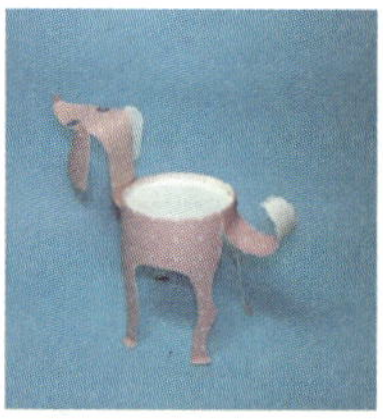
图 5-1-66

图 5-1-67

图 5-1-68

图 5-1-69

图 5-1-70

图 5-1-71

图 5-1-72

第二节　塑料类材料玩教具的设计与制作

一、废旧塑料类材料玩教具概述

塑料废弃材料是指生活中随处可见的各种废弃塑料制品，如各种饮料瓶、矿泉水瓶、塑料吸管、塑料扣子和塑料袋等。教师可以通过剪切、折叠、插接、涂画和粘贴等方法，将这些废旧塑料变废为宝。废旧塑料质地不同、厚薄不同、形状各异，这都为废旧塑料玩教具的设计与制作提供了较大的创作空间。因此，我们可以充分利用塑料的形状多样、防水、可塑性强等特点进行艺术再加工，将其制作为具有特色的玩教具，同时还可以创作出一些既美观又实用的艺术装饰品。

二、塑料瓶类材料玩教具的操作与实践

圣诞树

（1）将塑料瓶剪成三段，中间部分多留一些。（如图 5-2-1）

（2）将塑料瓶中间部分竖直从中间剪开并分成塑料小片，从每小片的一侧窄边向另一侧窄边剪去，在距离边缘 1 厘米处停下，圣诞树的叶子就剪出来了。（如图 5-2-2、图 5-2-3）

（3）然后用多张 A4 纸卷成树干，直径相当于塑料瓶的瓶口大小。卷好后，用胶带固定好让纸卷不会松开，然后将一头插在瓶口上。（如图 5-2-4）

（4）再把剪好的叶片围在树干上，用透明胶带固定，从下到上，装饰整棵树，然后用剪刀稍微修剪一下，越靠近树巅的地方枝叶越短。（如图 5-2-4）

（5）最后进行末端装饰，这里用另一片剪好的树叶固定成冲天辫的样子（这上面还可以插上一颗星星来装饰）。这样一棵塑料圣诞树就做好了。（如图 5-2-5）

图 5-2-1

图 5-2-2

图 5-2-3

图 5-2-4

图 5-2-5

三、创意塑料类材料玩教具造型的操作与实践

（一）小熊摆件

（1）准备一个喝完的矿泉水瓶，把包装去掉，用双面胶把彩纸粘在瓶身上半部分，选一款花的图案，给小熊穿上一件花衣服。（如图 5–2–6）

（2）瓶身下半部分也用双面胶把彩纸粘上，侧面会有一条连接缝，把紫色的长条彩纸粘上去。为保持对称，两边都粘上。（如图 5–2–7）

（3）剪出同样的两只耳朵、两条胳膊，粘在瓶身的合适位置。（如图 5–2–8、图 5–2–9）

（4）剪出两个同样的脚的形状，上面用黑色水笔画上两道，粘在瓶身底端。（如图 5–2–10）

（5）剪出一个椭圆形，上面用黑色水笔画上鼻子和嘴巴，然后用双面胶粘在水瓶合适的位置上。（如图 5–2–11）

（6）拿出一张黄色彩纸，剪出一个圆形，然后把它卷成一个圆锥，作为小熊的帽子。圆锥上粘一个蓝色圆形，做帽子的装饰，再把帽子粘在瓶盖上，可爱的小熊摆件就做好了。（如图 5–2–12、图 5–2–13）

图 5–2–6

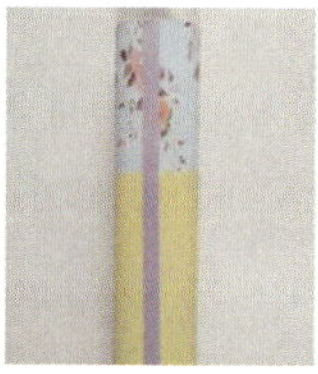
图 5–2–7

图 5–2–8

图 5–2–9

图 5–2–10

图 5–2–11

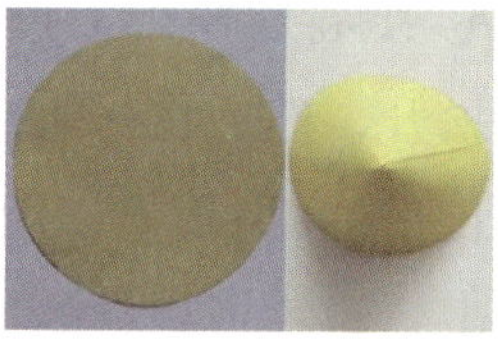
图 5–2–12

图 5–2–13

（二）仿真花

（1）将塑料瓶的瓶底剪成一朵小花的形状，用打孔器打个孔，以便之后可以系绳子挂起来。（如图 5–2–14）

（2）用油性画笔将花瓣及花蕊涂色，制造出不同的层次。（如图 5–2–15）

（3）用手拿着小花靠近小蜡烛，让花瓣的边缘在高温下变形，这样一来，花

瓣的形状就有了更自然的弧度，更加逼真。为安全起见，这个操作最好是成人来进行。（如图 5-2-16、图 5-2-17）

（4）将塑料瓶的一部分瓶身剪下来，剪成齿状的花蕊。（如图 5-2-18）

（5）继续使用小蜡烛，让花蕊的边缘扭曲变形，并一点点卷起来。（如图 5-2-19、图 5-2-20）

（6）将花蕊和花瓣用胶枪粘合在一起，构成一朵完整的花。（如图 5-2-21）

图 5-2-14

图 5-2-15

图 5-2-16

图 5-2-17

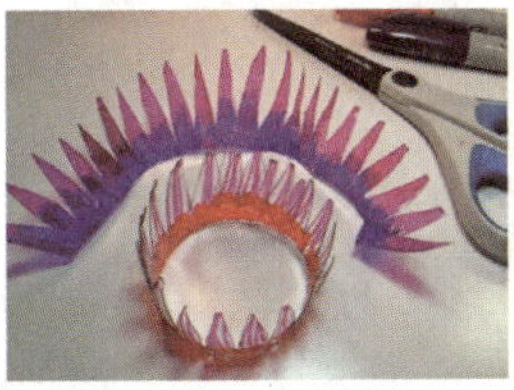

图 5-2-18

图 5-2-19

图 5-2-20

图 5-2-21

案例分享

大班手工课——有趣的塑料瓶

★活动目标：

1. 引导幼儿认识塑料瓶，并增强幼儿废物利用的意识。

2. 利用塑料瓶设计手工制作活动，充分发挥幼儿的想象力和创造力，并激发幼儿的研究兴趣。

3. 掌握使用塑料瓶和其他不同的材料制作玩教具的方法。

★活动重点：

学习用塑料瓶制作小汽车。

★活动难点：

如何根据材料设计出与众不同的小汽车。

★活动准备：

大量的塑料瓶、一封信、VCD 光盘、彩色纸、卡纸、毛线、纸杯、瓶盖、记号笔、彩色笔、油画棒、剪刀、双面胶、胶水和胶带等。

★活动过程：

一、情境导入，激发幼儿兴趣

教师：“今天，老师收到了一个神秘的大箱子，想不想知道里面是什么？”（想。）

教师拆开箱子，幼儿们自己观察箱子里面的小汽车和塑料瓶。

教师展示各种小汽车，引导幼儿观察这些玩教具是用什么材料制作的，并让他们思考这些玩教具的制作方法。

二、认识塑料瓶

教师：“小朋友们，你们知道这些是什么吗？”（塑料瓶和小汽车。）教师：“这些小汽车漂亮吗？”（漂亮。）

教师：“这里还有一封信呢，让我们看看上面写的什么。原来是春姑娘给我们寄了这么多的塑料瓶，她想让我们使用塑料瓶制作小汽车，然后开车去找她玩耍呢。小朋友们想不想和春姑娘去踏青呢？”（想。）

三、制作小汽车

教师提供材料，并鼓励幼儿用辅助材料尝试自己设计并制作小汽车。

教师提示幼儿，可用各种塑料瓶当汽车的身体，用瓶盖、纸片等当汽车的轮子，车身和车轮可以用双面胶或胶水固定。

幼儿开始制作，教师提示幼儿在制作过程中要注意安全，不能打闹，认真制作。

教师巡视指导，当幼儿遇到困难时，教师及时引导他们解决。

四、开车踏青

放音乐《汽车开来了》，然后幼儿驾驶着汽车来到室外，一起和春姑娘踏青。

★活动延伸：

请幼儿邀请爸爸妈妈和自己一起使用家里的废旧塑料制品制作一架飞机。

四、废旧塑料类材料玩教具作品展示与欣赏

图 5-2-22

图 5-2-23

图 5-2-24

图 5-2-25

图 5-2-26

图 5-2-27

图 5-2-28

图 5-2-29

图 5-2-30

图 5-2-31

图 5-2-32

图 5-2-33

图 5-2-34

图 5-2-35

第三节 木质、金属类材料玩教具的设计与制作

一、木质、金属类材料玩教具概述

学前儿童玩教具制作中提倡利用身边一切可用之物自制玩教具。木质、金属类材料玩教具不但是幼儿园教学中重要的物质资源、幼儿园教师在教育教学中的好帮手，而且也是一种课程资源。生活中可被用来制作玩教具的金属材料主要包括易拉罐、铁丝和电线等。

案例分享

踩高跷

一、材料准备

废旧铁罐、绳子、厚纸。

二、操作步骤

1. 选取两个较大的铁罐，在每个罐子的两侧用铁钉扎两个对称的孔。

2. 选取一段稍粗的绳子，根据幼儿的身高，结成同样长的两段，每段相当于幼儿腿长的两倍。

3. 把绳子的两端分别穿进罐子两侧的孔中，在罐体内打结，将绳子系牢。

图 5-3-1

4. 让幼儿踩着铁罐，拉着绳子，控制自己的脚步，看谁走得远。

二、木片材料玩教具造型的操作与实践

（一）风车画

（1）准备蓝色木片 2 根，红色木片 4 根，黄色木片 2 根，原色的窄木条 4 根，白胶 1 瓶，淡蓝色大张不织布以及雪糕棍、木棍等。（如图 5-3-2）

（2）把 4 根木片剪成两截，一边稍长，一边稍短。（如图 5-3-3）

（3）把两个木棍从中间剪开，剪一些短木棍做栅栏。（如图 5-3-4）

（4）把 3 根红色的木片贴在纸的中间，作为风车的房顶，其余的木片以同样的方法粘好。（如图 5-3-5）

（5）剪出太阳和云，用乳胶粘好，你的风车画就做好了。（如图 5-3-6）

图 5-3-2

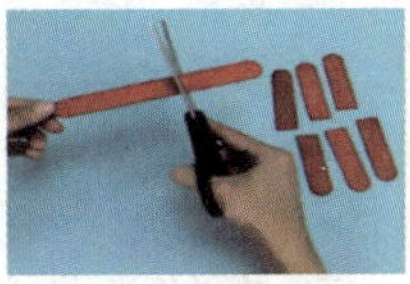
图 5-3-3

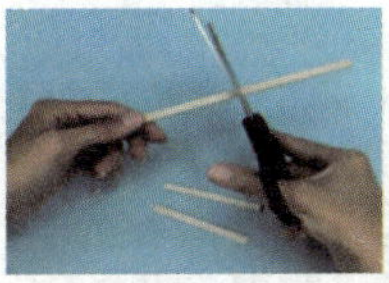
图 5-3-4

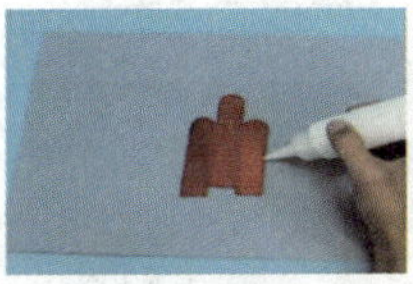
图 5-3-5

图 5-3-6

（二）小木筏

（1）把小木棍都折断成一般齐，长度 25 厘米左右。（如图 5-3-7）

（2）把若干小木棍并排放好，用细绳捆扎紧。（如图 5-3-8）

（3）将蓝色卡纸剪成三角形粘贴在小木棍上做成帆杆，用胶水将帆杆固定在小木排上，这样一艘带帆的小木筏就制作完成了。（如图 5-3-9、图 5-3-10）

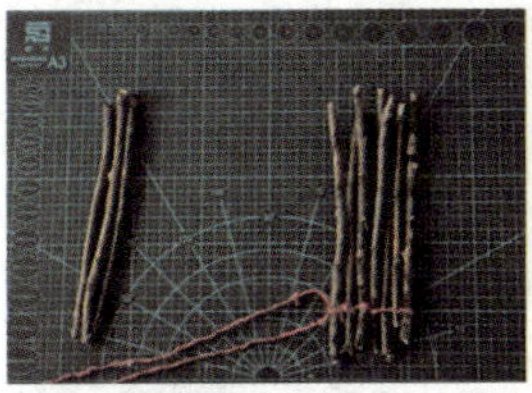
图 5-3-7

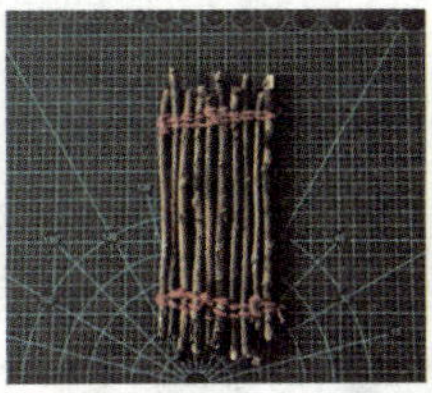
图 5-3-8

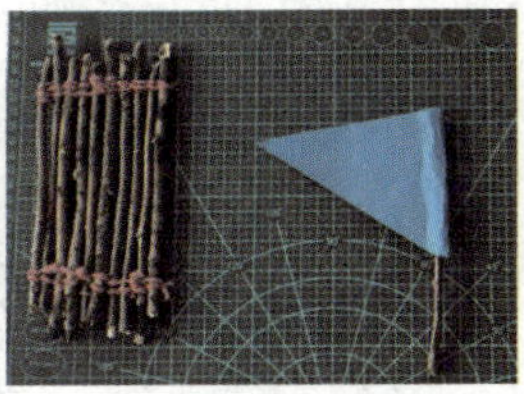
图 5-3-9

图 5-3-10

三、易拉罐材料玩教具造型的操作与实践

（一）星星挂饰

（1）先将易拉罐头部和底部剪掉，留取中间部分。（如图 5-3-11）

（2）将其铺平整后，把五角星放在铁片上，用彩笔或马克笔画出星星的形状。（如图 5-3-12、图 5-3-13）

（3）再用剪刀沿着线路将星星剪下来。（如图 5-3-14、图 5-3-15）

（4）将星星弯折使其看上去更加立体美观。（如图 5-3-16）

（5）在相关工具辅助下，让星星几个角之间的凹陷更突出。（如图 5-3-17）

（6）选取其中一个角钻个小孔。（如图 5-3-18、图 5-3-19）

（7）可以在各个角都穿一些彩珠，用细绳将所有的星星穿起来就完成。（如图 5-3-20）

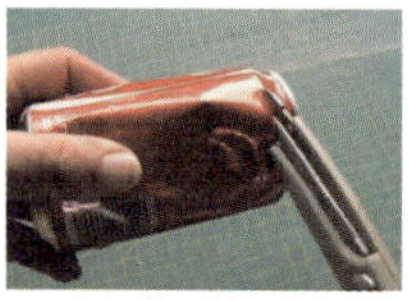

图 5-3-11

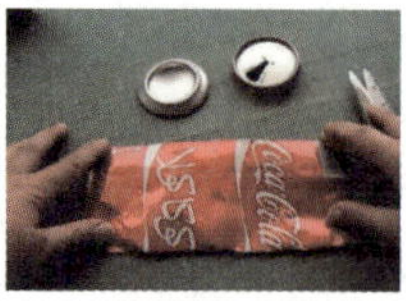

图 5-3-12

图 5-3-13

图 5-3-14

图 5-3-15

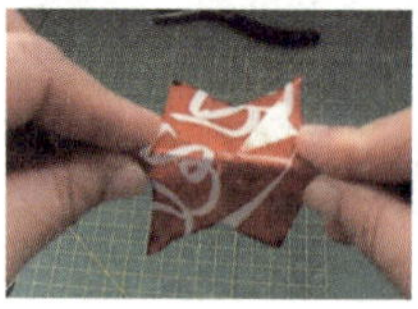

图 5-3-16

图 5-3-17

图 5-3-18

图 5-3-19

图 5-3-20

（二）帆船

（1）把 3 个易拉罐用双面胶固定，两边用筷子和橡皮条固定。（如图 5-3-21）

（2）中间的易拉罐钻个小孔，插上一根筷子。（如图 5-3-22）

（3）制作一个彩帆，记住上下各开一个小孔，用于稍后放在帆杆上。（如图 5-3-23）

（4）用红头绳固定帆杆，并放上彩帆，易拉罐小帆船就制作完成了。（如图 5-3-24）

图 5-3-21

图 5-3-22

图 5-3-23

图 5-3-24

四、木质、金属类材料玩教具作品展示与欣赏

图 5-3-25

图 5-3-26

图 5-3-27

图 5-3-28

图 5-3-29

图 5-3-30

图 5-3-31

图 5-3-32

图 5-3-33

图 5-3-34

图 5-3-35

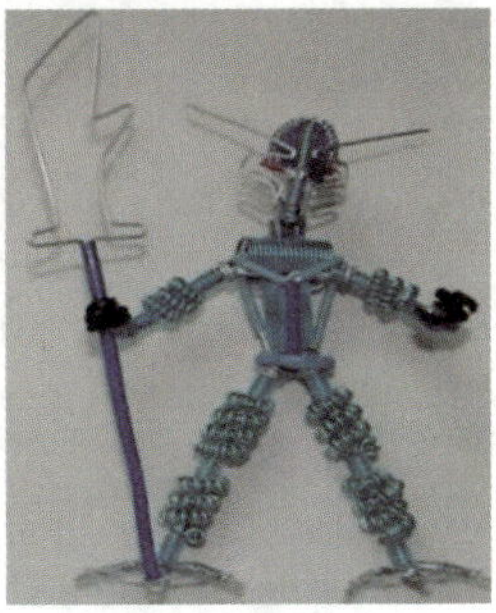

图 5-3-36

图 5-3-37

图 5-3-38

图 5-3-39

拓展阅读

民间手工达人陶思俊：用易拉罐创意绘制大熊猫

第三十一届世界大学生夏季运动会于 2022 年 6 月 26 日至 7 月 7 日在四川成都举办。成都大运会是继 2001 年北京大运会、2011 年深圳大运会之后，中国大陆第三次举办的大运会。在全球征集的 1000 件吉祥物投稿中，以中国国宝大熊猫为原型创作的蓉宝脱颖而出，成为成都大运会的吉祥物。

剪开一个易拉罐，压平瓶身铁皮，原本的废弃物就变成了一张长方形“画布”。民间手工达人陶思俊拿出中性笔，在上面绘制了一幅生动的“川味图景”：两只卡通熊猫坐在竹椅上喝盖碗茶。这是他为献礼成都大运会而用废弃易拉罐绘制的第 8 幅工艺作品，此前他还创作了镂空蓉宝、彩色浮雕蓉宝、奔跑在四川成都合江亭前的卡通熊猫等作品。

图 5-3-40 陶思俊用易拉罐创作的蓉宝作品

本章小结

本章主要介绍如何运用环保类材料进行玩教具创作，共有三节内容，即废旧纸类材料玩教具的设计与制作，塑料类材料玩教具的设计与制作，木质、金属类材料玩教具的设计与制作。本章的内容有一个特征，即所有材料都是生活中的废弃材料，因此在制作方法上都属于旧物改造。对于利用旧物改造制作学前儿童玩教具来说，重点考虑的应该是玩教具的可玩性与教育性。

废弃材料玩教具不但是幼儿园教学中重要的物质资源，是幼儿园教师在教育教学中的好帮手，而且是一种课程资源，是幼儿园各活动领域的主要内容。所以，废弃材料自制玩教具是幼儿园自制玩教具的主要内容和形式。此类玩教具不但可以节约成本，更重要的是还有助于培养幼儿勤俭节约的品德和环保的习惯。因此，对本章内容来说，发现、利用身边一切可用之物创作出可促进幼儿发展的玩教具是重点和难点。内容制作的技法并不重要，关键在于巧妙的构思与创意。

思考与实训

1. 尝试利用易拉罐制作一架飞机玩具，并写出设计应用与操作方案。

2. 尝试制作喷气式汽车或火箭，并写出设计应用与操作方案。

3. 运用废旧物品制作一件适合学科教学使用的玩教具，并说明创作意图、使用方法和设计教学过程。

4. 运用废旧物品制作一件适合幼儿户外安全玩耍的玩具。

专题探讨

未来幼儿园环境空间中环保材料的发展趋势——节能化和复合化

“节能化”是指建筑材料的低耗能消化和使用，反对过度无节制地消耗建筑材料，提高建筑材料的使用率以及使用寿命，运用相应的技术手段对建筑材料资源混合利用创造出新型的能源，减少资源的消耗，促进资源的反复利用与转变。在幼儿园的环境空间中可以提倡“变废为宝”，儿童通过搜集可利用的废弃环保材料进行手工创造，装饰到幼儿园的环境空间当中。

环保材料的“复合化”是指借助物质技术手段针对两种以上的材料进行混合处理加工，不同环保材料之间实现功能的重组和利用。将已有的环保材料进行二次处理、循环利用，不同的环保材料之间进行融合、合成，具有综合性的环保特征。混合多元化的环保材料相对于单一的环保材料更适用于具有艺术感的幼儿园环境空间。

第六章

自然材料和生活材料类玩教具设计与制作

学习目标

- 能够了解不同自然材料和生活材料制作玩教具的特性。
- 能够理解自然材料和生活材料类玩教具的设计原则和构思方法，以及在幼儿园中的运用。
- 能够掌握自然材料和生活材料制作玩教具的基本方法和技巧。
- 能够培养学生在日常生活中发现美、创造美的能力。

学习重难点

- 重点：掌握幼儿园自然材料和生活材料类玩教具的制作方法。
- 难点：自然材料和生活材料类玩教具制作在幼儿园教学活动中的实际运用。

案例破冰

一位教师的观察记录

在幼儿园大班“秋天”的系列活动中，幼儿观察树时对树叶形状产生了好奇。

一位女同学说出她的想法：“枫叶的形状像公主的裙子。”这时几位男同学立刻说道：“枫叶形状更像恐龙的爪子。中间的叶柄是脚掌，几处突出的地方是脚趾……”孩子们对此展开了丰富的想象和积极的讨论。

因此，我立即捕捉到幼儿稍纵即逝的兴趣点，并读懂了幼儿的探索行为，发现了他们对树叶特殊的兴趣。于是我利用自然材料——树叶，设计了创作画活动，让幼儿充分发挥他们的想象力和创造力，进行树叶画创作。

第一节　自然材料类玩教具的设计与制作

一、自然材料类玩教具概述

自然材料类玩教具是指运用自然界中的各种材料制作成玩教具，如果蔬玩教具、木材玩教具、石材玩教具、壳类玩教具、羽毛玩教具等。中国著名教育专家陈鹤琴先生曾提出“大自然、大社会都是活教材”的观念。大自然中资源丰富，如五谷杂粮、野花野果和飞鸟虫鱼等，它们都是天然的玩教具，是幼儿学习和游戏的良好资源。此外，使用自然材料制作玩教具可以调动幼儿们的好奇心，培养他们的注意力，使他们在玩乐嬉戏中，感受和体验大自然的千变万化。

自然界中的所有材料都可以成为制作玩教具的材料。

根据材料性质的不同，可将自然材料分为：植物类材料，如树叶、树枝、果蔬等；壳类材料，如鸡蛋壳、贝壳等；矿物类材料，如鹅卵石、岩石等。

根据用途的不同，又可将自然材料分为以下 4 类：1. 计算游戏类材料，即利用木棒、草茎、豆粒、贝壳等设计计算游戏，帮助年龄小的幼儿学习数数、比大小、大小排序和分类等知识，帮助年龄大的幼儿学习数的组成和加减法等。2. 美工活动类材料，即利用材料外形的多样性，进行想象创作练习，如粘贴画等，还可以通过一些辅助材料，与幼儿一起想象、设计、制作出多种多样的工艺品和玩教具。3. 体育活动类器具，如用柳条、稻草编制飞环，用豆子做成沙袋，用树枝做成弹弓和弓箭等，供孩子进行各种体育活动。4. 游戏活动类替代物，如使用一些植物、石头和贝壳等替代“娃娃家”游戏中的饭、菜等，用树叶替代盘子、碗等。

（一）自然材料类玩教具的作用

自然材料类玩教具在幼儿园教育中有着重要的地位和作用。一个小小的玩教具对孩子来说不仅仅是一个好玩的“玩意儿”，它不但可以向幼儿传递知识和快乐，而且可以培养孩子初步的环保意识。幼儿在把玩这些玩教具时，会自然而然地亲近自然，这对培养幼儿热爱自然、保护自然的情感大有裨益。使用自然材料制作玩教具既能凸显本土的地域特色，给予幼儿有灵性的生活，引领幼儿健康成长，同时还具有节能环保的价值。

（二）自然材料类玩教具的特点

自然材料类玩教具除了具备一般玩教具的特点外，还有以下两个最显著的特点。

1. 自然性

自然性主要是指制作材料质地是天然的、未经工业加工。如自然形态的树枝、树叶、果蔬、蛋壳和石头等。因为这些材料的自然属性，制成的玩教具自然也就有一种浑然天成的情趣。

2. 环保性

虽然这些材料随处可见，却不能随处去取。获取的自然材料一定要是环保的，而不是以破坏自然环境为代价的。如河边的小石头、街边的落叶、修剪树木砍下的枝条等，都可以成为创作的材料。

（三）自然材料类自制玩教具注意事项

1. 探访自然，获取灵感

大自然就如同一本教科书。在闲暇的假日，走出家门，去领略大自然的奥妙与神奇，从大自然的一枝一叶、一木一石中获得无限的创作灵感。

2. 因地制宜，因材而制

自然材料类玩教具的特点就在于它源于自然——材料源于自然，灵感源于自然。因此，在创作时要根据自身的条件因地制宜，就地取材，因材而制。

3. 雕琢创意，精工细作

利用自然材料自制玩教具往往缘于偶然的发现。质朴的材料、巧妙的创意加上精致的工艺，才能赋予作品真正的艺术价值。一块石头， 不加工不雕琢，它永远只是石头；只有当我们运用智慧，为它绘图、施色时，它才能成为真正的作品。

（四）自然材料类自制玩教具的造型方法

利用自然材料自制玩教具有如下 7 种基本方法。

1. 原形法

原形法是不改变材料的原有形态，并充分利用材料原形进行创作的方法。这种方法适用于材料原有形态与想要制作的形象自然天成的情况。（如图 6–1–1）

2. 分解法

分解法即将材料通过拆分等加工，改变材料的原有形态，使其由整体变为零散的部件，并利用其全部或部分部件进行创作的方法。（如图 6–1–2）

3. 组合法

组合法是将若干材料通过拼装、重组的方法改变材料的原有形态而进行创作的方法。这里的组合材料可以是同一类材料，也可以是不同材料的组合。（如图 6-1-3）

4. 添画法

添画法是在材料原有形态或改造后的形态上进行绘制的方法。添画法是最常用的制作方法，可独立使用，也可与其他方法同时使用。（如图 6-1-4）

5. 雕塑法

雕塑法是借用雕刻艺术的手法塑造材料，适用于植物、木石等自然材料。雕和塑是两种不同的造型方法，但都是为使材料达到预想的造型，雕是去除一定的材料，而塑是添加一定的材料。（如图 6-1-5）

6. 捆扎法

捆扎法是通过捆绑、扎系来塑造形体的方法，适用于线性材料，如草、藤、树枝和羽毛等。（如图 6-1-6）

7. 编结法

编结法是通过编织、结扎来塑造形体的方法，适用于比较软的线性编织材料。（如图 6-1-7）

以上的几种方法都是利用自然材料自制玩教具的常用方法，既可以单独使用，又可以几种方法交叉使用。

图 6-1-1

图 6-1-2

图 6-1-3

图 6-1-4

图 6-1-5

图 6-1-6

图 6-1-7

二、树叶玩教具造型的操作与实践

树叶是生活中最常见的自然素材，也是幼儿最易得到的天然玩具。它色彩丰富、造型各异，既可以做树叶粘贴画，又可以制作游戏中的面具、头饰、扇子等。

（一）树叶贴画

树叶贴画是幼儿园经常进行的集体教学活动，有的幼儿园也鼓励幼儿在美工区自主进行。树叶贴画的作品还可以进行组合，作为环境创设的一部分。树叶贴画主要运用粘贴的手法，步骤可参照自然材料粘贴的技能。树叶贴画除了运用各种形状、色彩的树叶外，还可以加入花瓣等其他自然材料。

（1）树叶摆放的方式有很多，如相接法、重叠法、相交法等。

（2）摆放树叶时除了考虑形状造型外，还要考虑色彩搭配。

（3）贴的时候要注意树叶的平整性，也可以根据需要利用花瓣等加以装饰，并适当修剪。（如图 6–1–8、图 6–1–9）

图 6–1–8

图 6–1–9

案例分享

中班美术活动——树叶创作画

★设计意图：

在“秋天”的系列活动中，幼儿观察树时对树叶形状的关注，引起了我的注意。于是，我设计了本次树叶创作画活动，引导幼儿在收集树叶的基础上说说各种不同形状的树叶像什么，然后和他们一起去拼一拼、贴一贴，让幼儿充分发挥自己的想象力和创造力，完成有趣的树叶贴画作品，使幼儿在活动中体验快乐。

★活动目标：

1. 引导幼儿观察树叶并叙述树叶的颜色、形状和大小等特征。
2. 掌握树叶贴画的基本方法。
3. 激发幼儿的想象力，培养幼儿的动手能力和团结协作能力。

★活动准备：

1. 发动幼儿家长与幼儿积极参加秋游、爬山和散步等活动，并采集和捡拾各种大小不一、形状和颜色各异的树叶若干。

2. 教师把收集到的树叶进行压平、晾干处理，然后将其分成 4 类树叶材料，即制作小鸟的树叶、制作刺猬的树叶、制作公鸡的树叶和制作孔雀开屏的树叶。

3. 准备秋天树叶飘落图一张、树叶贴画成品图两张、白纸、彩色卡纸、剪刀和双面胶等。

★活动过程：

一、引入主题

教师："小朋友们，大家知道现在是什么季节吗？"（秋季）

教师出示秋天树叶飘落的图片，让幼儿观察落叶的情景，感受秋天独特的风景。

教师："叶子宝宝纷纷离开了妈妈，随着秋风飘落下来。一群群小朋友把这些可爱的树叶捡起来带回了家。你们知道把叶子宝宝带回家能做些什么吗？"

二、欣赏树叶贴画作品

教师："老师和小朋友们一样，非常喜欢秋天的叶子宝宝，所以就把它们收集起来了。而且，老师根据叶子的形状和颜色，将它们进行一些修剪之后，摆一摆、拼一拼、贴一贴，便制作出了一幅美丽有趣的画作。你们想看吗？"

教师出示树叶贴画作品，即小鸟贴画和刺猬贴画。

教师："我们来看看，叶子变成了什么？"（小鸟和小刺猬）

教师："用树叶贴出来的画称为树叶贴画。你们想不想也制作一幅树叶贴画呢？"

三、认识常见的树叶

1. 出示枫树叶，请幼儿观察它的特征。

教师："小朋友们，这是什么叶子？"（枫树叶）教师："枫树叶是什么样的？谁可以来说说？"

教师引导幼儿说出枫树叶的特点，即枫树叶有红的、有黄的，像大公鸡的鸡冠、鸡嘴或鸡爪，特别可爱。

2. 出示柳叶，请幼儿观察它的特征。

教师："小朋友们，这是什么叶子？"（柳叶）教师："柳叶是什么样的呢？"

教师引导幼儿说出柳叶的特点，即柳叶有绿色的、黄色的，细细的、薄薄的，特别好看。

3. 介绍大叶榕树叶、小叶榕树叶和法国梧桐树叶的外形特征。

4. 小结（教师）：“这些叶子宝宝都是小朋友和爸爸妈妈收集到的，经过处理后，我们可以将它们贴成一幅幅有趣的画。小朋友们能做到吗？”

四、分组制作树叶贴画

1. 教师演示大公鸡的制作过程。

（1）用黄色大叶榕树叶做大公鸡的身子；

（2）用法国梧桐树叶做大公鸡漂亮的尾巴；

（3）用叶梗做大公鸡的腿；

（4）用红色枫树叶做大公鸡的脚和鸡冠；

（5）用小叶榕树叶做大公鸡的头部；

（6）剪部分彩色卡纸做眼睛，一幅生动的树叶贴画就制作完成了。

2. 将幼儿分成 4 个小组，6 个小朋友为一组，每组小朋友根据老师给的树叶材料完成 1 种贴画作品，最终得到 4 种不同的贴画作品即小鸟贴画、小刺猬贴画、大公鸡贴画和孔雀开屏贴画。

3. 老师巡视指导。

五、总结

教师：“今天，小朋友们通过团结协作，共同完成了树叶贴画作品，你们觉得漂亮吗？其实，美就在我们的身边。生活中有许许多多像树叶一样的自然材料，如瓜子、蛋壳等，只要我们能像今天这样多观察、多动脑、多动手，将它们剪一剪、拼一拼、贴一贴，就能做出美妙有趣的东西。”

（二）树叶拓画

树叶中含有充足的叶绿素，因此可以充当染料。把树叶放在纸和吸水的餐巾纸中间，用小锤子（可以用空水杯代替）沿着叶子轻轻敲打（如用空水杯，则反复擀压），就可以把树叶的汁液敲打（擀压）出来，而餐巾纸则会吸收水分，将颜色留在纸上，取下树叶，叶子的纹路和脉络就这样清晰地保留了下来。（如图 6-1-10、图 6-1-11）

图 6-1-10

图 6-1-11

（三）树叶立体拼贴

肥大的梧桐叶轻轻一弯就像一条长长的草裙，是做玩偶的极佳素材。（如图 6-1-12、图 6-1-13）。

准备材料：

梧桐叶（保留下叶柄）、订书机、小串珠、毛根。

基本步骤：

①绕着叶柄围成一个圈，然后用订书机订上。

②用毛根做成手臂和头发，加上小串珠，粘贴眼睛，画上嘴巴。快把你们的小玩偶聚在一起，跳草裙舞吧。

图 6-1-12

图 6-1-13

（四）制作范例

范例：树叶粘贴画“猫头鹰”（如图 6-1-14）

图 6-1-14

（1）设计思路

根据各种树叶的形状、大小和颜色，想象它们可以制作成什么。在这个案例中，大的叶片可作为猫头鹰的身体，较小的梧桐叶可作为猫头鹰的翅膀，细长的叶子作为猫头鹰的眉毛，较小的梭形叶子作为猫头鹰的鼻子。这样，一只可爱的猫头鹰就做好了。

（2）制作方法与过程（如图 6-1-15、图 6-1-16）

图 6-1-15

图 6-1-16

材料准备：树叶、色卡纸、双面胶和剪刀。

制作步骤：

①用色卡纸剪出猫头鹰的眼睛。

②将黄色的纸片剪切一个 0.5 厘米的小口。

③在小口上贴上胶，并拉拢两边，黏合，使其呈现立体效果。

④粘贴猫头鹰的眼睛，一般来说，粘贴的次序应先底后上。

⑤选两片较小的树叶作为猫头鹰的眉毛。

⑥粘贴猫头鹰的身体。

⑦粘贴翅膀和嘴巴，作品完成。

（3）操作与应用

这个案例适用于幼儿园艺术活动。可以在合适的时间先让幼儿到大自然中欣赏、观察树叶的形态、色彩；然后捡拾各种树叶，观察树叶，观察过程中可适当引导幼儿进行联想；最后指导幼儿进行简单的创作。

（4）拓展延伸

在这个案例中创作材料全部是树叶，为了增强其趣味性和操作性，也可以把猫头鹰的身体由树叶变成纸袋或信封，如同纸袋玩教具一样的制作方法。注意，猫头鹰的眉眼、嘴巴应粘在纸袋底的边缘线上，便于操作时纸袋上下开合。（如图 6–1–17）

图 6–1–17

三、果蔬玩教具造型的操作与实践

果蔬是大家每天都会食用的食材，同时也是常用的创作材料。这些原本应该出现在菜篮子里、锅里、盘里，吃到肚子里的水果、蔬菜，只要有无限的创意和想象，就能使它们呈现出令人惊艳的姿态。创意来源于生活，有创意的人必定是热爱生活的人，可以用果蔬玩教具这种特别的方式教会孩子如何去热爱生活。在利用果蔬制作玩教具时，最常用的方法有原形法、分解法和组合法。因果蔬表面吸附性较差，所以添画法较少使用，如需添画，则要改为用刀雕塑。

（一）果蔬塑型

切割：根据水果的形状，启发幼儿联想某种动物或物品，用切割的方法完成果蔬的造型塑造。（如图 6–1–18 至图 6–1–21）

插接：把不同形状的果蔬用牙签穿插连接使造型更丰富。（如图 6–1–22 至图 6–1–25）

图 6–1–18

图 6–1–19

图 6–1–20

图 6–1–21

图 6–1–22

图 6–1–23

图 6–1–24

图 6–1–25

（二）果蔬印章

（1）选择质地较硬的水果蔬菜，如土豆、萝卜等，洗净切开，截面要平整。

（2）在切开的平面上，绘制印章图案。

（3）用刀削去印章图案外的部分（也可挖去印章内的部分）。

（4）在图案上涂颜色，压印，可设计各种装饰图案。

（5）有的蔬菜水果本身有丰富的纹理图案，如藕、辣椒的截面，可直接作为印章。（如图 6-1-26 至图 6-1-29）

图 6-1-26

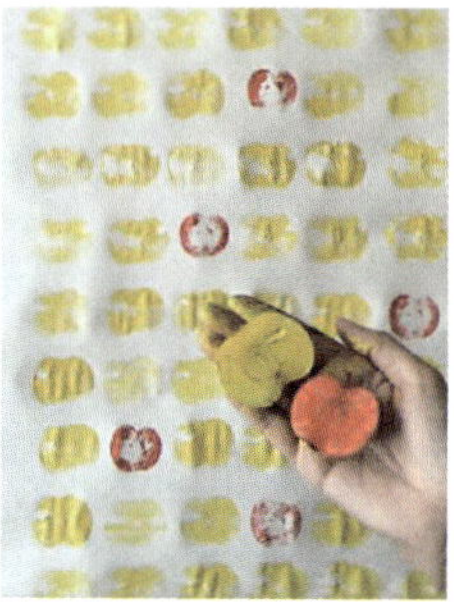
图 6-1-27

图 6-1-28

图 6-1-29

四、草编玩教具造型的操作与实践

草编是民间沿袭的一项手工传统美术工艺，种类繁多、资源丰富、花色各异，形成了各民族不同的特点。草编材料主要有谷草、青草、麦秆、棕丝等，它们柔软、有韧性，易于塑造各种形象，作为儿童的玩具、教具，能培养孩子对大自然的亲近感。

（一）稻草编

制作要点：

（1）用水把干稻草浸潮，使稻草柔软而增加韧性。

（2）用绳或胶带把稻草捆扎成簇，再根据造型组合、弯曲、修剪，塑造形象。（如图 6-1-30、图 6-1-31）。

（3）复杂的造型，可根据需要采用编、扎、折等多种手法，使形象更生动，富有创意。（如图 6-1-32、图 6-1-33）

图 6-1-30

图 6-1-31

图 6-1-32

图 6-1-33

（二）棕榈叶编的蚱蜢（如图 6-1-34）

制作要点：

（1）取一片棕榈叶子（一片叶子有两瓣，中间有梗），把叶子从中间划开，注意不要划到底。（如图 6-1-35）

（2）把叶子梗弯起来，夹在两片叶子中间。两边的叶子各编织一扣（要扣在叶子的梗上），一边一扣编好后我们要在上边加一片比较细的叶子。（如图 6-1-36、图 6-1-37）

（3）叶子加好后我们将两边黄色的叶子各编四扣（如图 6-1-38），做的时候小心一些，并且编得紧一点。

（4）继续编织蚱蜢的前大腿。（如图 6-1-39）

（5）编织蚱蜢的后大腿。（如图 6-1-40）

（6）最后进行简单的整形修理，就得到漂漂亮亮的棕榈叶编的蚱蜢了。（如图 6-1-41）

图 6-1-34

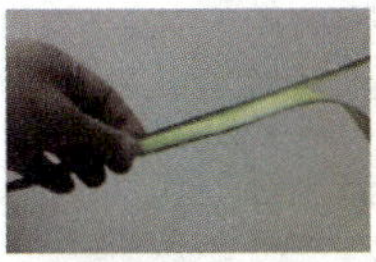
图 6-1-35

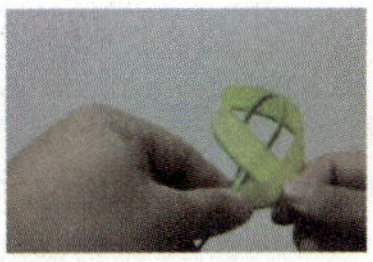
图 6-1-36

图 6-1-37

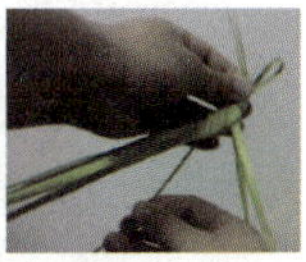
图 6-1-38

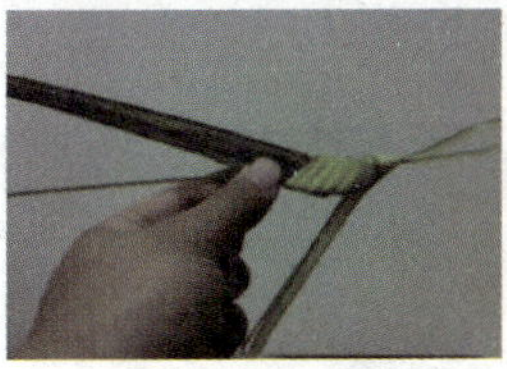
图 6-1-39

图 6-1-40

图 6-1-41

五、自然材料类玩教具作品展示与欣赏

树叶类作品（如图 6-1-42 至图 6-1-51）

图 6-1-42

图 6-1-43

图 6-1-44

图 6-1-45

图 6-1-46

图 6-1-47

图 6-1-48

图 6-1-49

图 6-1-50

图 6-1-51

果蔬类作品（如图 6-1-52 至图 6-1-59）

图 6-1-52

图 6-1-53

图 6-1-54

图 6-1-55

图 6-1-56

图 6-1-57

图 6-1-58

图 6-1-59

草编类作品（如图 6-1-60 至图 6-1-65）

图 6-1-60

图 6-1-61

图 6-1-62

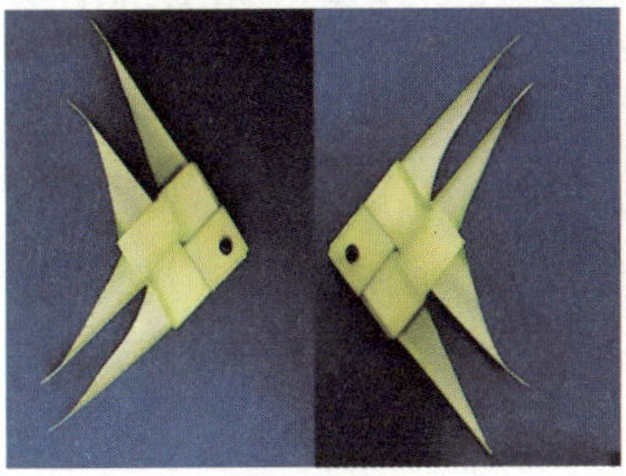

图 6-1-63

图 6-1-64

图 6-1-65

第二节 蛋壳、干果壳类玩教具的设计与制作

一、蛋壳、干果皮类玩教具概述

蛋壳和干果壳是极好的废物利用材料，而且相当环保。利用蛋壳和干果壳发挥创意可以制作出千奇百怪的小工艺品。

蛋壳和干果壳以粘贴为主，充分利用蛋壳、干果皮颜色的深浅不同和它们表面上的特殊肌理，使画面具有与众不同的材质感，画面效果充满趣味。为了使画面产生更加丰富的色彩效果，也可以在蛋壳上涂上需要的颜色。蛋壳和干果壳的种类多，色彩也很丰富。通常情况下，鸡蛋壳有白色、红褐色，鸭蛋壳白中带青，鹌鹑蛋壳上则呈现出斑驳的图案。蛋壳、干果壳的正反面，也有着不同的颜色和质感，在制作中都可以充分利用。

二、蛋壳玩教具造型的操作与实践

（一）蛋壳创意贴画制作的材料与工具

（1）蛋壳材料。包括鸡蛋壳、鸭蛋壳、鹅蛋壳、鹌鹑蛋壳等。

（2）纸。包括围卡纸，彩色纸等。

（3）工具。包括画笔、镊子、圆规、刀、美工刀、颜料、白乳胶等。

（二）蛋壳创意贴画制作的基本技法

并列粘贴。并列粘贴是指将蛋壳并列贴在画面上，蛋壳间空隙大小要合适，空隙太小，远看容易形成一片，缺乏肌理感。一幅画面上，蛋壳的大小可以有差异，但同一个物体上的蛋壳大小尽量保持一致。

堆积粘贴。堆积粘贴是指将蛋壳碾碎撒在涂满胶的画面上，形成一定的堆积感，也可以均匀撒落。

（三）蛋壳创意贴画的制作步骤

（1）设计图稿。画面的构图要简洁，概括性要强。

（2）选择合适的底纸。由于蛋壳颜色较浅，一般选择与蛋壳颜色反差较大的纸张做底纸。

（3）粘贴。粘贴时，可以先将要贴蛋壳的地方涂上乳胶或胶水，然后将一整块较大的蛋壳放在上面，用手按压，形成纹理不一的效果。如果想得到大小均匀的蛋壳碎片，可以用手压住角，用圆规、刀或镊子将蛋壳压碎，选择需要的大小进行粘贴，并压紧。也可以先将蛋壳的大小处理好，再进行单独粘贴。

（4）清理画面。双手拿起画纸，使画面处于倾斜状态，手指轻轻敲击画纸。多余的蛋壳自然脱离画面。

（5）修整画面。最后将画纸平放于桌面进行修整。

（四）蛋壳贴画“动物园”的制作步骤

（1）先将蛋壳洗净晾干，特别是蛋壳内的薄膜要撕去，在纸上画出喜欢的图案。（如图 6-2-1）

（2）在底纸上涂胶水，要涂得厚一些，但不要涂太大面积。

（3）掰一小块蛋壳放在胶水上。用镊子把蛋壳压碎，把蛋壳按照设计好的底稿排好。蛋壳碎片可大可小，关键是边缘一定要对齐。（如图 6-2-2）

（4）不同部位可以用不同颜色的蛋壳进行粘贴作品完成。（如图 6-2-3）

图 6-2-1

图 6-2-2

图 6-2-3

（五）蛋壳盆栽的制作步骤

（1）鸡蛋壳的处理。将蛋壳侧身轻轻敲一个小洞，慢慢把蛋壳剥掉，剥出一个直径大概 2 厘米的口，里面的蛋清蛋黄就很容易倒出来啦。（如图 6-2-4）

（2）在蛋壳里填点土，种上一株迷你小绿植。（如图 6-2-5）

图 6-2-4

图 6-2-5

（六）蛋壳不倒翁的制作步骤

（1）把鸡蛋洗干净，用小刀在鸡蛋上方戳一个小洞，再把蛋清和蛋黄倒出来。（如图 6-2-6）

（2）将晾干的鸡蛋壳涂上自己喜欢的颜色，继续晾干。

（3）待鸡蛋壳着色后，就往鸡蛋壳里面放点液体胶水和少量米，等待胶水凝固。

（4）把卡通人物的帽子用对应颜色的卡纸剪出来，涂上颜色，用胶水固定帽子。并给人物画上表情。（如图 6-2-7）

（5）作品完成，如图 6-2-8。

图 6-2-6

图 6-2-7

图 6-2-8

案例分享

小班手工课——蛋壳粘贴画

★活动目标：

1. 尝试用废弃的蛋壳制作一幅画，并用排刷均匀涂色。

2. 感受蛋壳粘贴画特殊的花纹。

3. 锻炼幼儿肌肉的灵活性。

★活动需要的材料：

蛋壳、水粉颜料、双面胶、抹布和画好的各种图案等。

★活动过程：

一、出示盒子，激发幼儿兴趣

教师："老师今天带来了一个盒子，大家猜猜里面是什么？"

教师打开盒子。

教师："哇！原来是蛋壳。""蛋壳能做什么呢？"

小结："蛋壳可以用来做装饰画，大家一起欣赏一下吧。"

二、出示范例，师幼一起欣赏

教师："小朋友们看看这幅画是用什么材料做出来的？"

教师鼓励小朋友们上前看一看、摸一摸，激发小朋友们的探索欲望。教师："我们一起来试试粘贴一幅蛋壳画吧！"

三、引导幼儿了解蛋壳画的制作方法

导语（教师）："蛋壳画，真神奇，让我们也来试一试。"

1. 示范蛋壳画的制作方法，讲解要求，并配儿歌。

制作方法：先选取一幅画，撕去上面的双面胶，然后取一块蛋壳，将蛋壳的内侧贴在双面胶上，并用手压一压，接着将蛋壳贴满整幅画。最后将画面上没有贴住的散落蛋壳抖一抖放进箩筐里。

2. 请一位幼儿示范，教师配儿歌。

3. 教师："蛋壳画做好了，我们一起来玩'变变变'的游戏吧。"

让小朋友们用排刷蘸上自己喜欢的颜料为蛋壳上色，白色的蛋壳就变了颜色。不同的色彩冲击有助于激发幼儿参与活动的积极性。

4. 教师："后面还有许多的画需要你们做成蛋壳画，不过，蛋壳画的制作要求不要忘了噢。"

四、幼儿操作，教师指导

在幼儿制作蛋壳画的过程中，教师提醒幼儿蛋壳要粘贴在画的轮廓线内，蛋壳不能叠在一起，而且刷颜料要少量多次均匀地刷。

五、蛋壳画展示

教师鼓励幼儿大胆展示自己制作的蛋壳画。

★活动延伸：

教师："我们今天用废旧的蛋壳装饰了一幅幅漂亮的画，生活中还有很多废旧的材料可以用于装饰，如开心果壳、瓜子壳等，希望小朋友们可以自己去收集，然后尝试使用收集的壳类材料制作粘贴画。"

三、干果壳玩教具造型的操作与实践

开心果壳花的具体制作步骤如下：（图 6-2-9 至图 6-2-11）

（1）开心果壳底部涂上热熔胶，一片一片粘上去。可以做些不同形状的，全开的、半开的、含苞待放的，比较有层次感。

（2）把树枝先插在花盆里，旋转寻找最好看的角度，然后发挥想象寻找粘花的位置。再用热熔胶把花粘在树上，开心果壳花就完成了。

图 6-2-9

图 6-2-10

图 6-2-11

四、蛋壳、干果壳类玩教具作品展示与欣赏

蛋壳作品（图 6-2-12 至图 6-2-19）

图 6-2-12

图 6-2-13

图 6-2-14

图 6-2-15

图 6-2-16

图 6-2-17

图 6-2-18

图 6-2-19

干果壳作品（如图 6-2-20 至图 6-2-25）

图 6-2-20

图 6-2-21

图 6-2-22

图 6-2-23

图 6-2-24

图 6-2-25

第三节 石头类玩教具的设计与制作

一、石头类玩教具概述

石头是进行美工创作的天然素材，也是深受幼儿喜爱的小玩物。投掷、摆弄小石块可以给孩子们带来很多的乐趣。在郊外的溪水边，经常可以发现大大小小、各形各色的溪石。经年累月，在溪水的冲蚀下，呈现出不同的曲线与棱角，个个都是大自然雕琢的艺术品。当这些溪石映入眼帘，各种影像便可能交迭出现，时而是可爱生动的动物，时而是顽皮的小卡通，当灵感驱动创作，石头便成为创作素材。经过加工和处理，让一颗颗石头焕发出生命的光彩，这一过程即石头材料玩教具制作（或简称石玩）。

与植物材料一样，石头材料一般也是要根据材料的自然形态进行二次创作，下面是几种常用的石头类玩教具的制作方法。

1. 原形法

原形法是只利用石头的自然形态进行创作的方法。这种方法自然天成，不需要任何技法，但对石头的天然形态和创作者的想象力有极高的要求。（如图 6-3-1）

2. 组合法

组合法是根据需要将石块或辅材进行拼装、黏合的一种方法，也是石玩中最常用的创作方法，比较适合幼儿大班孩子创作，可启发幼儿的想象力、创造力，锻炼幼儿手指的精细动作。（如图 6-3-2）

3. 添画法

添画法是指在石玩形态创作的基础上对作品进行绘制的方法。添画法又分原形添画法（如图 6-3-3）和组合添画法（如图 6-3-4）。

原形添画法是原形法和添画法的结合，即充分利用石头的天然形态，只稍加添画即可完成创作。这种方法是石玩创作中最简单的方法，比较适合幼儿创作。

组合添画法是组合法和添画法的结合，即在组合法的基础之上再进行绘制的创作方法，是石玩创作中最常用的方法。

图 6-3-1

图 6-3-2

图 6-3-3

图 6-3-4

二、石头类玩教具的设计与制作

（一）组合法制作的“大脚丫”（如图 6-3-5）

1. 设计思路

石头千姿百态，这件作品正是运用了鹅卵石天然的形态，将 6 块椭圆的石头巧妙地结合在一起，形成一个惟妙惟肖的石头脚丫。所以，这个作品的关键是石头的选择。

2. 制作方法与过程

材料准备：2 块较大的椭圆形石头、10 块较小的椭圆形石头，注意石头的大小形状要与脚形相似。

制作步骤：

（1）用热熔胶黏合脚趾，注意黏合时要选择容易贴合的面来粘；

（2）将脚趾逐一粘好；

（3）一双石头脚丫就粘好了。（如图 6-3-6）

图 6-3-5

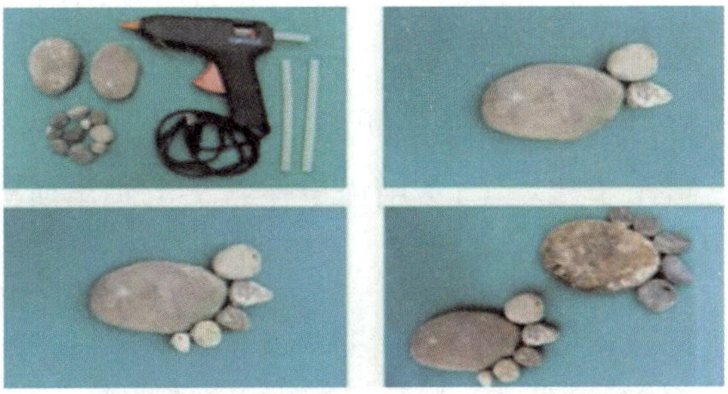

图 6-3-6

3. 应用与操作

本节内容操作性强，所以比较适合一课多构，将同一课应用到不同的活动领域。

（1）艺术活动领域

为孩子们多准备一些石头，让幼儿先看一看石头的形态，摸一摸石头的表面，想一想石头可以做成什么，说一说自己的想法，最后再让幼儿根据交流结果将自己的想法设计制作出来。在这一活动过程中幼儿可以充分地认识石头这种特殊的美工材料，在思索和交流中启发幼儿的想象，在动手操作的过程中锻炼手指的小肌肉群，锻炼手部精细动作。如果让幼儿制作这件作品，注意把热熔胶换成手工专用胶，这样更安全。

（2）科学活动领域

在所学知识的基础上，让幼儿利用自己的作品数一数、认一认，进行数字认知教学，可以单独数脚趾，也可以把全班小朋友制作的脚丫放在一起数一数。

（3）健康和社会活动

接下来可以让幼儿们互相合作印脚印。一组印左脚印，另一组印右脚印，然后比比哪组小朋友印得又快又好。通过这个游戏让幼儿在快乐的气氛中体验合作与竞争。

4. 拓展延伸

本款玩教具稍加改动就适合小、中班的幼儿应用。小中班的幼儿手指的精细动作不够灵活，难以完成石头的黏合动作，但是他们完全可以完成拼摆的动作和涂画动作。

（二）原形添画法制作的“大熊猫”（如图 6-3-7）

1. 设计思路

这是用一块最普通的椭圆形鹅卵石采取原形添画法创作出来的作品。当看到它时，眼前会浮现出各种形象，但它们都有一个共同的特征，就是外形一定是椭圆形的。小朋友们可依据自己的想象来进行添画创作。

2. 制作方法与过程

材料准备：椭圆形鹅卵石一块、铅笔、橡皮、水粉笔和丙烯颜料。

制作步骤：（1）用铅笔在石头上画出所需形象。（如图 6-3-8）

图 6-3-7

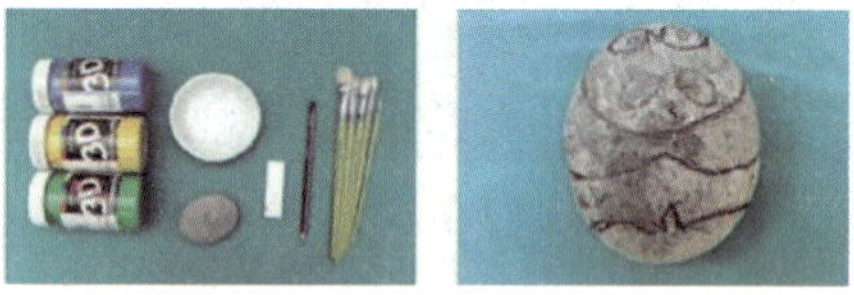

图 6-3-8

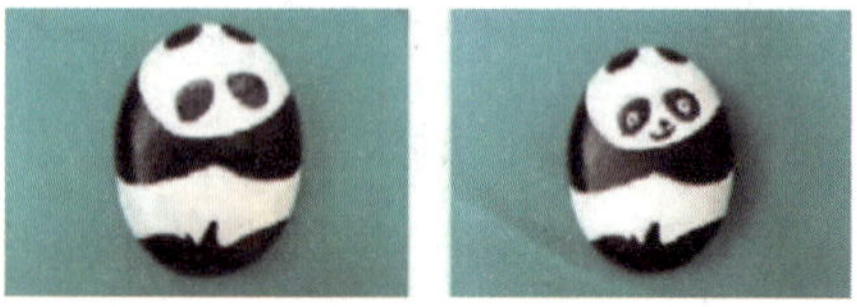

图 6-3-9

（2）用丙烯颜料给石头涂色，可多涂几遍，直到涂匀，每次涂色要等上次颜色干透再涂，作品完成。（如图 6-3-9）

3. 应用与操作

本案例适用于学前儿童艺术、语言和社会等各领域的活动应用。

（1）艺术活动领域

让幼儿用各种小石头来绘制一个个鲜活的生命，活动中注意启发幼儿的想象，让孩子体验艺术创作的乐趣。

（2）语言活动领域

可设计成语言活动，利用幼儿亲手创作的小石玩，创造一个自由、宽松的语言环境，在这样的语境中进行故事、诗歌的学习与交流，吸引幼儿与教师、同伴交谈，体验语言交流的乐趣。

（3）社会活动领域

可设计为社会活动课，利用幼儿自己创作的石玩作品来玩娃娃家，从而为他们提供一个轻松、有趣的交往环境。活动过程中幼儿可以学会如何清晰地表达自己的思想和感受，培养对人亲近、友爱的态度，学会交往的技能。

4. 拓展延伸

原形添画法（如图 6-3-10）是石玩里最简单而又最巧妙的创作方法，比较适用于低龄儿童。当拿到一块石头时，不必着急去改变它，可以先在草稿纸上进行反复的推敲，看看它到底像什么，然后画出来。

图 6-3-10

（三）组合添画法制作品“巨鳄”（如图 6-3-11）

1. 设计思路

作品“巨鳄”是运用组合法进行创作的典型案例。组合法是石玩常用的创作方法，与原形法相比工艺略为复杂，但造型立体、生动，需要作者有较强的空间想象能力。通常是将收集到的大大小小、形形色色的石块进行拼摆、添画与黏合。在本案例中，用一块略呈三角状的长形石头表

图 6-3-11

现鳄鱼的头部再合适不过了，只要再为它添上眼睛和鼻子即可。

2. 制作方法与过程（如图 6-3-12）

材料准备：石头、铅笔、橡皮、热熔胶枪、胶棒、水粉笔和丙烯颜料。

制作步骤：

（1）用热熔胶粘贴石头，并用铅笔勾出线稿；

（2）用丙烯颜料涂画眼睛；

（3）涂画嘴巴和鼻子；

（4）作品完成。

3. 应用与操作

本方法适用于科学活动领域。利用这个有趣的小教具，激发起幼儿对鳄鱼的探究兴趣，引导幼儿模仿鳄鱼的各种形态或走路的姿势，丰富幼儿关于鳄鱼的认知。

4. 拓展延伸

通常情况下在用组合法创作石玩时，因石头的形状较为有限，有时需要运用其他材料来搭配使用，具体如下。

布料的使用之“嘻哈一族”（如图 6-3-13）

在制作石玩作品时，可适时添加一些布料作为点缀，如头巾和衣服等部分的修饰。“嘻哈一族”制作过程如下。（如图 6-3-14）

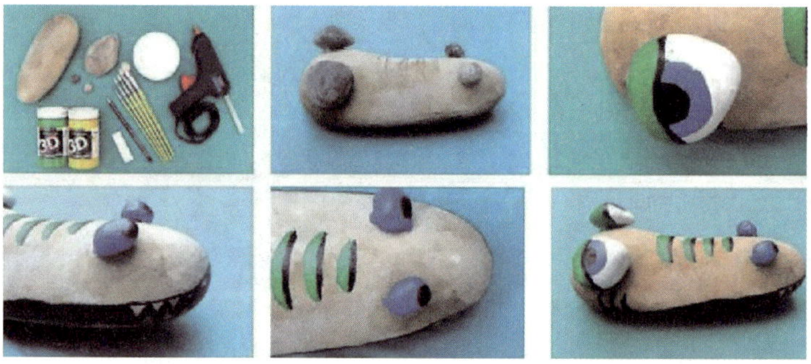

图 6-3-12

图 6-3-13

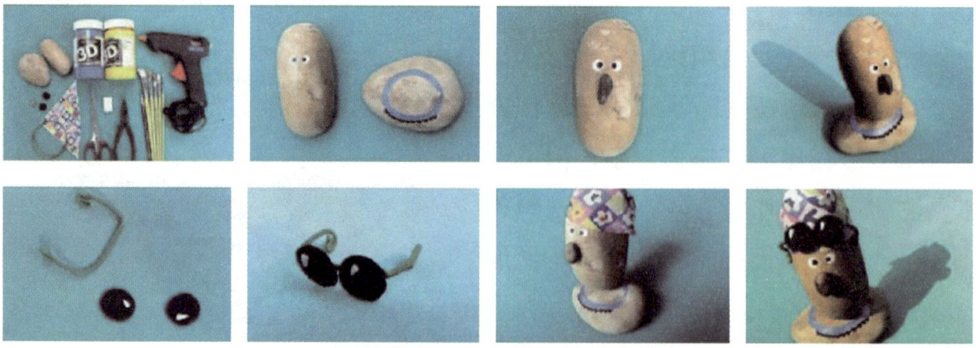

图 6-3-14

案例分享

大班美工课——奇妙的石头

★设计意图：

教育活动内容的选择既要贴近幼儿的生活，又要有助于增加幼儿的经验和拓宽幼儿的视野。本次活动以石头为绘画材料，将自然资源引入幼儿园课程中，体现了课程的生活化。通过绘制石头画，使幼儿们更加了解自然，并从自然中发现美、创造美。

幼儿园大班是小朋友们创造思维形成的黄金时期，制作幼儿们感兴趣的石头画，可以增强幼儿们的创造思维、创造意识、创造精神及创造能力。

★活动目标：

1. 尝试在石头上设计自己喜欢的图案，并大胆用色。
2. 体验在石头上作画带来的乐趣。
3. 培养幼儿发现美、探索美的能力。

★活动准备：

石林风景图片、石头房图片、石头作品、涂好底色的鹅卵石、水彩笔和湿纸巾等。

★活动过程：

一、猜谜游戏，引起幼儿兴趣

教师：“今天老师准备了一个好玩的游戏，它的名字叫‘猜一猜’，你们想不想玩呀？”

教师：“请小朋友们猜一猜这是什么东西发出的声音？”（教师轻轻敲击石头）

教师：“原来，刚才的声音是石头发出来的。”

二、图片导入，初步了解石头的作用

教师请小朋友们欣赏有关石头的图片。

教师：“许多大的石头聚在一起，就形成了石林风景名胜，吸引大量的游客来观赏。此外，小一点的石头可以盖牢固又漂亮的石头房，也可以铺成小路。请问小朋友们，鹅卵石可以做什么呢？”

三、石头变魔法

教师：“今天石头宝宝要变魔法了，你们想不想看？”

教师：“小朋友们见过花吗？在哪里见过呢？你们见过的花都是什么样子的呢？”

教师出示不同花的图片。

教师："那你们看看这是什么呀？它是用什么制作的？"

教师："原来这就是石头宝宝变的魔术呀，你们喜欢吗？今天我们就一起来变一变吧！"

教师示范石头画的制作方法。

首先，拿起一块石头，想一想自己要把它变成什么样子的花。然后，用黑色的笔绘制花的图案，并尝试运用不同的线条装饰花瓣。最后，用彩色的笔涂上漂亮的颜色。

教师："你们看，老师的花变好啦，好看吗？"教师："你们想不想自己试一试呢？"

四、引导幼儿看一看、想一想、说一说

教师："每个小朋友面前都有一块石头，请大家看一看、想一想它的形状像什么，可以变成什么花？"

教师："请小朋友们和同伴说说你的石头可以变成什么花？怎么变？"

五、教师宣布活动要求

1. 用黑色笔在石头上先画出花瓣的图案和线条，然后用彩色笔涂色。

2. 保持石头画面干净。

3. 小手脏了用湿纸巾擦一擦。

六、幼儿制作，教师指导

幼儿开始制作石头画，教师进行辅导，引导个别幼儿进行石头画创作，并鼓励他们大胆想象，体验独立创作的快乐。

教师提示幼儿注意色彩搭配的协调性和画面的整洁度。

七、石头画展览

展示幼儿创作的作品，并让小画家和大家说一说，他画的是什么、制作方法是什么，引导幼儿互相欣赏。

三、石头类玩教具作品展示与欣赏

图 6-3-15

图 6-3-16

图 6-3-17

图 6-3-18

图 6-3-19

图 6-3-20

图 6-3-21

图 6-3-22

图 6-3-23

图 6-3-24

拓展阅读

自然材料类玩教具的价值

1. 收集生活中的自然材料。孩子认识周围事物大多依靠直接感知，只有让幼儿直接参与收集，才能激发他们创作的灵感。大自然中的树叶、树枝、石块等等，这些随手可得的材料令孩子们既熟悉又新奇，它们贴近幼儿的生活，易于唤起幼儿的创作热情与创作欲望。鼓励幼儿和家长通过不同途径来收集废旧自然材料，让孩子成为自然材料收集的主角。

2. 手脑并用，变废为宝。美术创意活动中让幼儿在自然材料上做做、玩玩、剪剪、画画、贴贴，使他们受到启发，充分表现自己的聪明才智和创造才能。对于孩子们自己收集来的材料，他们会展开丰富的想象，大胆进行造型或装饰，使孩子们的创造欲望得到满足。

3. 让孩子自主学习，大胆地创造。陶行知先生说过："要让孩子在玩中学、学中玩。"幼儿美术创意活动的材料将"美术"与"自然材料"巧妙地结合在一起，让孩子们玩着学、学着玩，从中感受美、体验美、创造美。

本章小结

自然界中存在大量的、天然的、丰富的、未经加工的物质资源，如形态各异的树叶、色彩鲜艳的果蔬和造型奇特的石头等，通过粘贴、编制、捆绑和绘画等方式可以将这些物质制作成不同的玩教具。制作过程中既能增加幼儿接触大自然的机会，又能有效地激发幼儿的自主探索能力，并增强幼儿的空间想象力和审美能力。本章主要介绍和运用自然材料进行玩教具制作，主要包括自然材料类玩教具设计与制作，蛋壳、干果壳类玩教具的设计与制作，石头类玩教具的设计与制作。并针对重难点内容给出了科学，详细的讲解和实用的操作案例。以上各种材料，都具有自然、环保的特点，在创作的方法上也有一个共性——都是在材料原形上进行二次创作。

思考与实训

1. 学习用果蔬制作不同形状的"印章"。
2. 收集树叶并制作两幅具有创意的树叶贴画。
3. 利用自然材料设计一个幼儿园教育活动。

专题探讨

在幼儿园教育工作中，培养幼儿的动手能力和创造力是必不可少的。因此，教育过程中使用自然材料是一种很好的选择，对于培养幼儿的探索精神也起着极大的推动作用。其材料质地自然、无毒，并且便于利用更容易引发幼儿的联想与创造。

自然材料玩教具制作和教学运用的过程，不仅激发了幼儿的思考能力，也实现了寓教于乐的功效。在动手制作前，幼儿根据材料原形进行大胆的想象与设计，有助于发展创造性思维；在制作过程中运用的方法主要是拼、贴、画等，这些都能够很好地促进幼儿精细动作发展；自然材料类玩教具作品形象生动，当幼儿完成作品时能获得成功的喜悦，并激发和强化幼儿对自然界和日常生活中材料的探索热情。

第七章

民间工艺类玩教具设计与制作

学习目标

- 能够了解民间工艺类玩教具的分类及艺术特色。
- 能够掌握常见民间工艺类玩教具的基本制作技法。
- 通过结合民间艺术资源，能够加深对民间工艺的理解和认识，提高综合设计能力以及手工制作能力。
- 能够感受中国民间工艺的独特魅力，体会民间工艺蕴含的艺术价值，提升民族自豪感。

学习重难点

- 重点：掌握常见民间工艺类玩教具的基本制作技法和步骤。
- 难点：运用民间工艺方法进行主题式玩教具制作与环境创设。

第一节 印染类玩教具的设计与制作

一、印染类玩教具概述

印染又称之为染整，是一种加工方式，也是前处理、染色、印花、后整理、洗水等的总称；早在六七千年前的新石器时代，我们的祖先就能够用赤铁矿粉末将麻布染成红色。居住在青海柴达木盆地诺木洪地区的原始部落，能把毛线染成黄、红、褐、蓝等颜色，织出带有色彩条纹的毛布。商周时期，染色技术不断提高。宫廷手工作坊中设有专职的官吏“染人”来“掌染草”，管理染色生产，染出的颜色也不断增加。到汉代，染色技术达到了相当高的水平。

世界上许多国家都有印染工艺的历史记载，中国的印染工艺经历了数千年，生生不息，它以浓郁的民族特色和精湛的技术独树一帜，深受中外人们的喜爱。在染整实践中人们逐渐发明了扎染、夹染、蜡染、手绘等制作工艺。对于现代工业化环境中的人们来说，这种古老的染色手工印染制品含有一种民族化的元素，成为复古文化风的一个组成部分，吸引着人们的视线。

扎染古称扎缬、绞缬是汉族民间传统而独特的染色工艺，是将织物在染色时部分结扎起来使之不能着色的一种染色方法，是中国传统的手工染色技术之一。古代常见的扎染印花纺织品有绞缬、蜡缬和夹缬等种类。扎染工艺分为扎结和染色两部分。（如图 7-1-1）

染纸是汲取民间印染工艺而形成的一种折纸和染纸相结合的纸工制作形式。折叠染制后形成艳丽、对称且相互渗化的像万花筒那样绚丽多彩的图案效果。（如图 7-1-2）

图 7-1-1

图 7-1-2

二、扎染玩教具造型

（一）扎染的工具

染织物：主要有棉布、丝绸以及毛、麻等天然织物。较薄的织物易于染色，染出的图案较细腻、清晰。

针和线：针用普通的缝衣针即可。线是捆绑织物的防染材料，所以要求结实、不易拉断，可以是棉纱线、涤纶线、橡皮筋等。（如图 7–1–3）

染料：主要是直接染料，既方便又经济。

染色用具：染锅、加热炉、搅拌棍、水桶、胶手套、剪刀、固色剂、尖嘴瓶等。

图 7–1–3

（二）扎染的方法步骤

制作扎染一般需三个步骤：染前处理，捆扎染色，染后处理。

（1）染前处理：为保证扎染制作过程中染色均匀，需对织物进行染前处理。因为织物上常带有浆料、助剂及一定成分的天然杂质。染前处理有以下几种方法：

退浆：目的是除去浆料，可用碱液、氧化剂或淀粉酶等药剂加水沸煮，使布料退浆。

精炼：目的是除去纤维上的天然杂质及残留浆料，用烧碱加水沸煮。

漂白：用于除去色素及残留杂质，常用次氯酸钠或氧化氢加水沸煮。另外，丝绸的染前处理是用皂液加碳酸钠加水沸煮精炼。

熨平待用：用电熨斗将漂洗过的布熨平以备描绘图案及捆扎用。

（2）捆扎染色：将已设计好的图案纹样用画粉在布上做记号或用绘稿液描上，然后捆扎或缝结布料。完成后浸入水中湿透，取出稍晾，待不滴水后放入已备好的染液中，或浸染或煮染一定时间，然后用清水冲洗、晾干。（如图 7–1–4 至图 7–1–7）

图 7-1-4

图 7-1-5

图 7-1-6

图 7-1-7

（3）染后处理：晾干后，解开捆扎处，用清水清洗两次，洗去浮色，然后晾干，最后用熨斗烫平，完成。

（三）造型方法

1. 捆扎法

捆扎法是将织物按照预先的设想，或揪起一点，或顺成长条，或做各种折叠处理后，用棉线或麻绳捆扎。

（1）圆形扎法：将织物揪起一点，用线绳扎紧，可扎成同样大小的花纹，也可由小到大排列。这是一种简单的方法，可制作窗帘或裙料。（如图 7-1-8）

（2）折叠扎法：是扎染中应用最广泛的技法，对折后的织物捆扎染色后成为对称的单独图案纹样；一反一正多次折叠后可制成二方连续图案纹样。（如图 7-1-9）

图 7-1-8

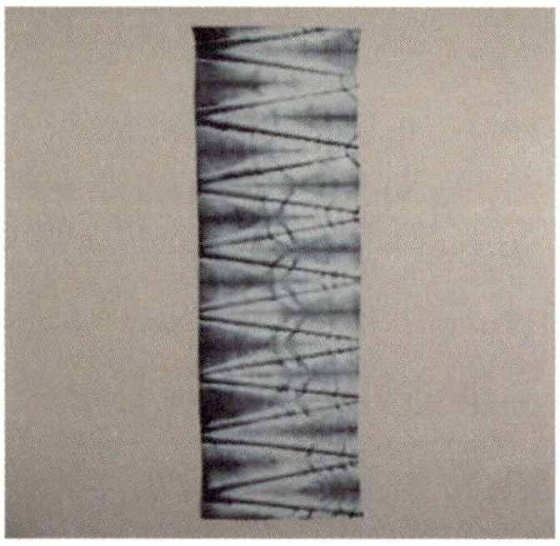
图 7-1-9

2. 打结法、夹扎法

（1）打结法：打结扎法是将织物做对角、折叠等不同方式折曲后，自身打结抽紧，阻断染液渗入。打结的方式有：四角打结、斜角打结、任意部位打结等。（如图 7-1-10）

（2）夹扎法：夹扎法是利用圆形、三角形、六边形木板或竹片、竹夹、竹棍将折叠后的织物夹住，然后用绳子捆紧形成防染，夹板之间的织物产生硬直的“冰纹”效果。与折叠扎法相比，黑白效果更分明，且有丰富的色晕。（如图 7-1-11）

图 7-1-10

图 7-1-11

（3）折线夹扎法

折线夹扎法：用屏风式折叠法折叠织物，用条状木板斜夹捆扎木板两头，可做成连续图案。

3. 卷扎法

卷扎法：准备粗笔杆、筷子、不锈钢管等光滑圆棍，将织物卷在圆棍上，注意不要太厚。然后将织物用力向中间挤压，用线扎紧，可染出漂亮的微波纹。（如图 7-1-12）

4. 综合扎法

综合扎法：将捆扎法、打结法、缝绞及夹板等多种技巧综合应用，不同的组合可得到丰富多彩的效果。（如图 7-1-13、图 7-1-14）

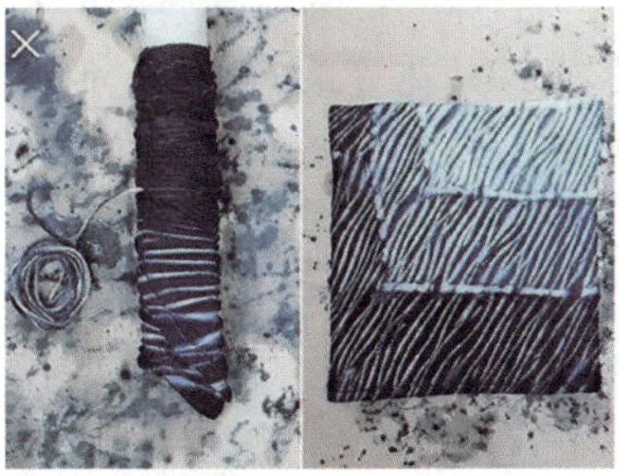

图 7-1-12

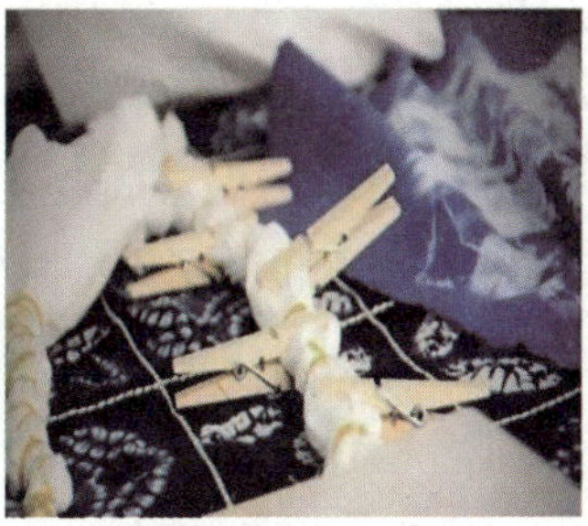

图 7-1-13

图 7-1-14

（四）扎染的分类

1. 大理白族扎染

大理白族扎染采用民间图案，通过对传统的扎染工艺进一步渲染和艺术加工，使之成为艺术化、抽象化和实用化融为一体的工艺品。其工艺由手工针缝扎，用植物染料反复染制而成，产品不仅色彩鲜艳、永不褪色，而且对皮肤有消炎保健作用，克服了现代化学染料有害人体健康的副作用。大理白族扎染的传统染料以板蓝根、蓝靛为主，与化学染料相比，其色泽自然，褪色较慢，不伤布料，经久耐用，穿着比较舒适，不会对人体皮肤产生不良刺激。据说，像板蓝根一类的染料同时还带有一定的消炎清凉作用，对人的健康有益。在回归自然、提倡保健的今天，白族扎染布被广泛用来制作衣裤、被子、枕巾、桌布等与人体肌肤相亲的用品，得到人们的青睐。白族扎染朴素自然，蓝底上的白花清清雅雅、毫不张扬，符合人的情致，贴近人的生活，充满人性色彩，折射出白族人民勤劳、质朴、纯洁、诚实、善良、乐观、开朗、热情好客等美好品格和情趣。白族扎染在人们心目中已成为特殊的文化象征。（如图 7-1-15、图 7-1-16）

图 7-1-15

图 7-1-16

图 7-1-17

2. 彝族扎染

大理巍山彝族扎染采用天然植物染料，发挥传统民间扎花工艺特色，做工精致、染色精美、图案新颖多变，具有古朴、典雅、自然、大方的特点，既有较高明的艺术欣赏价值，又有较强的实用性。彝族扎染有蓝染、彩染、贴花等系列产品。制成品有台布、壁挂、门帘、衣服、裙、帽、包、地毯及各种面料。人们可用各种图案花布来制作衣裙、围腰、被面、床单、门窗、窗帘、桌椅帽等。用扎染制作的衣裙、床单、门窗、窗帘穿在身上、挂在室内，别有一番古朴、典雅的风味。（如图 7-1-17）

3. 现代扎染

现代扎染是针对传统扎染、蜡染和蓝印花布这三种传统染色工艺提出的一个全新概念：即在各种纺织面料和成衣上运用现代防染科学技术和各种特殊工艺手法，创造出区别于传统“三染”、工业印染审美特征的具有现代审美意义的平面、立体或单色和多色交融的新图形的可产业化的艺术实践活动。

那么，在信息化、数字化快速发展、数字技术已经广泛地应用到各个领域，“数码思维”和“数码行为”成为我们正常“生活方式”的今天，数字化处理技术产生的数码艺术也必然能为现代扎染艺术借鉴，并成为当代设计师创造现代扎染新图形的重要工具和主要设计语言。（如图 7-1-18、图 7-1-19）

图 7-1-18

图 7-1-19

三、染纸玩教具造型的操作与实践

（一）染纸的工具

染纸工具材料比较简单，主要有宣纸、水性染料、毛笔、调色盘和水罐等。

纸：宜选用吸水性强且有韧性的生宣纸为佳。

透明水：要选用颜色鲜艳、渗透性强的透明水，它与生宣纸接触，能快速扩散，相互渗化出现晕染的效果。

笔：用毛笔来点染颜色和画线描边。

调色盘：一般选用有较深的调色盘以免外溢。

其他工具：水罐、抹布、托衬纸板等。

（二）制作染纸的方法步骤

染纸技巧主要体现在折叠方法、符号运用及色彩对比上。受蘸色时色彩扩散速度、倾斜角度和色彩间的相互渗化等因素影响，画面效果存在着一定的偶然性，了解和掌握染纸技巧能主观地掌控画面效果。

（1）构思：染纸作品可以表现色彩的冷暖、明暗及面积的大小等对比，形成丰富的色彩关系。浸色之前初步地设计色彩和图案样式，预想画面效果，根据需要量挤出拟用的颜色。

（2）折叠：染纸作品有一种自然天成的画面效果，通过折叠使作品出现万花筒一样或对称、或连续且色彩千变万化的图案，结合折纸的方法进行对边折、中心发散折、斜线折等，为染色做好准备。

（3）染制：染制的方法主要有浸染、涂染和点染。浸染主要指将折叠好的宣纸一角浸在透明水中，借助宣纸很强的吸水性，颜色会立即渗入层叠的纸上，根据需要把握印染的面积逐一调换各个角，来完成画面。涂染是指借助毛笔蘸色涂在折叠后的棱线上，渗透到各层实现染色的办法。点染是指在距离折角和棱线较远，不易浸透到颜色的地方，借助毛笔滴色或对着需要染色的部分直接用颜色瓶倒立滴色的办法。

（4）揭离：即使是棉性强一些的宣纸，浸湿后也比较软，容易撕坏。需要从一角小心掀揭，打开纸张，注意不要相互搭接以免颜色间再次混染。仔细观察画面的效果，如果对颜色或图案不满意，可以趁湿再次折叠，局部地进行补充修整，使画面更加完整，达到理想的画面效果。

（5）晾晒保存：将染制好的画面贴在玻璃窗上，自然晾晒后，衬纸可以独立保存或进一步加工。不是所有的染纸作品都是完美无缺的，画面的偶然性增加了染纸活动的神秘感和乐趣。

（三）染纸的折叠方法

（1）田字折。（如图 7-1-20）

（2）米字折。（如图 7-1-21）

（3）辐射折。（如图 7-1-22）

图 7-1-20

图 7-1-21

图 7-1-22

（四）染纸的分类

（1）折、染结合：折纸折叠后直接进行染制，形成以点、线、面为主或它们之间相互结合的画面。面积较大的面为了避免单调可以叠加色彩，适当地留白也会呈现出强烈的光感和透气感。（如图 7-1-23、图 7-1-24、图 7-1-25）

图 7-1-23

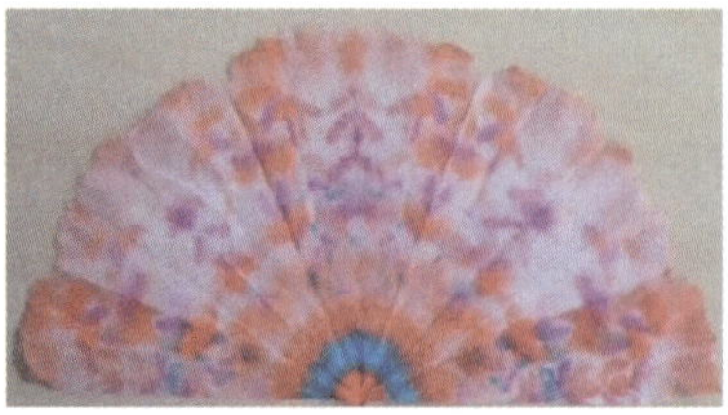

图 7-1-24

图 7-1-25

（2）折、剪与染结合：是将中心折纸、团花剪纸与染纸结合起来制作的办法。一般是先折、再剪、最后染，也可以利用染好的纸进行折叠、剪切，相对折染而言，画面边角较多、掀揭时需要更加耐心和细心。（如图 7-1-26）

图 7-1-26

案例分享

中班美术教案——扎染纸巾

★活动目标：

1. 尝试自己设计图稿，选择材料扎染纸巾。

2. 能大胆操作，并积极向同伴展示和介绍自己的扎染作品和经验。

3. 通过欣赏，进一步感受图案与扎染方法之间的关系，对扎染产生兴趣。

★活动准备：

1. 幼儿已有用皮筋、玩具等工具和材料进行扎染的经验。

2. 不同方法制作的扎染作品若干和相对应的方法图谱。

3. 扎染材料：白色纸巾、剪刀、各色食用染料、玩具、牛皮筋、塑料抽拉带、细铜丝等。

4. 师幼共同设计的图稿和据此扎染的纸巾一块。

★活动过程：

1. 欣赏用不同方法扎染的纸巾，迁移已有经验，进一步了解与其对应的扎法。

（1）师：今天老师带来了几块扎染纸巾，你最喜欢哪块？为什么？

幼：我最喜欢这块纸巾，它的颜色像块绿草地。

幼：我最喜欢这块纸巾，它的花纹像鸡蛋，是椭圆形的。

幼：我喜欢这块纸巾，它的花纹像大海的波浪。

幼：我喜欢这块纸巾，因为它的花纹像火车道。

师：像火车道的花纹在哪里呢？

幼：在纸巾的角上。

（2）师：你知道这些好看的花纹是用什么方法扎出来的吗？

幼：像大海波浪一样的花纹是把纸巾对边折，再扎皮筋做出来的。

幼：圆形花纹是用包珠子的方法扎出来的。

幼：斜形花纹是把纸巾对角折，再扎皮筋做出来的。

幼：像火车轨道一样的花纹是在四个角上扎皮筋做出来的。

（教师根据幼儿交流情况在纸巾的下方出示相应的方法图谱。）

2. 回忆经验，明确设计图稿与作品的关系，产生设计、扎染纸巾的愿望。

（1）出示设计图稿，引导幼儿观察设计的花纹，猜测扎法。

师：昨天，我们一起设计了一张纸巾的图稿，看一看，上面都有哪些花纹？

幼：纸巾中间有一条斜线，斜线两边都有一个圆形，两个角上还有弧形的、像太阳一样的花纹。

师：怎样才能在纸巾上出现这些花纹呢？

幼：先把纸巾对角折，然后扎上皮筋，就会出现中间的斜线了。

幼：在纸巾两边用包珠子的方法扎。

幼：在两个角上直接扎上皮筋。

（2）出示扎染好的纸巾，引导幼儿比较。

师：这是我们扎染出来的纸巾，看看和设计图一样吗？

幼：有点不一样，我们设计的两个圆一样大，可是这两个圆一个大、一个小。

师：想一想，这两个圆怎么会一个大一个小的呢？怎样才能让扎染出来的两个圆一样大呢？

幼：可能它里面包的珠子一个大一个小，只要选两个一样大的珠子就行了。

3. 设计、扎染。

（1）共同讨论制作要求。

师：今天我们来做小小设计师，自己设计图稿，扎染一块漂亮的纸巾。大家先要想好在纸巾的什么地方染出什么样的花纹，然后把它画下来，再根据图稿上的花纹选择合适的材料扎、染。

（2）设计图稿并制作。

教师观察并指导幼儿设计图稿根据图稿选择合适的方法及材料进行制作。

（3）染色。

教师帮助幼儿拧干纸巾，并到水池里冲洗多余的染料。

4. 欣赏作品。

（1）展示设计图稿及扎染的纸巾，自由欣赏。

（2）将纸巾与设计图稿进行对比，分析成功的地方。

师：你们都按照自己设计的图稿扎出来了吗？是怎么扎的？

幼：我先在纸巾中间包了一个珠子，再把四个角一起扎起来。

幼：我设计了好多条线。我先把纸巾对边折然后扎皮筋，发现线条不多，就把纸巾再对折然后扎皮筋，扎一根皮筋就会出现两条线，这样就很快了。

师：看看我们扎染的纸巾和设计图稿一样吗？

幼：我发现这块纸巾和设计图稿不太一样，圆有点扁了。

幼：我发现这块纸巾的设计图稿上的线是直的，可是扎出来的线是歪歪扭扭的。

（教师引导幼儿共同分析原因，使幼儿知道在扎染纸巾时要看清楚设计图稿上花纹的位置，并把纸巾折叠平整。）

（3）产生继续探索使用多种材料进行扎染的兴趣。

师：今天我们用皮筋和一些玩具设计、扎染了漂亮的纸巾。老师还带了一样东西，你们看看是什么？

幼：是根小竹棒。

师：小竹棒也能帮助我们扎染出漂亮的花纹呢，以后我们一起来试试好吗？

★活动反思：

活动中，教师在幼儿了解扎染方法及效果图基础上，引导幼儿尝试设计图稿，有计划地选择材料进行扎染，注重培养幼儿在扎染活动中的有意性和计划性。为了帮助幼儿解决按照图稿选择材料、在相应位置匹配扎染方法的困难，在活动开始部分，教师有目的地选择了几块纸巾引导幼儿欣赏、匹配扎染方法；然后过渡到让幼儿根据设计图稿讨论在纸巾的什么位置运用什么方法来扎染，进一步明确图稿与作品的关系；最后，教师让幼儿自己进行设计与扎染，并体验成功的快乐。

在材料方面，教师不仅提供了皮筋、各种珠子及小玩具等，还提供了封口带、细铜丝等一些用于扎线的替代物，以便幼儿根据需要选择使用。

虽然个别幼儿在设计图稿与扎染方法的匹配方面还有些懵懂，但在实践中有了新的感悟与认识，如设计的“线条”图案就是扎一根皮筋所出现的图案等。在扎的过程中，细微的变化都能带来意想不到的效果，孩子们真正感受到了扎染的魅力。他们在拆开皮筋、展示作品时都能主动地和图稿对比，体验到了设计、制作的快乐。

《扎染纸巾》，这节课是让幼儿通过自己动手操作，感受颜色的魅力，也让幼儿在活动中体验到快乐。

四、印染类玩教具作品展示与欣赏

图 7-1-27

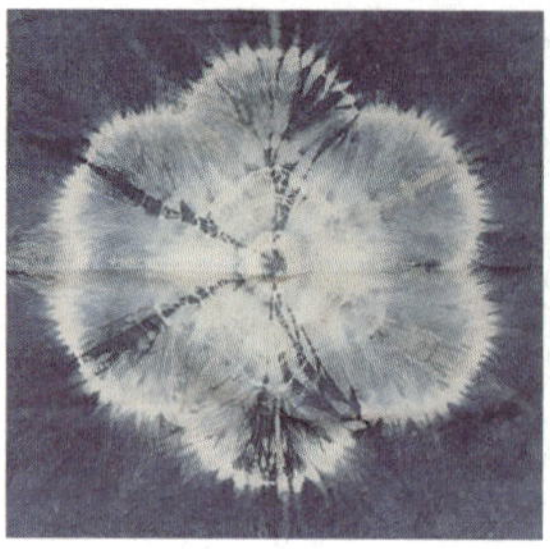

图 7-1-28

图 7-1-29

图 7-1-30

图 7-1-31

图 7-1-32

图 7-1-33

图 7-1-34

拓展阅读

“蓝与白”之美，大理白族扎染的文化与传承

大理扎染，是对大理地区扎染的统称。其中还有白族扎染与彝族扎染的区分。

大理白族扎染与大理彝族扎染采用的是相同的工序，相同的材料与制作手法，只在于花纹与图案的不同。一些图案是白族特有，一些图案又是彝族特有，不仔细区分其实差别不大。

扎染最早始于战国末期，秦国首创。扎染技术至今，已有两千两百多年历史。各地扎染技术手法不同，所采用的原料也有所区别。

唐朝之时南诏国崛起，扎染技艺随着大唐平定南诏的军队进入云南，然后在这片土地上扎根。但扎染技艺在中原的发展并不好，虽说在唐朝盛极一时，到了宋朝时开始没落。在其后的岁月里，中原大地上新的染织技术代替了扎染技术。不过在偏远的云贵高原，扎染的技艺却一代代传承了下来。

资料显示，明清时的大理扎染已经有了较高的工艺水平。明代时大理有大量的马帮，他们建立了一条南方丝绸之路，将中原的茶叶与丝绸卖往中东。大理的扎染布也随着这条“茶马古道”得以行销中外，韩国、日本、中东地区的国家都是大理扎染布的主要市场。

大理扎染也被称为杂花布，杂花布是一种“防染”染织技术。如此说可能会让人摸不着头脑，所谓的“防染”就是将布的一些地方做保护措施，在染色的时候受保护区域不会被浸染，等染色完成再将受保护区域打开，这些受到保护的区域就会形成留白。留白区域就构成了扎染之后布面上的各色图案，这就是“防染”染色技术。

大理扎染采用的是苍山天然板蓝根，在色泽之上浑然天成，色彩多以深蓝为主，也有米黄或者多色渲染的扎染。无论是哪种颜色，大理扎染都有一个共同特点，那就是图案别具一格、染料纯天然，色彩搭配赏心悦目。而且大理扎染时用的原料纯天然，其中所用的板蓝根、黄芩、五倍子、大黄皆有药用价值，所以扎染布料对人体完全无害，反而在长期的使用中能够起到布料杀菌、皮肤消炎、预防一些皮肤疾病的效果。遵循古法的扎染工艺，完全天然的染色原料，独具民族特色，这些都是大理扎染的独特之处。

对于没有接触过大理扎染的人来说，遇见大理扎染的第一眼就像看到一幅美丽的画卷，任何一次初见都让人喜欢。因为大理扎染就是有这样的魅力，在一块布上凝聚的是大理白族(彝族)文化。不管是在图案构造与颜色搭配上，大理扎染永远都能够给人一种耳目一新的感觉。

第二节 青花纹样玩教具的设计与制作

一、青花纹样玩教具概述

传统青花纹样作为一种符号，表达一种观念，承载着大量的情感元素，在共同的文化背景下，对于青花纹样在装潢设计中的运用有着普遍的、趋于同性的理解和共识，能引发受众的联想，触动受众的情感，不仅能给受众带来巨大的审美愉悦，还因为其内在的文化价值带给受众强烈的归属感和感召力，可以满足人们的情感心理需求。

将青花纹样融入幼儿园活动里，通过教具的制作与环境创设营造出一种浓厚的艺术氛围。让幼儿感受青花纹样的简约之美，并激发幼儿对传统民间艺术的热爱之情。有意识地引导幼儿了解青花瓷的制作过程及历史特点，通过对青花纹样的不同图案的欣赏可以提高幼儿的审美，充分发挥传统文化的教育作用。

二、青花纹样玩教具造型的操作与实践

（一）学习基本图案

青花纹样分为单独青花装饰图案和连续青花装饰图案。单独青花装饰图案结构上比较自由、没有轮廓限制。连续青花装饰图案是按照一定的格式，把单独图纹按左右或上下有规律地进行排列，使图案具有连续性。

常见青花纹样有：

（1）回纹：古代青花瓷装饰的传统纹样。因其线条形式如“回”字一样整齐排列而得名。回纹给人以回环往复和方正、庄重、连绵之感，多用于器物内外口边沿或下足部。（如图 7-2-1、图 7-2-2）

（2）忍冬纹：忍冬纹为古代青花边饰的常用图案。所绘枝蔓花叶按一定规律弯曲缠绕，有绵长不断之意。绵长的连续曲线流畅而有节奏，形成旋律线，产生优美的韵律感。（如图 7-2-3、图 7-2-4）

（3）缠枝花纹：由忍冬纹发展而来，绘以活泼多变、错落有致的缭绕藤蔓和饱

满丰茂的各式花朵。变形枝蔓常常连接缠绕着菊花、莲花、牡丹等花卉，图案分别称为缠枝菊、缠枝莲、缠枝牡丹等。（如图 7-2-5、图 7-2-6）

（4）蕉叶纹：以芭蕉叶的上仰或下垂的方式整齐排列形成的纹饰，有单叶排列，也有双层复叶排列。蕉叶纹是元明清青花瓷大器上，颈肩部或近足部的常用纹饰。（如图 7-2-7、图 7-2-8）

（5）莲瓣纹：以莲花瓣为单位，整齐排列形成的纹饰。有仰莲、覆莲、变形莲之分。元、明青花器肩、足部的常用辅助边饰。其莲瓣内多绘以其他简单图形，如花卉、杂宝、葫芦、圆圈等。其中元代莲瓣多自成单元，瓣间留有空白；明代莲瓣间互借边线，不留空当。（如图 7-2-9、图 7-2-10）

（6）云头纹：云纹的一种，形似如意故又称为如意云头。多为瓶罐大器肩部的装饰图。云头下垂上仰，一实一虚，内部绘上海水、莲花、牡丹、花鸟、瓜果、动物等，以丰富其装饰效果。（如图 7-2-11、图 7-2-12 ）

图 7-2-1

图 7-2-2

图 7-2-3

图 7-2-4

图 7-2-5

图 7-2-6

图 7-2-7

图 7-2-8

图 7-2-9

图 7-2-10

图 7-2-11

图 7-2-12

（7）锦地纹：仿照锦缎织成的花纹，显得华贵而富丽。在青花瓷上有时作为衬托主纹饰的底纹出现，起到“锦上添花”的艺术效果。（如图 7–2–13、图 7–2–14）

（8）龟背纹：以六边形的基本图案组合而成，形成乌龟背部的几何图案，有长寿吉祥之意。（如图 7–2–15、图 7–2–16）

（9）金钱纹：以圆圈为基本图形、四方连续交叠组合而成为带方孔的圆形钱币形状，寓意为富贵进财之意。（如图 7–2–17、图 7–2–18）

（10）海水纹：以波涛起伏的形状绘制而成，生动而有韵律感。常起到底纹作用，以衬托主纹饰中的花卉、鱼龙、神兽等主纹饰。（如图 7–2–19、图 7–2–20）

（11）八宝纹：又称为八吉祥。以佛教常供奉的八件宝物作为装饰，寓意吉祥如意。（如图 7–2–21、图 7–2–22）

（12）暗八仙纹：以道教八位仙人手持之物作为标志而形成的图案。有汉钟离手持的芭蕉扇，吕洞宾身背的宝剑，铁拐李的宝葫芦，曹国舅的阴阳板，蓝采和提的花篮，张果老拿的渔鼓，韩湘子吹的竹笛，何仙姑持的荷花等，让人一见这些纹饰，便可想见其主人，故称作：“暗八仙”。（如图 7–2–23、图 7–2–24）

图 7–2–13

图 7–2–14

图 7–2–15

图 7–2–16

图 7–2–17

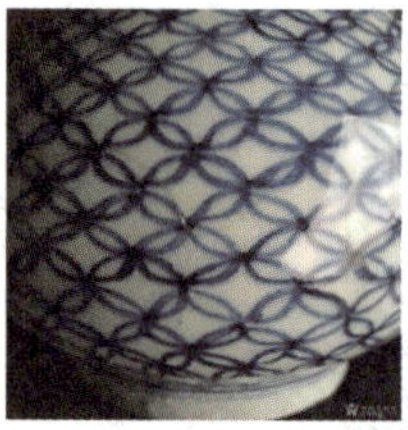
图 7–2–18

图 7–2–19

图 7–2–20

图 7–2–21

图 7–2–22

图 7–2–23

图 7–2–24

（13）太极图纹：太极图为古代阴阳太极的纹饰，是古人观察日月星辰形成的意象。青花上的太极图在圆外常绘以八卦、火焰、弦弧纹等。形式多样，体现了古人对太极的不同认识。青花瓷上的太极图是表示“驱凶避邪”的吉祥图符，为中国道教的标志物。（如图 7-2-25）

（14）云纹：用云朵组成的装饰图案。有吉祥如意、青云直上、步步高升的寓意。可单独用作装饰，也可用于衬托龙、凤、飞鸟、蝙蝠之类。（如图 7-2-26、图 7-2-27）

图 7-2-25

图 7-2-26

图 7-2-27

较为适合幼儿绘画的青花纹样：（如图 7-2-28 至图 7-2-36）

图 7-2-28

图 7-2-29

图 7-2-30

图 7-2-31

图 7-2-32

图 7-2-33

图 7-2-34

图 7-2-35

图 7-2-36

（二）手绘青花瓶

学习目标：掌握绘画花瓶的基本方法。

材料准备：纸、彩笔。

制作步骤：

（1）准备一张白纸和黑笔，先在纸上画出花瓶的颈口部分。（如图 7-2-37）

（2）接着画出瓶子的轮廓。（如图 7-2-38）

（3）接着画出瓶子的底部。（如图 7-2-39）

（4）接着画出瓶口的部分和花纹。（如图 7–2–40）

（5）画出瓶身的花纹。（如图 7–2–41）

（6）最后再用蓝色的笔涂上颜色，就完成了。（如图 7–2–42）

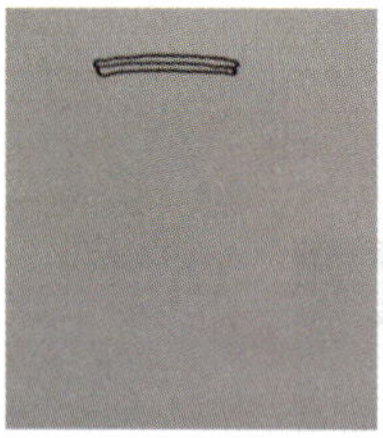

图 7–2–37

图 7–2–38

图 7–2–39

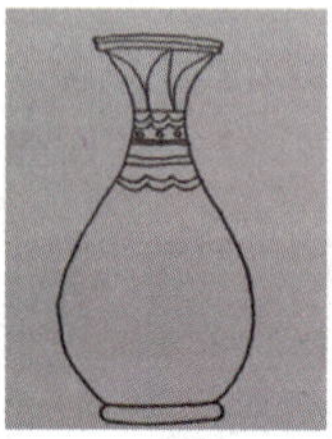

图 7–2–40

图 7–2–41

图 7–2–42

【学生作品展示】（如图 7–2–43 至图 7–2–45）

图 7–2–43

图 7–2–44

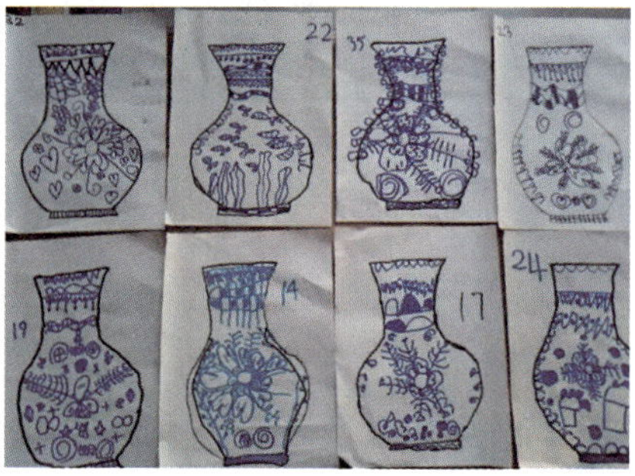

图 7–2–45

案例分享

幼儿大班美术活动——青花瓷

★活动目标：

1. 知道青花瓷是中国著名的瓷器，并了解青花瓷的花纹和图案的装饰特点。

2. 尝试大胆地运用不同材料和不同方法装饰、制作青花瓷。

3. 感受青花瓷独特的色彩美和纹样美。

★教学重点：运用不同材料和不同方法装饰、制作青花瓷。

★教学难点：通过运用云纹、卷草、回纹等花纹表现青花瓷特征。

★活动准备：

经验准备包括幼儿和家长共同了解青花瓷的知识，幼儿有画线条画的基础。

物质准备包括青花瓷挂图、背景音乐、蓝色勾线笔、幼儿提前刷好底色的瓶子、气球、纸盘、蓝色彩纸、水粉等。

★活动过程：

一、欣赏青花瓷挂图，观察青花瓷的装饰纹样特点

欣赏中国瓷器照片后，引导幼儿发现青花瓷与其他瓷器有什么不同。

教师：小朋友，请仔细看一看这些瓷器有什么特别的地方？

幼儿交流后，教师小结：这些白底蓝花的图案称为青花，绘制在白瓷上就被称为青花瓷。青花瓷产生于唐代，是我国非常著名的瓷器。

二、幼儿运用不同材料、方法绘制青花瓷

1. 观察青花瓷的花纹及图案装饰特点。

2. 以绘制瓷盘和花瓶为例，引导幼儿学习绘制步骤，了解“青花花瓶”的绘制顺序与装饰要点。

3. 小结：青花瓷的花纹可以画云纹、卷草、莲瓣、古钱、海水、回纹、云朵、蕉叶等花纹，还可以画人物、动物或线条等。但是要注意将花纹或图案画得饱满和圆润一点，边上的花纹要排好队，有规律。

4. 幼儿自选材料分组创作，教师指导。

三、展示幼儿绘制的青花瓷，相互欣赏、分享与交流

1. 展示幼儿的作品，请个别幼儿上前介绍自己的作品。

2. 采用幼幼互评、教师点评等形式进行讲评。

★活动延伸：

1. 将活动材料投放到美工区，鼓励幼儿尝试不同的青花瓷创作方法。

2. 开展“青花瓷”展览，展示幼儿的作品后，利用作品布置活动室。

三、青花纹样类玩教具作品展示与欣赏

在幼儿园环境创设过程中，采用构图简洁，色彩素雅明快，造型、线条丰富的青花纹样进行装饰，能够给人一种淡雅的视觉美感，既丰富了幼儿的审美情趣，又扩宽了幼儿视野。（如图 7–2–46 至图 7–2–53）

图 7–2–46

图 7–2–47

图 7–2–48

图 7-2-49

图 7-2-50

图 7-2-51

图 7-2-52

图 7-2-53

第三节　不倒翁玩教具的设计与制作

一、不倒翁玩教具概述

不倒翁是一种古老的中国儿童玩具，最早记载于唐代。传统的不倒翁原是一种形状像人而在造型和重量上制成一经触动就摇摆然后恢复直立状态的玩具。现在的不倒翁借用了传统不倒翁的原理，但形象上更为丰富，是深受幼儿喜爱的一种玩具。

二、不倒翁玩教具造型的操作与实践

（一）蛋壳不倒翁

（1）将相当于蛋壳体积约 1/5 的石子放进蛋壳正底部，注意不要弄破蛋壳。

（2）将蜡油滴入蛋壳。完全覆盖石子，使石子和蛋壳黏在一起。

（3）注意调整石子的量和位置，直至蛋壳可以直立在桌面。

（4）用双面胶封住顶端的小口。

（5）用铅笔在蛋壳上画线稿。

（6）用丙烯颜料涂色，作品完成。（如图 7-3-1 至图 7-3-4）

图 7-3-1

图 7-3-2

图 7-3-3

图 7-3-4

（二）老虎不倒翁

（1）在纸上画出小老虎的雏形图，并剪下来。（如图 7-3-5、图 7-3-6）

（2）给可爱的小老虎粘贴上五官。（如图 7-3-7）

（3）将圆形红色卡纸对折，写上祝福语。（如图 7-3-8）

（4）再粘上提前制作好的老虎头就完成啦。（如图 7-3-9）

图 7-3-5

图 7-3-6

图 7-3-7

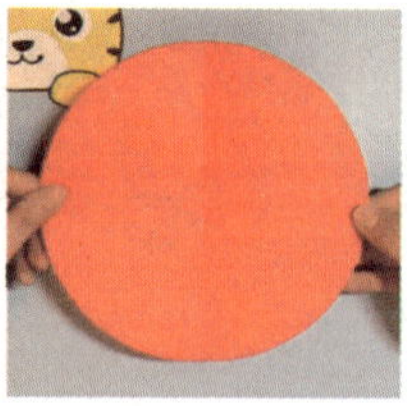
图 7-3-8

图 7-3-9

案例分享

幼儿园大班美工活动——《不倒翁》

★活动目标：

1. 发挥自己的创意尝试制作不倒翁，并运用各种材料进行装饰，体验制作、装饰活动的乐趣。

2. 通过幼儿自身的活动，感知“不倒玩具”的秘密，发现这些不倒玩具的底部都是半球体的。

3. 通过幼儿的动手操作，让幼儿了解“不倒翁”的原理。使幼儿认识到将不倒玩具中装入物体后，不倒玩具上轻下重就可以站住，但是一扳就倒，需要将重的物体固定在半球体的底部中央才能做成不倒玩具。

4. 在实践活动中培养幼儿观察比较，动手操作及发现问题、独立解决问题的能力。

★活动准备：

1. 空蛋壳人手一个、彩泥、固体胶、双面胶、剪刀、各种材料的装饰品若干。

2. PPT 课件。

★教学重难点：

引导幼儿发现底部是半球形的上轻下重的物体不易倒。只有在底部装进重的东西，并把它固定在中间，才能让玩具怎么扳也扳不倒。

在幼儿操作探索的过程中总结出不倒翁不倒的秘密。

★活动过程：

一、欣赏课件，激发对不倒翁的兴趣

1. 师：你们玩过不倒翁吗？它是怎样的？我们一起来学一学不倒翁的样子吧！

2. 幼儿模仿不倒翁摇摆。

3. 教师出示用空蛋壳制作不倒翁的范例，激发幼儿自己制作不倒翁的兴趣。

师：你喜欢哪个不倒翁，为什么？

二、讨论制作不倒翁的方法

1. 提问：谁知道不倒翁为什么会不倒？怎样做才能让它不倒呢？

2. 个别幼儿尝试，集体讨论成功或失败的原因，总结正确的制作方法。

3. 小结：尝试从蛋壳顶部放入橡皮泥，并轻轻地把它固定，不倒就说明成功了。

三、发挥自己的创意，尝试制作并运用各种材料进行装饰

1. 请幼儿先找到鸡蛋的平衡点再由少到多逐渐在鸡蛋壳里添加橡皮泥，使鸡蛋变得不倒。

2. 引导幼儿按自己的想法来创作不倒翁（每组准备一些不同材料的装饰物，幼儿可自己选择进行装饰）。教师可适当协助幼儿完成。

四、作品展示与交流

1. 讨论创作过程中有无遇到困难，如果有，请幼儿说说是如何克服的。

2. 幼儿展示作品时说说自己有特色的地方。

师：你的不倒翁跟别人有什么不一样，有什么特色？

3. 引导幼儿陈列作品，大家观摩作品，并给予鼓励。

师：你觉得谁的不倒翁最特别，为什么？

五、完成制作

小朋友一起玩一玩，体验乐趣和成就感。

六、结束部分

把幼儿制作好的蛋壳不倒翁展示出来，共同欣赏。

老师："大家都把准备丢掉的蛋壳制作成这么漂亮好玩的玩具，其实生活中有很多废品，稍微改变一下，就可以重新利用起来，只要细心观察、留意，生活处处可以变废为宝"。

★活动反思：

本次活动的目标是让幼儿积极探索发现不倒翁不倒的秘密。活动中，孩子们学会了提出问题、探索问题并尝试着解决问题，这样孩子们所获得的经验都是在自己的探索中得到的，在大脑中的印象自然也就比单由教师传授更加深刻。授人以鱼，不如授人以渔。

本次活动既有科学的探索，又有动手制作的环节，这比较符合幼儿的兴趣特点，是一种孩子们很喜欢的活动形式，因此进行得比较成功。然而在活动中我仍然发现了一些问题，如活动准备的材料不够多，一些能力强的幼儿还想到了很多创新的方法，可是却在材料上受到了限制。所以我没有给孩子

们提供更好的发挥空间。在以后的科学活动中我应该多准备一些材料，供幼儿更好地进行操作。

三、不倒翁玩教具作品展示与欣赏

图 7-3-10

图 7-3-11

图 7-3-12

图 7-3-13

图 7-3-14

图 7-3-15

图 7-3-16

图 7-3-17

图 7-3-18

图 7-3-19

图 7-3-20

图 7-3-21

图 7-3-22

图 7-3-23

图 7-3-24

图 7-3-25

图 7-3-26

图 7-3-27

第四节 风筝玩教具的设计与制作

一、风筝玩教具概述

风筝是在世界各国广泛开展的一项老幼皆宜、健康身心的群众性体育娱乐活动。我国是风筝历史最为古老悠久的国家之一，有着两千多年的历史。随着中国传统文化融入风筝这一工艺，尤其是习俗、节日等的融入，使风筝内容愈加丰富，最终形成或具有浓郁东方文化色彩的中国风筝文化。

风筝易于普及，它既能就地取材、简易制作，也可步步求精、精细制作，显示不同民族的精湛工艺水平和巧妙构思。所以自 20 世纪 80 年代以来，随着国际交流活动的日益频繁，风筝也逐渐成为国际友谊交往和文化体育交流受欢迎的媒介。近年来，由于放飞技术的发展，风筝日益成为竞技性很强的体育活动。

（一）风筝的寓意

在传统的中国风筝中，随处可见这种吉祥寓意："福寿双全""龙凤呈祥""百蝶闹春""鲤鱼跳龙门""麻姑献寿""百鸟朝凤""连年有鱼""四季平安"等，表现着人们对美好生活的向往和憧憬。吉祥图案运用人物、走兽、花鸟、器物等形象和一些吉祥文字，以民间谚语、吉语及神话故事为题材，通过借喻、比拟、双关、象征及谐音等表现手法，构成"一句吉语一图案"的美术形式，赋予求吉呈祥、消灾免难之意，寄托人们追求幸福、长寿、喜庆等愿望。它因物喻义、物吉图祥，将情景物融为一体，因而主题鲜明突出，构思巧妙，趣味盎然，富有独特的格调和浓烈的民族色彩。例如一对凤鸟迎着太阳比翼飞翔的图案，称为"双凤朝阳"，它以丰富的寓意、变化多姿的图案，体现了人们健康向上的进取精神和对美好幸福的追求。中国风筝吉祥图案内容丰富，大体有"求福""长寿""喜庆""吉祥"等类型，其中以求福类图案为多。

（1）求福：人们对幸福有共同的追求心理。蝙蝠因与"遍福""遍富"谐音，虽然它形象欠美，但是人们经过充分美化，把它作为象征"福"的吉祥图案。以蝙蝠为图案的风筝比比皆是，如在传统的北京沙燕风筝中，以"福燕"为代表，在整个硬膀上画满经过美化的蝙蝠。其他的取其寓意的风筝有"福中有福""福在眼前""五福献寿”“五福捧寿”“福寿双全”“五福齐天”“五福献寿”等。周代《洪范》载“五福”：一曰寿，二曰富，三曰康宁，四曰做好德，五曰考终命。“做好德”谓所好者德，“考终命”谓善终，不横夭。按五福寓意，福已包含富和寿。其他的求福吉祥图案还有“鱼”和“如意”（如意原是竹木制的搔杖，专搔手够不到的地方，因能尽如人意而得名）。与此有关的吉祥图案还有“连年有鱼”“喜庆有余”“鲤鱼跳龙门”“百事如意”“必定如意”“平安如意”等。

（2）长寿：古往今来人们都希望健康长寿。寄寓和祝颂长寿的图案很多：有万古长青的松柏，有据说能享几千年寿命的仙鹤及色彩缤纷的寿带鸟，有据传食之可以长命百岁的“仙草”灵芝和能够使人长生不老的西王母仙桃等。追求和表达长寿的“寿”字有三百多种字形，变化极为丰富，这都源于佛教的“万”字纹样，寓“多至上万”之意。在沙燕风筝中，腰部的图案就多为右旋“卍”字纹样，与此有关的吉祥图案还有“祥云鹤寿”“八仙贺寿”等。

（3）喜庆：表达人们美好、愉快、幸福的心情。喜字有不少字形，“囍”是常见的喜庆图案。喜鹊是喜事的“征兆”。风筝中有“喜”字风筝，“囍”风筝碰等，与此有关的风筝和吉祥图案有：“喜上眉梢”“双喜登眉”“喜庆有余”“福禄寿喜”“双喜福祥”。喜庆图案颇具情趣的还有百蝶、百鸟、百花、百吉、百寿、百福、百喜等图案，如“百鸟朝凤”。寓美满婚姻、夫妇和谐的还有鸳鸯图案风筝等。

（4）吉祥：龙凤、麒麟是人们想象中的瑞禽仁兽。龟在古代是长寿的象征，后来以龟背纹代替。特别需要强调的是关于龙的话题，中国是个崇尚龙的国家，在我国龙有着特别的含义。龙是有着鹿角、牛头、蟒身、鱼鳞、鹰爪的神奇生物，被视为中华古老文明的象征。以瑞禽仁兽及其他物象构成的传统吉祥图案有“龙凤呈祥”“二龙戏珠”“彩凤双飞”“百鸟朝凤”等。中国传统风筝——龙头蜈蚣长串风筝等大型龙类风筝，以其放飞场面壮观、气势磅礴而受人喜爱。

二、风筝玩教具造型的操作与实践

（一）风筝玩教具制作的基本步骤

风筝制作在中国具有悠久的历史，其渊源可以追溯到春秋战国时期。普通风筝一般是采用竹子做骨架，纸做肉，其他复合材料包括丝绢、尼龙布、塑料膜或竹篾、纱纸条、马拉纸等。

制作方法：

（1）制作竹篾。首先将竹篾浸水，令竹篾变软，再用刀将竹篾破开，约三分之一粗度，然后修半形。竹篾不能太粗，否则会拉破纸张，纱纸条边贴不稳。将修好的竹篾裁成长短适当的两段，分别约为 40 厘米及 58 厘米。（如图 7–4–1）

（2）扎骨架。选择笔直的三年生桂竹，将其剪成 4–5 毫米见方的长条形竹筋，用刀削成适当粗度，然后用小锯一一锯成所需长度开始扎架。有时弯曲部分须用蜡烛或酒精灯加以熏烤，竹筋受热后，执竹两端，双手稍加用力使其弯曲，待其稍冷却后再松手。捆绑竹架应自中央主干部分着手。立体几何形态的风筝有时可做成很多单元形状然后再黏合在一起。扎架以前，最好在所有竹筋预定扎接处用尺量准并做记号。扎架完毕后，检查各处是否对称，如有需要，用线绷紧，以防骨架变形。（如图 7–4–2）

（3）糊纸。将纸比照骨架的形状先用铅笔轻描轮廓，在各边预留出 1 厘米左右的边缘，然后按此边裁剪。糊纸时除将纸边涂抹糨糊外，竹架部分也应该稍擦糨糊，然后互相粘接。有些软面风筝，如蝴蝶、蜻蜓等造型的风筝，其翅膀边缘无竹条，可将纸边涂糊后予以折边，折边内的折叠处，如再粘一条细线在内，则使纸边更加坚固不易撕裂。制作大型风筝有时需要裁剪数块纸，一一粘在竹架上，如果某块面积较大，可裁出 2 厘米宽的纸条，糊在背面的竹条或拉线上，这样在施放受力时，纸面不致被风鼓起。（如图 7–4–3）

（4）绑拴提线。选择适宜的施力点绑拴提线，视骨架结构情形系 1 根或 2 根以上提线。风筝的丝线可以选用牛皮线、棉线等。

（5）修正。完成上述步骤后即可试飞，试飞时可根据需要更换提线位置及长短。如仍未能顺利飞升，可视情况变更部分结构，或将竹筋削细调整受力面，试飞成功后即可将风筝上色。（如图 7–4–4）

图 7–4–1

图 7–4–2

图 7–4–3

图 7–4–4

（二）实践操作“自制环保风筝”

（1）材料准备：报纸、剪刀、竹签、胶纸、线

（2）创作步骤：

①用剪刀将报纸裁剪成标准的正方形。（如图 7-4-5）

②沿着正方形的一条对角线贴上竹签。（如图 7-4-6）

③再沿着正方形的另一条对角线贴上一根半弯弧度的竹签。（如图 7-4-7）

④用剩余的报纸剪成纸条做流苏。（如图 7-4-8）

⑤用线将风筝固定，并选择适宜的施力点绑拴提线就完成了。

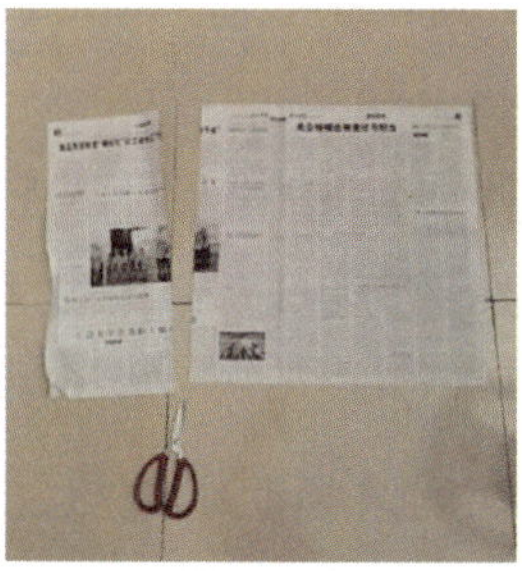
图 7-4-5

图 7-4-6

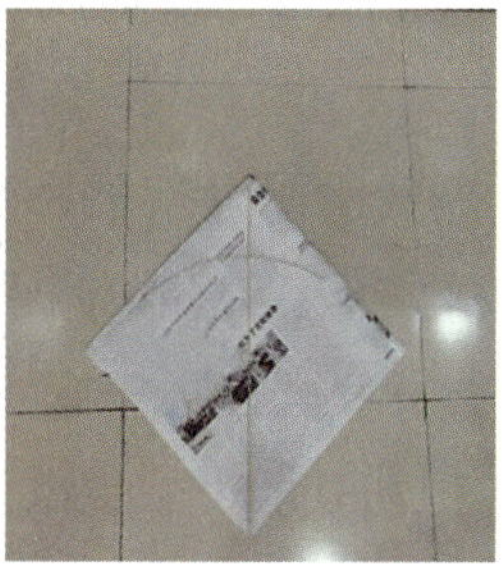
图 7-4-7

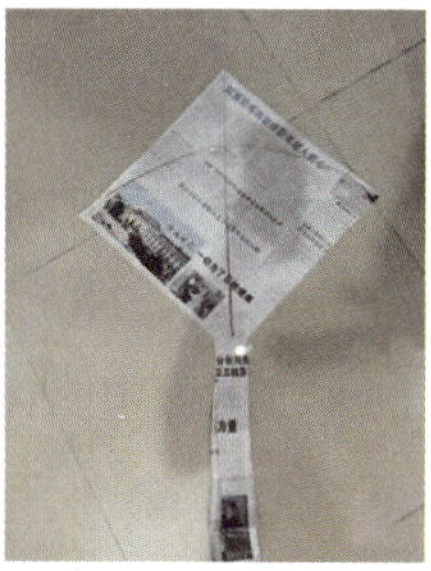
图 7-4-8

三、风筝玩教具作品展示与欣赏

图 7-4-9

图 7-4-10

图 7-4-11

图 7-4-12

图 7-4-13

图 7-4-14

图 7-4-15

图 7-4-16

本章小结

民间工艺在我国民间有着悠久的历史，是中华民族文化艺术的瑰宝。民间工艺由劳动人民直接创造，它反映出普通劳动者对生活的认识和感受，表达劳动人民的审美和理想，蕴含着中华民族五千年的灿烂文化底蕴。本章从印染类玩教具、青花纹样玩教具、不倒翁玩教具和风筝玩教具分别介绍了有代表性的民间工艺类玩教具的艺术价值及其操作技法，能够运用民间工艺制作技巧进行主题式玩教具的设计与环境创设，以便让学生能够感受民间工艺的独特魅力和提升学生的民族自豪感、认同感。

思考与实训

1. 运用基本的折染及剪染结合的技巧练习完成染纸作品。
2. 结合当地的民族民间工艺进行主题式的玩教具设计与制作。

拓展阅读

民间艺术在学前教育中的应用研究

中国民间艺术作为中国文化不可分割的一部分，历史悠久，源远流长，种类繁多。将民间艺术融入课程内容，培养幼儿的审美感知能力，从而令民间艺术教育真正达到促进幼儿全面和谐发展的目的。

幼儿民间艺术教育的基本原则是培养审美能力，促进幼儿全身心投入到民间艺术活动中，从而激发幼儿对民间艺术的审美情趣，使幼儿能够充分体会到理解美、感知美、创造美的喜悦。

民间艺术教育对幼儿发展有以下几个方面的价值。

（一）民间艺术能提高幼儿的民族意识

民间艺术是民族文化的一部分，它反映了劳动人民对生活的感受及心情，包含了劳动人民的喜怒哀乐，记载着中国历史。陶瓷、绘画、刺绣、剪纸等多姿多彩的作品，像甘泉般滋润着幼儿的心田。让幼儿了解民间艺术，了解屈原等一个个民族英雄的故事，同时也激发幼儿爱祖国、爱家乡、爱人民的情感。

（二）民间艺术教育能丰富幼儿的审美体验

审美是民间艺术最重要、最基本的特征，民间艺术蕴含着创作者对宇宙、自然和人类的种种认识和情感，传递着创作者的审美意识和审美理想。幼儿会在审美过程中产生丰富的联想，不由自主地把自己的情感投入到审美对象上，因此，开展民间艺术教育能丰富幼儿的审美体验，开拓幼儿的审美思路，增进幼儿对民间艺术内容和形式等要素的认识，提高幼儿的审美能力。

（三）民间艺术教育能促进幼儿良好个性品质的形成

21 世纪的教育理念要求幼儿园开展艺术教育时大力支持并引导幼儿主动学习和探究，关注幼儿的活动过程，重视幼儿的情感体验，从而促进幼儿良好个性品质的形成。民间艺术教育活动对幼儿耐性、细心的个性培养具有一定的作用，如：剪纸是一个细活，可以锻炼幼儿的精细动作，从而也培养了幼儿耐心、细心的好个性和抗挫折能力。幼儿在参与民间艺术活动过程中，还能受到中华传统美德的熏陶，养成讲文明、懂礼貌、守纪律等良好行为习惯。

（四）民间艺术教育能促进幼儿全面、和谐发展

把民间艺术纳入幼儿园艺术教育，有利于促进幼儿全面、和谐发展。努力创设民间艺术教育的环境，坚持以幼儿艺术教育发展为主的基本理念，结合幼儿的年龄特点和发展的心理需要，引导和支持幼儿在民间艺术的氛围中形成对艺术的认识，培养幼儿初步的审美情趣、探索精神和创新能力，努力促进幼儿的全面发展。

随着社会的发展，更多的人开始崇尚外来的、现代的文化和艺术，这在一定程度上影响了我国民间优秀文化艺术的传承。作为 21 世纪的教育工作者，有责任、有义务通过开展民间艺术教育来继承和发扬祖国的优秀文化艺术，从小培养学生的民族精神。因此，把民间艺术纳入幼儿教育中，显得尤为重要，也势在必行。

第八章

综合类玩教具设计与制作

学习目标

- 能够了解综合类玩教具中各类玩教具的基本特征。
- 能够了解综合类玩教具中各类玩教具的基本分类。
- 能够理解综合类玩教具中各类玩教具对幼儿发展的价值和意义。
- 能够理解综合类玩教具中各类玩教具的制作方法、制作原理、使用方式和需要注意的问题。

学习重难点

- 重点：掌握综合类玩教具中各类玩教具的制作方法、制作原理、使用方式和需要注意的问题。
- 难点：能够利用书中提供的玩教具制作案例结合教学实践进行创新。

案例破冰

一位教师的观察记录

这学期开学快两个月了，大班的王老师发现，户外自由活动时孩子们玩大型器械的兴趣越来越差了。大部分的幼儿都不在大型玩具上玩耍，孩子们有的围着大型器械绕圈追跑打闹，有的蹲在塑胶地上观察蚂蚁，有几个幼儿围坐在一个角落拍手唱歌，少量留在大型玩具上玩耍的幼儿，也只是站在大型玩具上向下面的小伙伴挥手、喊叫……

王老师不禁陷入了沉思，幼儿园重金购置的大型器械怎么不能吸引幼儿去玩呢？每天两次的户外活动原本是为了让幼儿锻炼身体，发展运动能力的，这样下去，户外活动变成了自由活动，幼儿的身体得不到锻炼怎么成？

想一想，应该怎么做才能帮助王老师解决这个困扰？

第一节 益智类玩教具的设计与制作

一、益智类玩教具的特征与功能

益智类玩教具是以刺激大脑活动、开发幼儿智力为主要功能的玩教具，具有较强的教育性。主要用来锻炼幼儿的观察能力、记忆能力、想象能力、思维能力，培养幼儿专注、坚持、探究、合作等方面的品质。常见的益智类玩教具主要有镶嵌类玩教具、套叠类玩教具、穿编类玩教具、数形类玩教具、棋牌类玩教具等等。

二、益智类玩教具作品展示与欣赏

（一） 镶嵌类玩教具

镶嵌类玩教具可分为平面镶嵌类玩教具和立体镶嵌类玩教具两种类型。

平面镶嵌类玩教具是指用若干能够完全重合的全等图形紧密结合在一起，形成一定图案的玩教具。（如图 8–1–1、图 8–1–2）

立体镶嵌类玩教具是指用镶或嵌的方法组合的，具有立体效果的玩教具。如孔明锁、镶嵌盒、立体拼图、镶嵌积木、抓手拼板等。（如图 8–1–3、图 8–1–4）

图 8–1–1

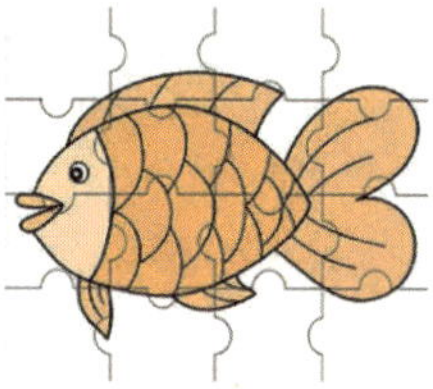
图 8–1–2

图 8–1–3

图 8–1–4

（二）套叠类玩教具

套叠类玩教具是指多个形状相同的个体按照一定的比例关系设置尺寸，从而实现里外相套或上下相叠的玩教具。（如图 8–1–5、图 8–1–6）

（三）穿编类玩教具

穿编类玩教具是指通过绳、藤、竹等连接物将物品交错穿插而连接成整体的玩教具，如穿绳玩具、连环扣、穿线板、串珠等。（如图 8–1–7、图 8–1–8）

图 8-1-5

图 8-1-6

图 8-1-7

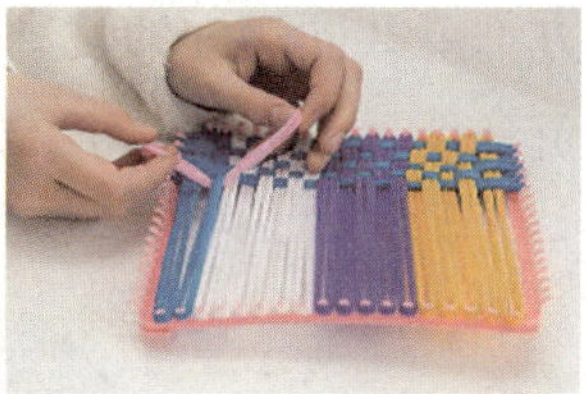
图 8-1-8

（四）数形玩教具

数形玩教具是指蕴含数、量、形等方面概念和属性的玩教具。它能够让幼儿在动手操作材料、摆弄物品的过程中进行探索学习，从而获得数学经验、逻辑知识和技能。数形玩教具又可分为数玩教具、形玩教具和测量玩教具三种。

数玩教具主要是为幼儿学习数的概念而设计的玩教具。（如图 8-1-9、图 8-1-10）

形玩教具是指帮助幼儿学习几何、形状、分类、组合、比较及排列等知识的玩教具。如七巧板、分类盒、魔方、魔尺等。（如图 8-1-11、图 8-1-12）

测量玩教具是帮助幼儿学习测量活动，了解事物的长度、容积、重量和时间等属性的玩教具。（如图 8-1-13、图 8-1-14）

图 8-1-9

图 8-1-10

图 8-1-11

图 8-1-12

图 8-1-13

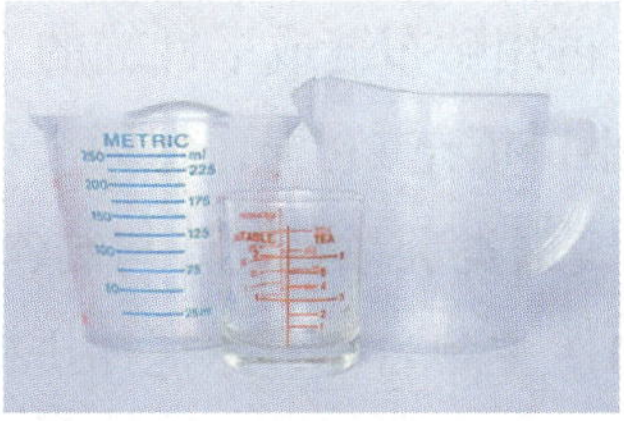

图 8-1-14

（五）游戏棋玩教具

棋盘游戏在幼儿园通常称为游戏棋，是根据规则在棋盘上放置或移动棋子的游戏，由棋盘、棋子、棋规 3 个要素构成。棋盘即游戏的“场地”，为棋子的摆放和移动提供平台；棋子即根据棋规在棋盘上摆放和移动的物件；棋规即下棋时参与各方都要共同遵守的规则，主要包括布子方式、行棋方式、辅助物的运用方式以及胜负条件。（如图 8-1-15、图 8-1-16）

图 8-1-15

图 8-1-16

三、益智类玩教具的操作与实践

（一）镶嵌类玩教具操作与实践

1. 平面镶嵌类玩教具操作与实践

平面拼图制作通常采用纸质材料绘制一幅幼儿熟悉的图片，然后将图片有规律或无规律地分解，再打印一张样稿供幼儿参考。玩教具的难易程度可从图片切分的数量多少，切分是否规则来进行把控。图片内容包括动物、人物、风景、蔬果、生活用品、数字等，最好结合教学主题进行选择，图片内容的难易程度根据不同年龄段的幼儿或者个体差异性而定。

2. 立体镶嵌类玩教具操作与实践

立体镶嵌类玩教具是平面镶嵌玩教具的进一步拓展，包括几何图形的立体拼搭和模型的立体拼装等。最常见的类型是由 9 个小正方体拼出的六幅图。自制的立体拼图可采用不织布制作，每个面设计一个动物形象。采用锁边缝的方法缝制 27 个小正方体，再用贴布缝或平针缝的方法在每个正方体上缝制部分图形。缝制完正方体后，留一个小口填充 PP 棉，每一个小方块之间用魔术贴连接。

3. 镶嵌类玩教具设计与制作范例

（1）主题名称：冰棍棒拼拼乐。

（2）材料准备：冰棍棒 10 根、胶带、胶水、剪刀、小动物图片。

（3）制作步骤：

①将冰棍棒整齐地进行排列，在背面粘上胶带进行固定，防止移动；（如图 8-1-17）

②在正面涂上胶水，将准备好的小动物图片贴在上面；（如图 8-1-18）

③完全干透后利用剪刀沿着冰棍棒的空隙将小动物图片剪开；（如图 8-1-19）

④冰棍棒镶嵌玩教具就制作完成了；（如图 8-1-20）

⑤如果没有图片也可手工作画，在冰棍棒上画上好看的图画并涂上颜色，将其分开就好了。（如图 8-1-21、图 8-1-22）

（4）玩法介绍：将剪下的小木片打乱，请幼儿根据原图进行复原。

图 8-1-17

图 8-1-18

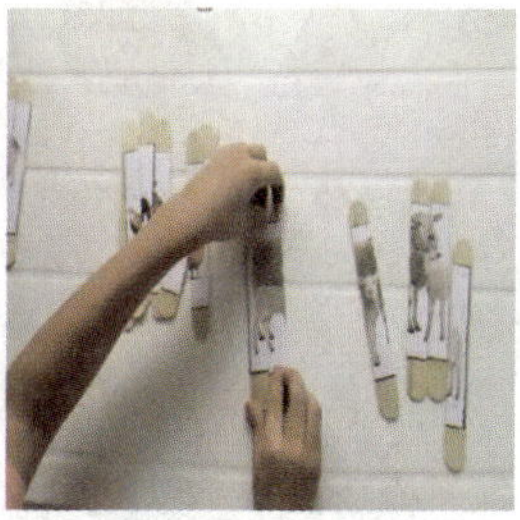

图 8-1-19

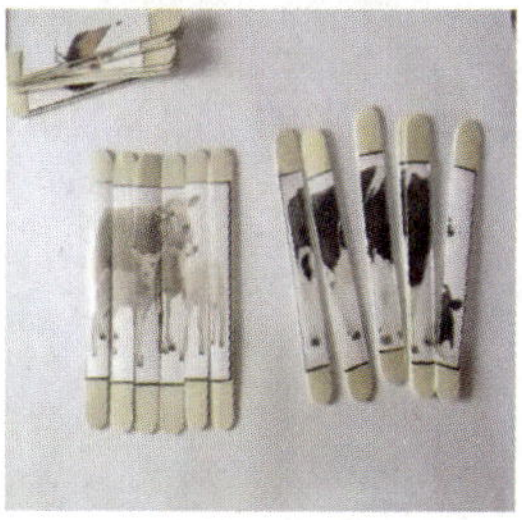

图 8-1-20

图 8-1-21

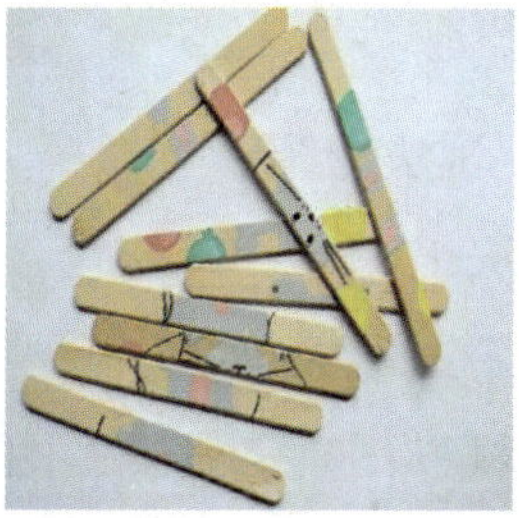

图 8-1-22

（二）套叠类玩教具操作与实践

套叠类玩教具是益智游戏中操作和材料要求都较为简单的益智玩具类型。主要是培养幼儿的专注力、手眼协调能力、建构能力、创造力和对大小顺序等方面的认知。

套叠类玩教具设计与制作范例

（1）主题名称：纸杯叠叠高。

（2）材料准备：KT 板、即时贴、剪刀、不同颜色的水彩笔、记号笔、纸杯（大纸杯 10 个、小纸杯 50 个）、白纸若干。

（3）制作步骤：

①制作图形板：利用剪刀将 KT 板剪成圆形、等边三角形、正方形，每种图形 10 个，正方形边长 10 厘米，圆形直径为 10 厘米，等边三角形边长为 10 厘米，并利用水彩笔分别涂上红、黄、蓝 3 种颜色。（如图 8-1-23）

②自制骰子：骰子分为四种类型的骰子。第一种为图形骰子（6 个面相对的两面相同形状，分别为正方形、圆形、等边三角形，用记号笔画上图形）；第二种为颜色骰子（6 个面，相对两面相同颜色，分别为红、黄、蓝三种颜色）；第三种为

空白骰子（6 个面，用白色即时贴包好，让幼儿用笔写下在不同图形中创造的最高纪录）；第四种为数字骰子（可以用原有的点数，也可根据实际情况由教师或幼儿设定不同的数字）。（如图 8–1–24）

图 8–1–23

图 8–1–24

（4）玩法介绍：

①玩法 1

点数 + 图形板

选用材料：数字骰子、图形骰子、纸杯、图形板

依次轮流掷骰子，根据骰子扔出的图形板与纸杯的要求进行叠高。如幼儿甲掷两个骰子（数字骰子、图形骰子），取和骰子点数相同数量的纸杯，再取与图形骰子掷出的相同形状的图形板。先放图形板，再放纸杯，所有的纸杯叠放在图形板上，不能倒塌。幼儿甲完成挑战后，轮到幼儿乙。两人轮流挑战，纸杯叠放倒塌者为败，另一方获胜。纸杯必须叠放在图形板上，可以堆叠，每人允许套叠 1 次。

②玩法 2

点数 + 图形 + 颜色

选用材料：数字骰子、图形骰子、颜色骰子、纸杯、图形板

玩法基本同前。需同时掷 3 个骰子（数字骰子、图形骰子、颜色骰子），根据掷出结果进行叠高。（颜色骰子的加入规定了幼儿在选择图形板的时候，不仅要选择正确的图形，还要选择正确的颜色。）

③玩法 3

约定骰子条件玩纸杯叠高

选用材料：幼儿事先约定选择骰子（如颜色骰子 + 图形骰子）、纸杯、图形板

玩法同前。如只用颜色骰子和图形骰子，颜色骰子不仅代表所选图形板的颜色，还可以进行约定游戏，如红色代表放 3 个纸杯、蓝色代表放 4 个纸杯，黄色代表放

5 个纸杯。幼儿掷出红色骰子和三角形骰子，就需要在红色三角板上放 3 个杯子；掷出蓝色骰子和圆形骰子，就需要在蓝色圆形板上放 4 个杯子，以此类推。

④玩法 4

挑战纪录骰子

选用材料：图形板、空白骰子（两面记录圆形板的最高纪录，两面记录三角形板的最高纪录，两面记录方形板的最高纪录）

可一人游戏，也可两人游戏，轮流扔骰子挑战纪录。幼儿在不同图形板上叠放纸杯，某个图形板上叠放最高纪录的幼儿，可以在白色骰子上写下自己的最高纪录。如幼儿甲在三角形板上创下了最高叠 5 个杯子的纪录，就在空白骰子上画个三角形并写上数字 5；如幼儿乙在三角形板上放了 6 个纸杯，挑战成功，则可以用白纸贴掉幼儿甲的纪录，写上自己的纪录。最高纪录的作品必须能保持平稳，并能再次往上叠放；如果叠放很多纸杯后上面不能再放图形板，纸杯倒塌则不算打破纪录。

（三）穿编类玩教具操作与实践

穿编类玩教具主要是用来锻炼幼儿手眼协调能力、手部精细动作发展、建构能力的玩具类型。穿编玩教具的设计不一定都要采用针线、竹子等材料进行制作，教师可采用平滑、不尖锐的物体作为材料，尽可能保证幼儿在穿编过程中的安全。

穿编类玩教具设计与制作范例

（1）主题名称：卡纸心形编织。（如图 8–1–25）

（2）材料准备：心形卡片模板、铅笔、尺子、剪刀、彩色卡纸若干。

（3）制作步骤：

①打印一张心形白色卡片模板；

②用铅笔和尺子在心形白色卡片模板上均匀地画上横向虚线，将模板粘贴在彩色卡纸上；（如图 8–1–26）

③按照模板将彩色卡纸剪成心形，并沿着模板虚线将彩色卡纸剪开后，拿下白色模板卡片；（如图 8–1–27）

④利用剪刀将其他不同颜色的卡纸剪成长条状，作为编织条。

（4）玩法介绍：

幼儿利用不同颜色的编织条沿着心形卡纸的缝隙进行竖向编织（注意不是横向编织）（如图 8–1–28），可从最左边开始也可从最右边开始编织，编织过程中不留缝隙，直到整个心形编织完整后用剪刀将多余的编织条剪下，最后教师可将幼儿的作品在教室悬挂展示。（如图 8–1–29）

图 8-1-25

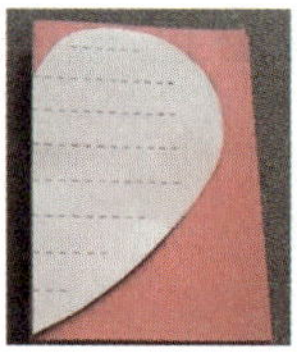

图 8-1-26

图 8-1-27

图 8-1-28

图 8-1-29

（四）数形玩教具操作与实践

数形玩教具是为了幼儿学习有关数方面的操作活动而提供的玩教具，主要包括数构成玩教具、数序玩教具、数对应玩教具和数运算玩教具等。具体可分为形玩教具和数玩教具。形玩教具是为幼儿学习几何形状知识的操作活动而提供的玩教具，大多是涉及图形分解和组合方面的内容。

数形玩教具设计与制作范例

（1）主题名称：纸盒点数玩具。（如图 8-1-30）

（2）材料准备：鞋盒、硬纸板、剪刀、铅笔、颜料、颜料刷。

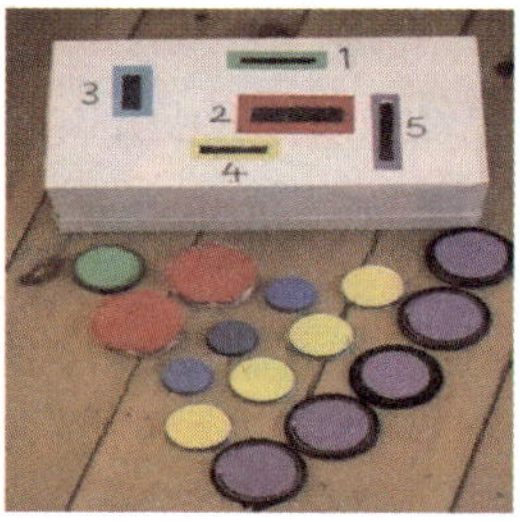

图 8-1-30

（3）制作步骤：

①用白纸将鞋盒、鞋盒盖分开包好，用双面胶将白纸与鞋盒粘牢；

②在鞋盒底部挖 5 个长短不一的长方形孔；

③将鞋盒底部朝上，用颜料给每一个长方形孔周围都涂上不同的颜色，并用笔在旁边写上阿拉伯数字序号；

④拿一张硬纸板，按照 5 个长方形孔的尺寸，分别剪出 5 组大小不同的小圆片，涂上与长方形孔相对应的颜色，分类摆好。

（4）玩法介绍：

幼儿将彩色小圆片投入颜色、大小相对应的长方形孔，如果对应错误，则无法投进盒内。待所有小圆片都投入盒中后，可以将下面的盒盖打开，拿出小圆片，再次进行游戏。

（五）游戏棋玩教具操作与实践

1. 游戏棋玩教具的设计原则

可玩性：是幼儿在游戏中的愉悦体验，这种体验用幼儿的话来说就是“想玩、好玩、玩了还要玩”。可玩性是游戏棋的精髓，是棋类玩具的生命力所在，也是衡量玩具品质的关键因素。

教育性：在游戏棋的设计过程中，需要考虑对幼儿学习和发展的教育价值。儿童在玩棋的过程中，能学会遵守规则，学会轮流和等待，学会合理表达自己的想法，同时也能倾听别人的意见。在玩棋的过程中培养幼儿的好奇心、专注能力、抗挫能力、探究能力等良好的学习品质。同时，在认知能力、思维发展、动作发展等方面都具有一定的促进作用。

适龄性：只有符合幼儿年龄特点的棋盘游戏，才能真正实现其可玩性和教育性。适龄性主要是指棋盘玩具的设计要贴近幼儿的理解水平，尽可能从幼儿已有的生活经验出发，只有这样，幼儿在下棋的过程中才能体会到乐趣。

安全性：安全是幼儿产品必备的前提，棋盘游戏的设计要保证材料安全、结构安全、内容安全。材料安全是指注意材料本身的属性要安全。结构安全是指棋具的结构应该避免对幼儿身体造成伤害。要做到边角处理平滑，避免锋利物体；避免体积过小，确保零部件不易脱落，防止儿童误吞等。内容安全是指棋盘游戏的主题内容应该积极健康。

2. 游戏棋玩教具的设计要素

游戏棋玩教具的设计要素有主题和机制两大要素。主题（或称背景、情景）是游戏的导入，描述了这是一个关于什么的游戏。机制是让游戏运转起来的核心规则。游戏棋的设计可以从主题入手也可以从机制入手。

从主题入手设计：主题选择可以多元化，从幼儿园的一日生活、社会生活、自然生活或从图书故事中寻找创作灵感。以儿童熟悉的图画书故事作为游戏的背景，既能引起儿童的兴趣，又能拓展儿童对图画书的理解和运用；也可借鉴文学作品、经典儿童故事、经典人物形象来进行创作。

从机制入手设计：游戏棋机制是对游戏运作方式的概括和提炼，常用的游戏机制主要有投掷移动棋子和合作游戏等。投掷移动棋子机制最为常见，大多数棋盘游戏配有 1—2 个骰子。通过投骰子来决定行棋的步数，有的游戏棋还结合了转盘一起使用，增添趣味性和娱乐性。

合作游戏机制要求游戏者作为团队一起游戏，其目的不是要战胜彼此，而是要战胜游戏中存在的困难，游戏结果的输赢由团队中所有的成员共同承担和分享。合作性棋盘游戏中玩家没有现实的对手，它通常是要求游戏者在某个事件发生之前完成某一预先设定的目标。例如，由加拿大棋盘游戏设计师 Jim Deacove 根据美国民间故事《石头汤》，设计了《石头汤》合作性游戏棋，从传统的棋类游戏中以自我为中心的赢棋方式，转变为共同协助的游戏模式。在游戏中幼儿不再是“竞争”的关系，而是“合作”的关系，组成了一个互相商量、互相协作、共同进退的合作团队。

3. 游戏棋玩教具设计与制作范例

（1）主题名称：四连棋。（如图 8-1-31）

（2）材料准备：鞋盒、硬纸板、直尺、铅笔、颜料、颜料刷、热熔胶、圆规。

（3）制作步骤：

①用热熔胶粘一块硬纸板到鞋盒盖的中间，将其分为两等份；（如图 8-1-32）

②另取一块硬纸板，将其裁剪成两块长度等同于鞋盒宽度、高度为长度 4/5 的硬纸板，用直尺和铅笔在纸板上画出 5×6 的小格子，再用圆规在每个格子里画一个内接圆，并用剪刀把内接圆剪下。注意在剪的时候不能把硬纸板破坏，保证硬纸板的完整性；（如图 8-1-33）

③在两块挖孔硬纸板的下面用透明胶粘一块可折叠的底板，这块底板的高度等同于鞋盒盖的高度。再剪出 7 根竖立的筋条，宽度为 0.5 厘米，把这些筋条用热熔胶粘在一张挖孔硬纸板上；（如图 8-1-34）

④将做好的鞋盒盖和挖孔纸板涂成绿色，将小圆片涂成红、黄两色；（如图 8-1-35）

⑤为了能让小圆片稳固地夹在纸板之间，可以用热熔胶在小圆片背后涂一圈，起到加厚的作用；（如图 8-1-36）

⑥将两块挖孔纸板的底板用热熔胶粘在鞋盒盖中间的分隔板两侧，再将两块挖孔纸板粘在一起；（如图 8-1-37）

⑦棋盘做好后，把棋子放进去，就可以开始游戏了。

图 8-1-31

图 8-1-32

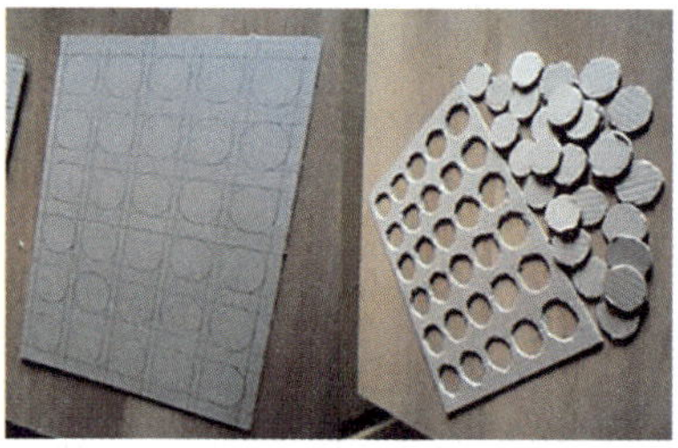

图 8-1-33

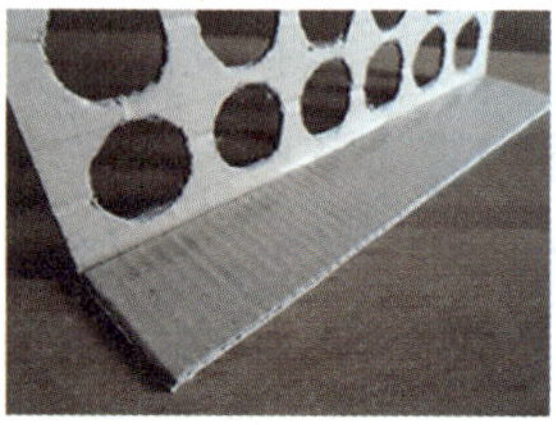

图 8-1-34

图 8-1-35

图 8-1-36

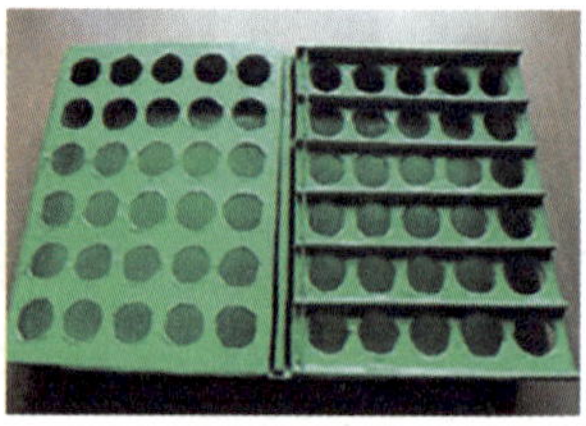

图 8-1-37

（4）玩法介绍：四连棋是一种供两人（分不同颜色的两方）对弈的棋类游戏。

它的游戏规则是：

①游戏双方都必须从每一列最底下的一格开始，红方先手，两方轮流落子。

②每次都可向上一格落子，有一方的同颜色棋子在水平方向、垂直方向或斜向有四个棋子能连成一线，即为赢，游戏结束。

③如下满棋盘，尚未分出输赢，则为和棋。

案例分享

幼儿园中班益智游戏——我画小动物

★活动目标：

1. 训练幼儿思维独创性和丰富的想象力。

2. 让幼儿对常见动物的生活场所有基本了解。

★活动准备：

1. 准备绘画纸、画笔、各种动物的名称字卡（没有图的卡片）。

2. 布置好动物园场地（可在地上标出树、草地、池塘、山等）。

★活动过程：

1. 幼儿分成人数相等的两队面对面坐好。

2. 老师给每个幼儿分发画纸、画笔和一张动物的名称卡（要求幼儿只能自己看到卡片）。

3. 幼儿根据自己卡片上的动物名称在画纸上画出动物形象。

4. 画好后让对面的小朋友说出自己画的是什么动物。如果小朋友说对了，则该幼儿可以到布置好的动物园把画纸放到动物平时的生活场所上；如果对面的小朋友没有猜对，则该幼儿要重新完成绘画。

5. 最先进入动物园并正确找到动物生活场所的小朋友获胜。

★备注：

教师可根据幼儿不同情况适当指导绘画。

（本文来源：教案网）

第二节 体育类玩教具的设计与制作

一、体育类玩教具的特征与功能

体育类玩教具是指幼儿在体育运动活动中所使用的各种设备、器械材料，幼儿在体育活动中通过操作、体验体育活动中教师所提供的体育类玩教具，可以促进幼儿大动作的发展和大肌肉、小肌肉的发育，提高幼儿感统水平，发展幼儿肢体多方面的协调性，增强幼儿体质。

体育类玩教具主要包括了大动作运动类玩教具和精细动作类玩教具，他们在使用场地、操作功能、材料形态等方面都各具特色。

二、体育类玩教具作品展示与欣赏

（一）大动作运动类玩教具

大动作运动类玩教具主要锻炼幼儿的走、跑、跳、钻、爬、投掷、滑行、平衡等大动作技能，根据大小可分为大型体育器械、中小型体育器械和手持轻器械等。

大型体育器械是具有锻炼幼儿攀、爬、钻、滑、平衡等多种动作功能的联合器械，一般在体积上都比较大。可进一步细分为攀爬滑行类器械（如图 8–2–1、图 8–2–2），主要包括了攀登架、滑梯、爬网、攀岩设备等，可为幼儿提供攀爬和滑行等运动体验；摆动平衡类器械（如图 8–2–3、图 8–2–4），主要包括秋千、荡船或荡桥、跷跷板、平衡木等，可为幼儿提供摆动和平衡等运动体验；旋转弹跳类器械（如图 8–2–5、图 8–2–6），旋转弹跳类器械主要包括转马、转筒、蹦床等，可为幼儿提供旋转和

图 8–2–1

图 8–2–2

图 8–2–3

图 8-2-4

图 8-2-5

图 8-2-6

弹跳运动体验。

中小型体育器械是指在幼儿园运动场地中布置或投放的可以移动的运动器械，以球、绳、圈、车类以及其他废旧材料为主进行制作，在体型上比大型玩具要小得多。主要锻炼幼儿多方面的肢体动作，如爬行、投掷、弹跳、行走平衡等动作的技巧和协调性。中小型运动器械又可细分为运行类器械（如图 8-2-7、图 8-2-8），主要有脚滑车、儿童自行车、独轮小推车、滑板车、轮胎等；钻爬类器械（如图 8-2-9、图 8-2-10），主要有拱形门、钻网、爬垫、爬筒和钻筒等；投掷类器械（如图 8-2-11、图 8-2-12），是指“掷准”游戏中的“目标物”，主要包括套圈架、投球桶、篮筐、投掷板等，一般需要与球、沙包等手持投掷类玩教具结合使用；平衡类器械（如图 8-2-13、图 8-2-14），主要包括摇马、平衡板、平衡木等，可使幼儿在摆动、跑动、跳跃，跨越低障碍、转身等活动中锻炼身体的平衡能力。

图 8-2-7

图 8-2-8

图 8-2-9

图 8-2-10

图 8-2-11

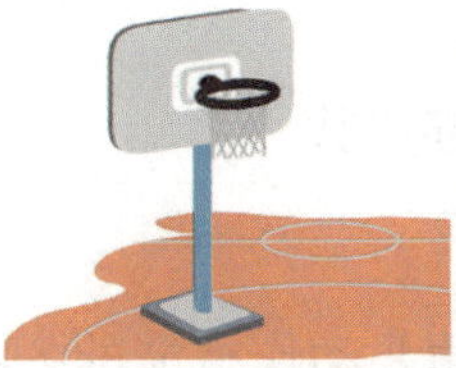

图 8-2-12

图 8-2-13

图 8-2-14

手持玩教具是指为幼儿运动游戏提供的可以搬动，能够在手里操作且易于取放的玩教具，如球、沙包、呼啦圈、铁环、跳绳等。手持玩教具可以促进幼儿小肌肉的灵活性及协调性的发展，进而帮助幼儿掌握一些生活技能和学习技能。手持玩教具又可细分为球类（如图 8-2-15、图 8-2-16）、圈类（如图 8-2-17）、绳类（如图 8-2-18）等。

图 8-2-15

图 8-2-16

图 8-2-17

图 8-2-18

（二）精细动作类玩教具

小宝宝从出生到开始探索世界都在锻炼手上的小肌肉群，从用整个手掌抓住玩具，到用两个手指捏紧一根针线，这个逐步精细的过程培养了孩子的手部力量和精细程度，也锻炼了眼手协调能力，这些对于日后的握笔写字和大脑发育都有帮助。精细动作类玩教具（如图 8-2-19、图 8-2-20、图 8-2-21、图 8-2-22）是能够有效提高幼儿手部精细动作水平的玩教具，如穿、脱、绑、拉、系、夹、撕等小动作的发展。

图 8-2-19

图 8-2-20

图 8-2-21

图 8-2-22

三、体育类玩教具的操作与实践

（一）大动作运动类玩教具的操作与实践

1. 大动作运动类玩教具的设计要领

大动作运动类玩教具在设计时要针对幼儿动作技能的各项指标进行多样化的设计。教师在设计制作大动作运动类玩教具时，还要充分考虑不同年龄段幼儿的不同特征。小班幼儿的基本动作整体水平相对较弱，在运动的过程中主要培养幼儿参与的兴趣和锻炼的习惯。用幼儿感兴趣的方式发展基本动作，让幼儿体验运动的快乐，在此基础上促进幼儿平衡、钻、爬、走、跑、跳跃等能力的发展，这就需要教师在设计小班体育活动玩教具时要考虑简单、好玩、实用、美观的特点。同时，小班幼儿自我保护意识薄弱，在设计制作玩教具时还要考虑到操作性和安全性。随着中班幼儿动作的发展和运动能力的提高，在组织和安排体育活动时，教师可以通过鼓励幼儿“一物多玩”“一物多变”来激发他们的想象力和创造力，注重引导幼儿自主地进行探索和思考。大班幼儿的动作开始出现协调性和稳定性，基本掌握了主要的全身运动，因此在玩教具的设计上要注重强调多功能性。

2. 大动作运动类玩教具的设计与制作范例

范例一：

（1）主题名称：纸箱迷宫。

（2）材料准备：大小合适的旧纸箱 4–6 个、即时贴、绳子、剪刀、丙烯颜料、刷子、水桶。

（3）制作步骤：

①把旧纸箱清理干净，涂色；（如图 8–2–23）

②纸箱一侧用美工刀切开一个小门，注意底部不要割开；（如图 8–2–24）

③纸箱侧面扎两个眼；（如图 8–2–25）

④把所有纸箱都按步骤一一进行操作，并且从侧面用绳子连接在一起；（如图 8–2–26）

⑤装饰火车；（如图 8–2–27）

⑥制作球杆，并用即时贴进行装饰；（如图 8–2–28）

⑦用易拉罐跟球杆组合成推球的球棒并进行装饰；（如图 8–2–29）

⑧制作完成。（如图 8–2–30）

图 8–2–23

图 8–2–24

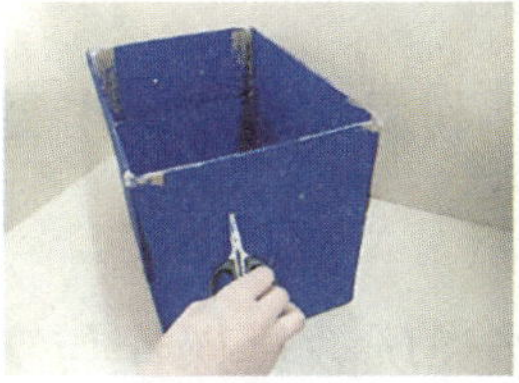
图 8–2–25

图 8–2–26

图 8–2–27

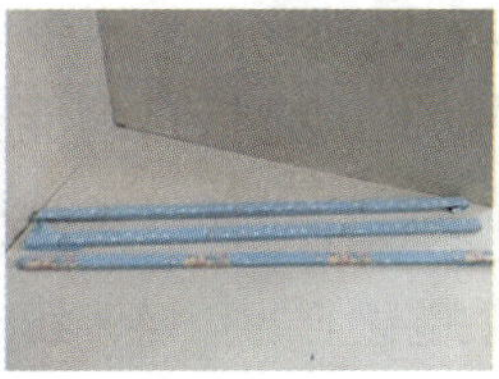
图 8–2–28

图 8–2–29

图 8–2–30

（4）玩法介绍：分组进行推球射门游戏，可以多组同时进行，促进小朋友大肌肉动作能力的发展。

范例二：

（1）主题名称：举重器。（如图 8-2-31）

（2）材料准备：易拉罐、FRPP 管、硬板纸、剪刀、胶带。

（3）制作步骤：

①5 个罐子洗净围成梅花形状，中间夹了一段竹管和一层硬板纸，用透明胶固定，再用胶带把罐子捆起来；（如图 8-2-32、图 8-2-33）

②用笔按罐子的梅花形状画同等大小的五边形，然后用剪刀把刚刚画的形状给剪下来；（如图 8-2-34）

③盖在罐子顶上，中间开洞，留着插杠子，再次用胶带封好遮住硬板纸；（如图 8-2-35、图 8-2-36）

④两端插入管子，用铁丝穿入折好，再按顺序好好卷两圈胶带就完成了。

图 8-2-31

图 8-2-32

图 8-2-33

图 8-2-34

图 8-2-35

图 8-2-36

（4）玩法介绍：利用举重的动作要领进行举重训练，锻炼幼儿大肌肉动作的发展。

（二）精细动作类玩教具操作与实践

1. 精细动作类玩教具的设计要领

精细动作类玩教具可以训练幼儿基本的手指动作，还可以提高幼儿的手眼协调能力，促进幼儿手部小肌肉发育，同时增强幼儿的生活自理能力。精细动作类玩教具大部分适用于中小班。这类玩具在设计时要有针对性，首先要针对各项精细动作进行科学化设计，如拉的动作，可以设计成青蛙身上的拉链；其次要有趣味性，将拉、扣、系等动作物化到卡通动物身上，符合幼儿的心理特点，吸引幼儿的注意力并进行操作。教师可以寻找一些生活中的废弃物，或者选择一些价格低廉同时又环保耐用的材料进行制作。

2. 精细动作类玩教具的设计与制作范例

范例一：

（1）主题名称：系扣子。（图 8-2-37）

图 8-2-37

（2）材料准备：纽扣、废旧布料、塑料瓶、剪刀、彩色卡纸、胶水。

（3）制作步骤：

①按照塑料瓶瓶身的粗细裁剪布料，裁剪过程中可以多留出一部分，防止太紧扣子系不上；

②将裁剪出来的布料一端缝上扣子，并在相对应的另一端打上扣眼或用剪刀剪出合适大小的小孔；

③在彩色卡纸上画上小人头像，并用剪刀剪下，粘贴在塑料瓶的瓶口位置处；

④根据瓶口的大小，利用卡纸剪一个小围脖，粘贴在瓶颈位置固定好；

⑤最后再将处理好的布料包在瓶身处即可。

（4）玩法介绍：请幼儿为瓶子小人穿上漂亮的衣服，通过扣扣子锻炼幼儿手指精细动作和手眼协调能力。

范例二：

（1）主题名称：鞋带穿穿勒。

（2）材料准备：不织布、剪刀、硬纸板、鞋带、胶水。（如图 8-2-38）

（3）制作步骤：

①先在纸上画好鞋子的样板，如图 8-2-39，并沿着鞋子的边缘将其裁剪下来；

②用胶水将剪下的样板粘贴在硬纸板上，如图 8-2-40，将粘贴好的样板和硬纸板一起剪下；

③利用不同颜色的不织布把鞋子的各个部分剪下来，用胶水粘贴在样板的对应部分。（如图 8-2-41）

④在鞋面上对称打孔，至少四组，教具制作完成。（如图 8-2-42）

图 8-2-38

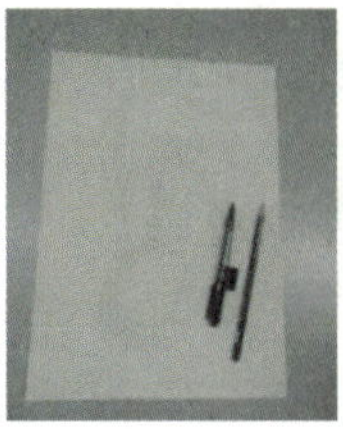
图 8-2-39

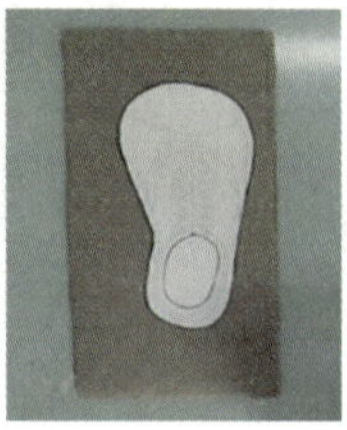
图 8-2-40

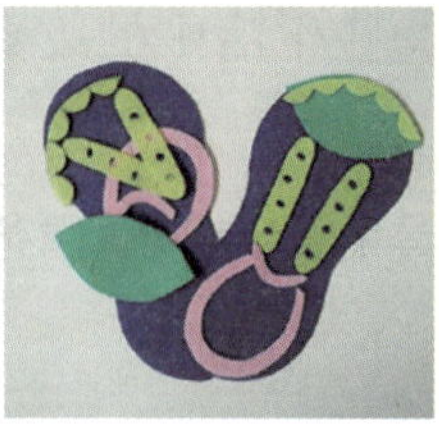
图 8-2-41

图 8-2-42

（4）玩法介绍：此玩教具适用于年龄小的幼儿，利用“鞋子”的孔，将鞋带在中间穿插，并捆绑成不同的形式，也可以将系好的鞋带分开、拆出。玩的过程中可以单人计时完成，也可以多人竞赛完成。

案例分享

大班体育活动——勇敢的小骑兵

★设计意图：

椅子是陪伴孩子们生活和学习的好伙伴，在平时带班时，我发现孩子们喜欢用椅子做玩具：藏在椅子后面躲猫猫，从椅子上跳下来，跨坐椅子当马骑……但考虑到教室内活动空间狭小、不安全，因此不允许幼儿开展。《3—6岁儿童学习与发展指南》指出：要充分尊重和保护幼儿的好奇心和学习兴趣，帮助幼儿逐步养成积极主动、认真专注、敢于探究和尝试、乐于想象和创造等良好品质。而《3—6岁儿童学习与发展指南》健康领域中指出：5—6岁幼儿能够在有一定间隔的物体上比较平稳地行走。因此，我利用椅子结合大班幼儿年龄特点设计了本次活动。

★活动目标：

1. 尝试在有间隙和有一定高度的物体上行走。
2. 挑战椅子设置的各种障碍，探索保持身体平衡的各种方法。
3. 能积极参与体育活动，勇于克服困难。

★活动准备：

1. 椅子、沙包、瓶装水、勋章、马的图片、书包。
2. 音乐磁带、录音机。

★活动过程：

一、热身运动，播放音乐“小骑兵进行曲”

教师带领幼儿进行骑兵操练。

（评析：设置“骑兵”角色，充分激发幼儿的兴趣，幼儿变身“骑兵”，和自己的“战马”<小椅子>亲密互动。配合“战马”做出上跨、下蹲、抬腿、压腿等动作，既让幼儿快乐地沉浸在游戏当中，又让幼儿在活动前得以充分热身。）

二、尝试在有间隔的物体上行走

1. 幼儿在直排“马背”上行走。

教师：现在，让我们的“战马”排成一排，小骑兵们准备好，让我们走过“马背”。

2. 幼儿在间隔“马背”上行走。

（1）幼儿讨论如何才能走得稳。

教师：你们真是马背上的小勇士，现在，难度变大了，你们来试一试吧。（幼儿分男、女骑士两队进行。）

教师：谁愿意来和我们分享一下，怎样才能走得平稳？

小结：身体挺直，眼睛向前看，走时不着急，一步一步地走，保持平稳，这样才能走得更稳。

（2）幼儿再次练习，感知身体与平衡的关系。

（评析：当椅子中间出现一定的间隙后，想要顺利通过，对于幼儿来说还是有一些难度的，此时“如何走平稳”就显得至关重要，幼儿在不断尝试、相互讨论后会逐渐探索出保持身体平衡的好方法。）

3. 幼儿在交叉间隔的“马背”上行走。

教师：接下来的难度更大了，我们要从两列“马背”上走过，哪位小骑兵想来试试？（教师示范 2 组）

（评析：幼儿依次走过了直排“马背”、间隔“马背”、交叉间隔“马背”，环节层次鲜明，难度由易到难，逐层递进。幼儿始终是活动的主体，教师不断地鼓励幼儿尝试体验，幼儿在积极、勇敢的游戏氛围中自然掌握了动作要领。）

三、游戏“勇敢的小骑兵”

1. 幼儿观察障碍摆放，讨论如何通过。

教师：小骑兵们，你们完成了“马背”上的挑战，现在，我们骑兵队接到紧急通知，要成立两个救灾小分队，给灾区运水和粮食。你们看，现在“马背”和刚才又不一样了，你们打算怎么通过呢？

2. 幼儿讨论、示范。

3. 幼儿练习通过有高度障碍的“马背”。

（评析：在这个环节中，增加了有高度障碍的“马背”，再次提高了难度，“救灾小分队”游戏情景的设计更增添了游戏的趣味性，符合大班幼儿喜欢接受挑战、乐于帮助他人的年龄特点。“你们看，现在的‘马背’和刚才又不一样了，你们打算怎么通过呢？”这个提问，发挥幼儿的主体性，让幼儿在猜想、验证中不断探索、总结，从而进一步体验身体与平衡的关系。）

4. 游戏“勇敢小骑兵”（幼儿负重通过障碍物）。

教师：小骑兵们，我们分成2队，每队7名小骑兵。运粮的小分队，要把粮食放在背包里，背着通过“马背”。运水的小分队，一次运水2瓶，通过“马背”。

四、活动结束

颁发“勇敢小骑兵”勋章，师幼随音乐放松。

（评析：在不断完成各种挑战任务后，幼儿的游戏心理在此时是渴望成功，并且很希望得到老师的肯定，这个时候颁发“勇士勋章”，既符合情境又肯定了幼儿的表现，让幼儿在愉悦轻松的氛围中结束活动。）

第三节　音乐类玩教具的设计与制作

一、音乐类玩教具的特征与功能

音乐类玩教具是幼儿在演奏、舞蹈、听乐曲、朗诵时可以借助的在声音、动作、表情上体现作品，并在创编作品过程中所使用的玩具、道具。在使用音乐玩教具的过程中，幼儿可以充分发挥自己的想象，增强表达力、表现力、自信心，发展个性和创造性，在与同伴的交往、合作中，获得愉悦快乐的体验。音乐类玩教具根据功能可以分为节奏表演类玩教具，如碰铃、三角铁、响板；歌舞表演类玩教具，如表演服饰；音乐教学类辅助玩教具，如录音机、磁带、音乐图谱。

二、音乐类玩教具作品展示与欣赏

（一）节奏表演类玩教具

节奏表演类玩教具是指幼儿在进行节奏性音乐表演的过程中所使用的玩教具。（如图 8-3-1、图 8-3-2）

图 8-3-1

图 8-3-2

（二）歌舞表演类玩教具

歌舞表演类玩教具是指幼儿在歌舞表演的过程中使用的玩教具。（如图 8-3-3、图 8-3-4）

图 8-3-3

图 8-3-4

（三）音乐教学类辅助玩教具

音乐教学类辅助玩教具是指幼儿园教师在进行音乐教学时，为了更好更有效地对幼儿开展音乐教学所使用的玩教具，如钢琴、电子琴、手风琴等。（如图 8–3–5、图 8–3–6）

图 8–3–5

图 8–3–6

三、音乐类玩教具的操作与实践

（一）音乐类玩教具的设计要领

设计与制作音乐类玩教具要根据幼儿园音乐教育的多样化需要来进行。节奏表演类玩教具在设计与制作时一定要考虑到音质、音高等要求，而且要选择生活中易得不易损坏的竹子、铝制、铁制等材料；歌舞表演类玩教具要靓丽、卡通化，能激发幼儿的表演欲望；音乐教学辅助类玩教具要根据教学内容的需要和要求进行制作。

（二）音乐类玩教具设计与制作范例

范例一：

（1）主题名称：手摇铃。

（2）材料准备：填充棉、不织布、铃铛、热熔胶、棉线、针、剪刀。

（3）制作步骤：

①按图纸裁剪不织布并清洗；（如图 8–3–7）

②将心和星缝制到圆圈上，也可以使用热熔胶粘贴；（如图 8–3–8）

③将圆圈缝制到主体上。（如图 8–3–9）

④将铃铛和填充棉从边缘塞进去进行填充。（如图 8–3–10）

⑤用针线将边缘进行缝合。（如图 8–3–11）

⑥手摇铃即制作完成。（如图 8–3–12）

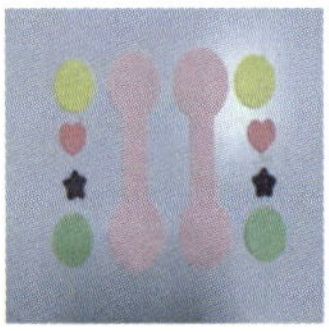
图 8–3–7

图 8–3–8

图 8–3–9

图 8–3–10

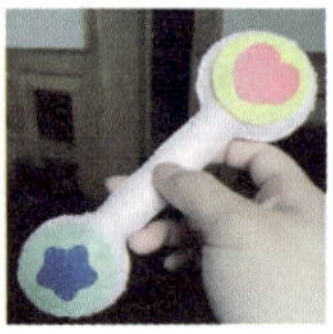
图 8–3–11

图 8–3–12

（4）玩法介绍：轻轻摇晃，小摇铃就会发出动听的声音。可让幼儿用手摇铃与其他器乐搭配进行表演。

范例二：

（1）主题名称：树叶头饰。

（2）材料准备：大树叶、薄纸板、铅笔、剪刀、胶水（双面胶）等。

（3）制作步骤：

①按照儿童头部大小将纸板裁成三部分；（如图 8-3-13）

②将不同的形状和颜色的树叶拼成王冠的形状；（如图 8-3-14）

③将做好的树叶王冠粘在其中一张纸板上；（如图 8-3-15）

④将剩下的两张纸板和粘好树叶王冠的纸板围在一起，用胶水粘好即可。（如图 8-3-16）

图 8-3-13

图 8-3-14

图 8-3-15

图 8-3-16

（4）玩法介绍：幼儿将合适的头饰戴在头上可饰演表演游戏中的角色。

案例分享

大班音乐活动——雷神

★设计意图：

《雷神》是大班打击乐演奏活动，这首进行曲非常形象，有感染力，所以现在已经为许多国家军队仪式所采用。全曲速度虽然很快，但是曲调是大调式，节奏也为较简单的 2 / 4 拍。乐曲分为三个部分，是 ABA 结构，幼儿较易掌握。本活动需要幼儿在运用身体动作和演奏乐器的同时尝试为乐曲配器和指挥。活动重点是根据节奏朗诵内容匹配相应声势动作，如：摇手、拍腿、拍肩、拍手、拍头等动作，在熟练掌握节奏的基础上，根据所提供乐器的特点进行匹配演奏，由浅入深、由表及里，在分段欣赏乐曲的过程中，利用与音乐相符的动作来理解、表现音乐，用动作让音乐内容具体化、形象化，更好地帮助幼儿理解和表现。

★活动目标：

1. 熟悉乐曲的旋律及性质，学习语音总谱和身体动作。

2. 能根据总谱的结构及教师指挥动作的暗示进行节奏表演。

3. 表演中能够较好地控制自己的动作，使自己的节奏与同伴保持一致。

4. 培养幼儿乐意在众人面前大胆发言的习惯，学说普通话。

★活动准备：

1.《雷神》图片、乐曲图谱。

2. 乐曲《雷神》。

3. 幼儿人手 1 个乐器。

★活动过程：

一、教师出示《雷神》的两幅画面场景，引起幼儿的活动兴趣

教师：小朋友们快看，天上怎么了？

幼儿：闪电、打雷、下雨……

教师：那打雷时会发出什么样的声音呢，谁来学一学？我们一起来听一听。

学念句子：雷声轰隆隆。

教师：下过了雨，天又会变得怎样？小朋友的心情呢？

幼儿：开心、高兴……

教师小结：有一首乐曲讲的就是打雷、下雨、天晴的事情，让我们一起来听一下。

评析：通过两张简单的图片，在幼儿直观感知的基础上进行了简单的交流，然后直接进入主题，引出《雷神》这首乐曲。

二、幼儿完整欣赏乐曲《雷神》

教师配上说辞和身体动作表演。

评析：这个环节是为了让幼儿对乐曲有一个大概的了解。采用视听欣赏的形式帮助幼儿感受、理解音乐，通过大的图谱，让幼儿目有所见、耳有所闻，在不知不觉中带着喜悦、好奇心进入作品的美好意境里，并为接下来的活动做好铺垫。

三、理解 A 段音乐，尝试用语言图谱和身体动作来表演

1. 教师配乐并念图谱。

教师：乐曲中都说了什么？（根据幼儿的回答出示图卡，并逐句练习）

评析：这一环节教师起到了示范作用，为下一环节幼儿跟念做好了铺垫。

2. 幼儿跟着音乐念图谱。

教师：小朋友也一起跟着乐曲说一说吧。（播放音乐，幼儿集体念语音

图谱1—2遍）

3. 教师示范身体动作。

教师：现在小手也想来参加呢！我们一起看一看。（教师示范动作）

教师：刚才小手都做了哪些动作？

幼儿：摇手、拍腿、拍肩、拍手。

教师：你们想来试一试吗？我们来试试看。（教师可用夸张的动作提醒幼儿注意音乐的转换部分）

4. 幼儿听音乐做身体动作。

四、理解B段音乐，并练习身体动作

1. 倾听B段音乐，猜测故事情节。

教师：轰隆隆的雷声过后下雨了，雨滴会滴在我们身体的哪些部位呢？雷声又会在什么时候再次响起呢，我们在第2段音乐中听一听，找一找。

教师：从这段音乐中，你发现了什么？（引导幼儿找出雨滴落到的身体部位，雷声响起的节奏点）

2. 幼儿尝试练习身体动作。

教师：我们把这段音乐也用小手表演一下，雨点落在头上我们做什么动作？落在肩上做什么动作？落在腿上做什么动作？落在全身又做什么动作？雷声响起做什么动作？（引导幼儿分别用拍头、拍肩、拍腿、拍手等动作来表示）

3. 难点过渡句练习。

教师：小朋友有没有发现雷声有什么不一样？（引导幼儿说出，前面两次打雷分别发出一声，后面的两次打雷分别发出两声）

教师：听一听，前面两次从闪电第几声开始打雷，后面两次从闪电第几声开始打雷。（教师动作示范，引出前面两次从闪电第四声开始打雷，后面两次从闪电第二声开始打雷）

教师：我们来用小手试一试。重点练习。

评析：这个环节是一个难点，教师利用与音乐相符的动作来帮助幼儿理解、表现音乐，用动作让音乐内容具体化、形象化。一定的情境也使幼儿在学习中能保持良好的兴趣，通过细致的引导帮助幼儿辨别和记忆雷声的不同。

评析：本环节教师结合图谱通过自身的示范，幼儿模仿并创编多种方式的节奏表现形式，既避免了幼儿单调的节奏练习，同时又调动了幼儿参与活动的积极性。

五、教师出示C段图谱，引导幼儿学习语音谱C段和身体动作

1. 教师朗诵语音图谱。

教师：雷声停了，天气终于放晴了。我们听听第3段音乐说的就是这件事。（教师配乐朗诵图谱）

2. 幼儿跟着音乐朗读图谱。

3. 幼儿自主看图谱做身体动作。

教师：你们能看着图谱动作提示，让小手也参加第3段的表演吗？（讨论这个地方用什么动作表演，拍手）教师分别问：这是什么动作？

评析：本环节比较简单，幼儿有一定的前期经验，因此主要让幼儿在自主看图谱进行练习的基础上，教师进行适当的提炼和总结，既是对前面经验的一次巩固，又是本环节的练习。

六、教师引导幼儿边说边做动作来感知整首乐曲

教师：现在我们把A、B、C三段的音乐连起来，把打雷、下雨、雨停都说进去。

评析：这个环节是将分段式的学习进行汇总，让幼儿进行整体感知，在这一环节，教师可以做进一步的指导，掌握得好的继续巩固，掌握不够的教师进行再次引导，这样有利于幼儿接下来的分组表演。

七、教师引导幼儿分组表演《雷神》

1. 教师引导幼儿看指挥，分声部做身体动作，将幼儿分成3大组。

教师：刚才我们已经做得很熟练了。现在小朋友分成3组进行练习，第1组做手部动作（摇手、拍头动作由这一组完成）、第2组做腿部动作、第3组做肩部动作，拍手动作我们一起来。图中有几次需要我们一起演奏的地方？（重点引导幼儿说出3个地方需要幼儿共同演奏）

2. 不听音乐，空手进行练习，熟悉各自的演奏内容。

3. 听音乐，教师指挥，分部进行练习。

教师：刚才在演奏的时候有什么问题吗？可以怎样解决？

评析：这个环节是让幼儿不听音乐先空手练习不仅可以巩固幼儿对音乐的感知能力，了解幼儿的掌握情况，有针对性地进行练习，避免了乐器合作演奏时的杂乱现象。

八、配上乐器一起演奏《雷神》

1. 教师指挥，幼儿分三大组、三种乐器演奏。

教师：现在就请出我们的乐器一起来演奏吧！准备好了，一边看老师的指挥，一边跟上节奏，整齐的演奏才好听呢！

2. 教师引导幼儿发现演奏乐器中的困难。

教师：在刚才的演奏中你觉得自己什么地方有困难？谁能帮助他？

当幼儿感觉困难无法解决时，教师可以放慢速度，用哼唱方式带领幼儿进行打击乐演奏活动。

评析：在幼儿徒手练习情况已经掌握较好的情况下，幼儿配上乐器，就能看着老师的指挥较为熟练地进行演奏，这样的方式对于人数较多的班级来说是比较适合的，使得孩子都能体验到合作演奏带来的成就感，增强其信心，同时也进一步激发了幼儿对打击乐的演奏兴趣。

★活动延伸：

1. 音乐活动：幼儿交换乐器，再次进行演奏。

2. 区角游戏：小舞台表演中增加节目，让幼儿进一步巩固练习。

第四节 美术类玩教具的设计与制作

一、美术类玩教具的特征与功能

美术类玩教具是指教师借助一定的美术媒介（如纸、布、塑料、木材、金属、综合材料等），依据美观与实用相结合的设计原理，通过美术手段设计、制作而完成的平面、立体或活动的集游戏、娱乐、竞赛、教育功能于一身的娱乐工具。根据美术教育活动可分为美术绘画活动、美术手工活动和美术欣赏活动，可将美术类玩教具分为绘画类玩教具、手工类玩教具和美术欣赏类玩教具。

幼儿的年龄特征和心理特点，决定了在幼儿园美术教育活动中，游戏是幼儿美术教育活动的基本方式，游戏活动是幼儿自然状态下的主要学习资源，玩具是实施幼儿教育最基本的途径和手段。教师利用玩教具进行教学活动，可以充分调动幼儿探知的兴趣，满足幼儿的身心需要，符合幼儿的认知特点，促进美术教学活动的有效进行。

幼儿思维处于直觉阶段，想象力往往受到周围形象化的视觉刺激的影响，各种各样的玩教具正是在此基础上形成和发展。美术类玩教具由于设计、造型、色彩及功能的特殊性，为幼儿提供较丰富的视觉环境，幼儿的想象才会更加丰富，画画内容也才更加多彩。

教师可以利用玩教具结合故事和游戏情景，充分调动幼儿对于各种形象的理解力和想象力。引导幼儿自然进入审美状态，根据自己的理解领悟其中的美。在游戏中，孩子们不仅获得了审美愉悦，还培养了审美情趣，锻炼了审美的感受和表达能力。在此基础上进入到画画环节，孩子的画就会有更多的灵性和想象创造的空间。

二、美术类玩教具作品展示与欣赏

（一）绘画类玩教具

美术活动中与绘画有关的各类材料及工具都属于绘画类玩教具。根据其在绘画活动中发挥的功能，又可进一步划分为绘画设施、绘画工具、绘画材料和欣赏资料四类。

（1）绘画设施：绘画设施主要包括画板、画架、美术专用工作台、美术墙、作品展示架及美术作品储藏柜等。（如图 8–4–1 至图 8–4–4）

图 8–4–1

图 8–4–2

图 8–4–3

图 8–4–4

（2）绘画工具：绘画工具主要包括用来探索颜色、线条和描绘物体形象所使用的各种画笔和调色盒，主要有蜡笔（油画棒）、水彩笔、毛笔、记号笔、水粉笔、底纹笔、刮刻笔、笔洗、印章等。画笔的多样性有益于幼儿的自由创作与表达。（如图 8–4–5 至图 8–4–8）

图 8–4–5

图 8–4–6

图 8–4–7

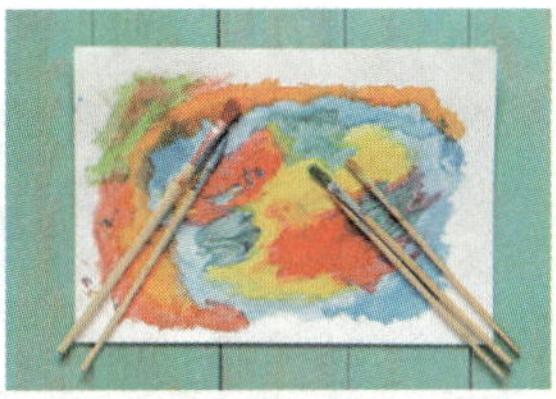
图 8–4–8

（3）绘画材料：绘画材料主要包括纸（铅化纸、宣纸、毛边纸、书面纸等）和颜料（水粉颜料、水彩颜料、墨汁等）。（如图 8–4–9、图 8–4–10）

（4）欣赏资料：欣赏材料主要有适宜于幼儿的各种与绘画相关的图书、画册、光碟、作品等，形式上包括纸质画和电子资料两种。（如图 8–4–11、图 8–4–12）

图 8–4–9

图 8–4–10

图 8–4–11

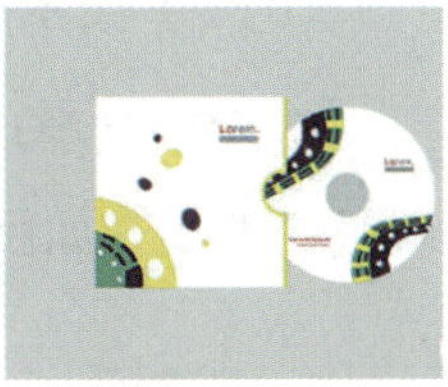
图 8–4–12

（二）手工类玩教具

手工类玩教具指美工活动中用于制作玩教具的各类材料、自然物及各种工具。幼儿手工制作的过程需要多方面的综合技能，包括选择所需要的材料和采用一定的加工制作手法，如绘画、粘贴、折剪纸、塑形等。由于不同年龄段幼儿的能力水平和已有经验存在明显差异，所以针对不同年龄段幼儿应提供不同的制作材料，以及与之对应的方法。完成手工制作需要两方面的准备，即手工制作材料和手工制作工具。

（1）手工制作材料：手工制作材料包括美工纸、塑形泥、造型物、半成品等。（如图 8-4-13、图 8-4-14、图 8-4-15、图 8-4-16）

（2）手工制作工具：手工制作工具应根据制作的具体内容和幼儿的年龄特点来提供，主要包括花边剪刀、胶棒、美工板、打花器、模切机、拉坯机、泥塑刀等。（如图 8-4-17、图 8-4-18）

图 8-4-13

图 8-4-14

图 8-4-15

图 8-4-16

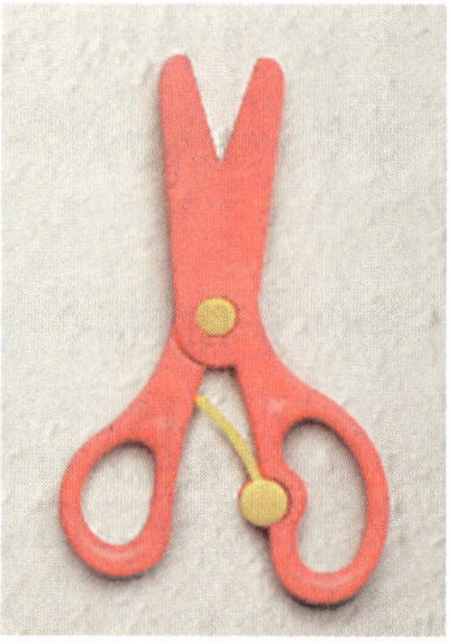

图 8-4-17

图 8-4-18

（三）美术欣赏类玩教具

美术欣赏类玩教具是指教师提供名家作品或自制的精美作品供幼儿欣赏学习的玩教具类型，如民间剪纸、泥塑、美术雕刻作品等。（如图 8-4-19 至图 8-4-22）

图 8-4-19

图 8-4-20

图 8-4-21

图 8-4-22

三、美术类玩教具的操作与实践

（一）美术类玩教具的设计要领

美术类玩教具在设计和制作时一定要满足美术教学与幼儿美术活动的具体需要。关于美术操作类玩教具，教师所提供的半成品玩教具一定要有操作性，根据教师提供的教材，幼儿能操作性地完成半成品的制作，如让幼儿剪贴、图画、组合等。教师在制作和提供美术欣赏类玩教具时，首先要将美感作为选择作品的重要原则，让幼儿在欣赏的过程中不仅获得美术要素的常识和知识，更重要的是要获得美感；其次要考虑呈现多样性的原则，不仅可以在美术教学过程中展示，让幼儿用心欣赏，还可以在墙面展示栏或专门制作的展示板上粘贴。

（二）美术类玩教具设计与制作范例

范例一：

（1）主题名称：手工麋鹿。（如图 8-4-23）

（2）材料准备：彩色卡纸、剪刀、胶水、圆规。

（3）制作步骤：

①用彩纸做出麋鹿的脸；（如图 8-4-24）

②用圆规画圆，然后剪圆形；（如图 8-4-25）

③总共剪 4 个圆，将 4 个圆都对折；（如图 8-4-26）

④半圆之间用胶水贴起来，这样就显得很有立体感了；（如图 8-4-27）

⑤接下来用彩纸做出麋鹿的两条腿（如图 8-4-28），将头、半圆和腿贴起来，麋鹿就完成了。

图 8-4-23

图 8-4-24

图 8-4-25

图 8-4-26

图 8-4-27

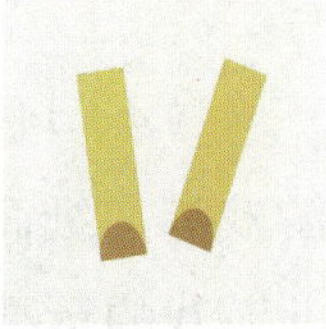

图 8-4-28

（4）玩法介绍：可用于幼儿角色扮演玩具，制作较为简单，教师也可通过指导幼儿制作麋鹿，锻炼幼儿手部动作，提高幼儿的审美能力和自信心。

范例二：

（1）主题名称：纸筒小黄人。（如图 8-4-29）

（2）材料准备：卷纸筒、硬纸板、毛线、彩色纸张、会滚动的玩具眼珠、胶水、画笔、废旧报纸。

（3）制作步骤：

①将旧报纸揉成团，塞入卷纸筒，这样可以使小黄人站得稳，同时用报纸在卷纸筒顶部拱出一个圆顶，作为小黄人的头部，并用胶带固定；（如图 8-4-30）

②在卷纸筒外粘贴上一层报纸，然后涂成黄色，也可以直接用黄色纸张包裹卷纸筒；（如图 8-4-31）

③将一个玩具眼睛贴在小黄人头部部位，并用硬纸板剪出两个圆片，安装在眼睛的外面作为装饰；（如图 8-4-32）

④将毛线按照图示的方法贴在小黄人的头顶作为头发；（如图 8-4-33、图 8-4-34）

⑤用硬纸板卷成小圆柱作为小黄人的四肢，在外面也包裹上一层黄纸，贴到小黄人的相应部位，用画笔画出小黄人的嘴巴、衣服等细节。（如图 8-4-35）

图 8-4-29

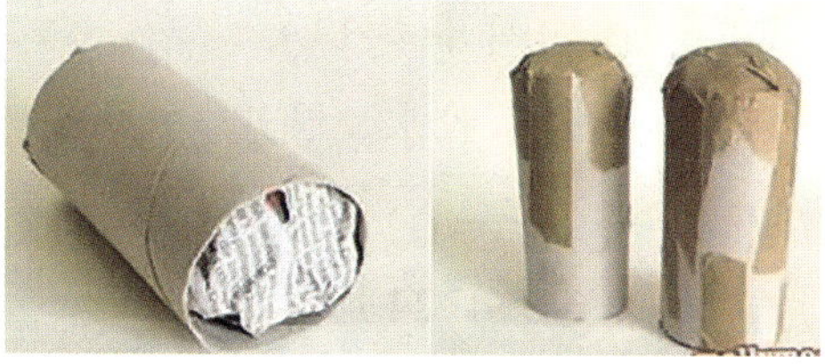
图 8-4-30

图 8-4-31

图 8-4-32

图 8-4-33

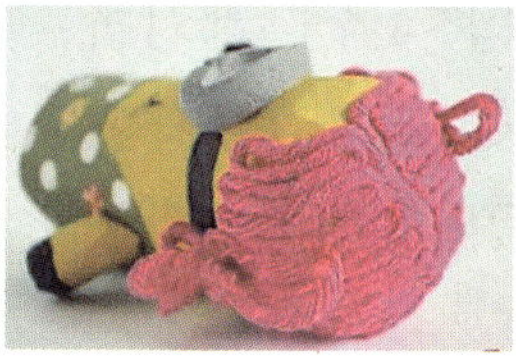
图 8-4-34

图 8-4-35

（4）玩法介绍：可以放置于桌面，也可以套在手指或手掌上，用于表演故事、游戏等。纸筒玩偶的制作过程是游戏、学习的过程，同时纸筒玩偶作品可以作为幼儿游戏的玩具和辅助教学的教具。

范例三：

（1）主题名称：泥陶小鱼。（如图 8-4-36）

（2）材料准备：底板、陶泥、操作工具。

（3）制作步骤：

①在底板上，制作出大小适中的小鱼造型，表面无须平整光滑，让幼儿享受制作过程为主；（如图 8-4-37）

②用一些简单的工具，如铅笔、笔帽、尺子等，在小鱼表面划出各种纹理作为装饰；（如图 8–4–38、图 8–4–39）

③做出传神的小鱼五官，如微笑的嘴、大大的眼睛等；（图 8–4–40）

④将小鱼从底板上慢慢启下即可，注意作品的完整。

图 8–4–36

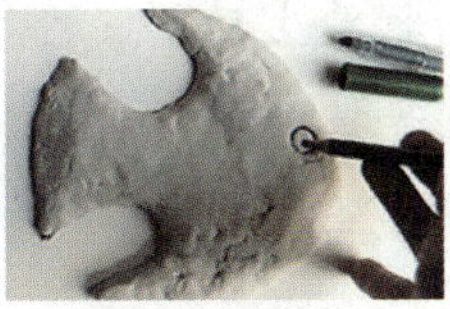
图 8–4–37

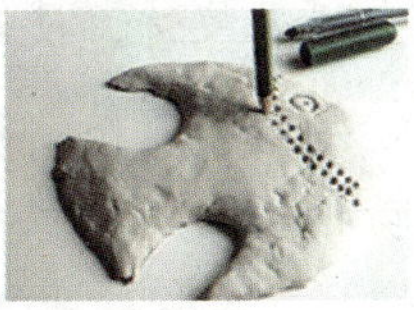
图 8–4–38

图 8–4–39

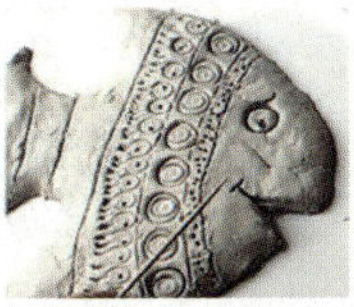
图 8–4–40

（4）玩法介绍：陶泥制作很受幼儿欢迎，幼儿可以结组完成一幅作品，也可以各自制作，最后组合成大型作品。陶泥制作是学前儿童美术活动的主要内容之一。

案例分享

中班美术活动——橡皮泥捏动物

★活动目标：

1. 认识与了解动物的基本特征。

2. 抓住动物的特征用橡皮泥做自己喜欢的动物，进一步掌握做泥塑过程中捏、粘、卷、揉、搓等技能，培养学生的立体造型能力。

3. 激发学生爱护动物的情感与团结合作的精神。

★活动准备：

1. 橡皮泥、动物头饰。

2. 有关动物的影片。

★活动过程：

一、创设情景，认知体验

1. 几位头戴动物头饰的学生进行角色表演。

师：今天老师请来了几位好朋友，看！是谁呀，它们有什么特征？

2. 教师播放课件，学生观看有关动物的影片。教师板书课题：动物。

二、师生互动，深入体验

师：你们看了这些动物，最喜欢哪一种动物，它有什么特征？

1. 学生分别描述一下自己喜欢的动物有哪些特征。

2. 教师出示用橡皮泥做的动物，板书课题：捏泥动物。

三、表现

1. 你们知道老师是怎样做出来的吗?

2. 小组合作探讨制作的过程:

①构思你要做什么动物;

②用捏、揉等方法做动物的身体与头部;

③根据动物的细部特征,加上装饰,使动物更生动。

3. 复习旧知识:搓、捏、压、粘、卷、揉等技能。

教师用较快的速度示范动物的制作过程与方法。

四、创作体验

展示作业要求:用橡皮泥捏一只你喜欢的动物,与小组成员合作完成小小动物园。教师指导鼓励。

五、作品展示,角色表演

小组交叉参观交流,互相评价小小动物园。请小组代表拿着作品上台表演。

★课外延伸:

师生总结全课,谈谈自己的收获或感受。动物是人类的好朋友,与我们息息相关,大家都要关心自然、爱护动物,共同保护环境。

第五节　科学类玩教具的设计与制作

一、科学类玩教具的特征与功能

科学类玩教具是指通过精巧的设计，将相关材料进行组合，以反映特定科学现象的玩教具。目的是引导幼儿探究和认识植物、关爱和研究动物、体验和了解各类材料、认知自然环境、感受科学技术、经历探究过程、尝试使用工具等，引发幼儿好奇心和探究的欲望。科学类玩教具富有一定的趣味性，包含的内容多样丰富，能够帮助幼儿树立科学探索的精神和意识，了解自然现象，主要包括力学玩教具、声学玩教具、光学玩教具、电学玩教具、磁学玩教具五大类型。

科学类玩教具应具有以下特征：

科学性。科学类玩教具在制作上要有严谨认真的科学态度，自制的玩教具反映出来的概念、规律、知识应当是科学的、正确无误的，不能有科学性的错误。

适应性。自制科学类玩教具首先要有明确的科学教育活动目的，符合幼儿的认知规律、年龄特征以及心智发展规律。要从科学教育活动的实际需要出发，选题要考虑学科的深度、广度，根据需要尽量做到幼儿能任意拆卸和组装。

直观性。使用科学类玩教具辅助科学教育活动，最大的优势是具有直观性，通过科学简便的操作过程，便于幼儿对科学类知识的观察、理解和记忆，赋予幼儿感性的、形象而具体的知识，有助于提高他们探求科学知识的兴趣，为幼儿充分理解一定的科学知识和规律，并牢固地将之记忆创造条件。所以自制科学类玩教具要体现直观性特征，简单明了、直观。

安全性。科学类玩教具必须保证材料安全无毒、性能可靠。幼儿教师在制作玩教具时，要选择环保无毒、无放射性元素的材料，同时教师要细心、有扎实的理论知识和过硬的操作技能。如制作要牢固，线头要扎好压牢，要有可靠的安全防范措施等。

二、科学类玩教具作品展示与欣赏

（1）力学类玩教具。2009 年，阿林·普拉特·普莱瑞（Arleen Pratt Prairie，美国哈罗德·华盛顿学院教授）总结出，适合幼儿探索物理力学现象的活动应满足四个条件：① 幼儿可通过动作进行移动；② 幼儿能通过改变动作来影响结果；③ 幼儿能观察物体的移动；④ 幼儿能马上体验到结果。按照上述条件，力学类玩教具主要有冲击力类玩教具、摩擦力类玩教具、机械类玩教具、重力类玩教具、惯性类玩教具。（如图 8-5-1、图 8-5-2、图 8-5-3）

（2）声学类玩教具。能帮助幼儿体验身边不同的声音，探索不同材料对发声和传声的影响，获得有关声音传播的感性体验。八音盒、回声筒、共振鼓、听觉配对筒、各种声控玩教具、声音游戏盒等都是适合幼儿的声类玩教具。（如图 8-5-4、图 8-5-5）

（3）光学类玩教具。可以帮助幼儿探究和感知光的特性，了解光的作用等。它包括聚散光类玩教具、折射类玩教具及光影类玩教具。（如图 8-5-6、图 8-5-7、图 8-5-8）

（4）电学类玩教具。为幼儿展示与电有关的现象，帮助幼儿了解电的常识，一般在大班投放。它主要包括静电类玩教具、自发电类玩教具，以及简单的电路类玩教具。（如图 8-5-9、图 8-5-10）

（5）磁学类玩教具。主要为幼儿展示与磁有关的现象，一般在中班或大班投放。它主要包括磁接类玩教具和磁力类玩教具。（如图 8-5-11、图 8-5-12）

图 8-5-1

图 8-5-2

图 8-5-3

图 8-5-4

图 8-5-5

图 8-5-6

图 8-5-7

图 8-5-8

图 8-5-9

图 8-5-10

图 8-5-11

图 8-5-12

三、科学类玩教具的操作与实践

（一）科学类玩教具的操作与实践

好奇心和兴趣是幼儿进行科学活动的重要心理支撑。因此，科学类玩教具在设计和制作时首先要考虑到趣味性。有趣的玩教具会引发幼儿的操作兴趣，促使幼儿的主动学习。其次，教师还要注意设计的科学类玩教具要让幼儿体验到好玩的、惊奇的结果。

（二）科学类玩教具设计与制作范例

1. 力学类玩教具的设计与制作

（1）主题名称：走马灯。（如图 8–5–13）

（2）材料准备：剪刀、铅笔、橡皮、圆规、直尺、钳子、铁丝、蜡烛、手工纸、玻璃杯、子母扣、双面胶。

（3）制作步骤：

①用圆规在方形手工纸上画一大一小两个同心圆，用直尺将同心圆分成若干等份。（如图 8–5–14、图 8–5–15）

②沿着画线将圆剪下，并将等分线剪开，注意剪的时候内心圆要保持完整。（如图 8–5–16）

③在圆片上扣上子母扣，子母扣上有圆形凹槽的一面朝下。（如图 8–5–17）

④将圆片翻过来，沿着等分线折扇叶，扇叶的方向要一致。（如图 8–5–18）

⑤将折好的扇叶外围取一小段距离向内折叠。（如图 8–5–19、8–5–20）

⑥灯笼外壁制作之前，要先在纸上画出自己喜欢的图案，然后粘上双面胶，然后将叶轮折好的外围小边跟灯笼外壁的纸张进行黏合，粘的时候记住叶轮折好的外围小边是斜着粘贴的。（如图 8–5–21）

⑦用铁丝将点燃的蜡烛固定在玻璃杯的杯底，然后将做好的灯笼放在固定好的铁丝上，铁丝的顶端要放入子母扣的凹槽里，一个好看的走马灯就做好了。（如图 8–5–22）

图 8–5–13

图 8–5–14

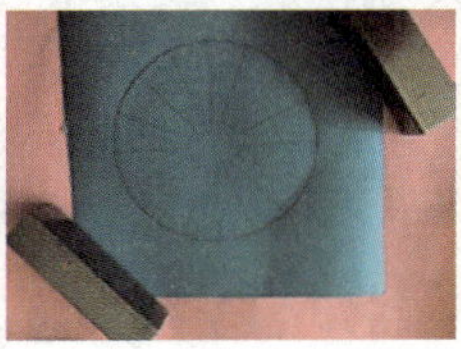
图 8–5–15

图 8–5–16

图 8–5–17

图 8-5-18

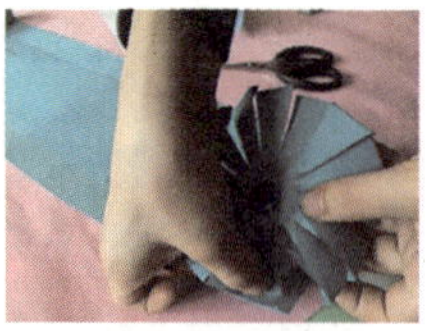
图 8-5-19

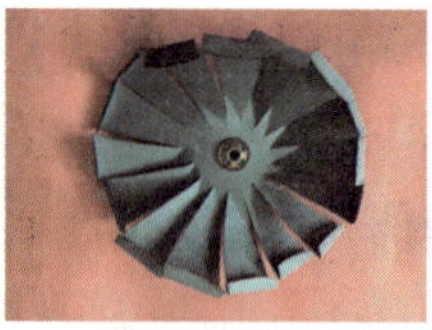
图 8-5-20

图 8-5-21

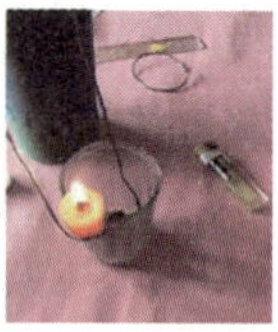
图 8-5-22

（4）玩法介绍：利用热空气的对流原理，造成对流，使气流推动轮轴旋转。当灯笼内的蜡烛或灯泡等点燃后会释放一定热量，热气流上升产生动力推动顶部叶轮转动，叶轮的转动会带动灯罩或剪纸层的转动。

2. 声学玩教具设计与制作

（1）主题名称：传声筒。

（2）材料准备：一次性纸杯 2 个、细绳 1 根、穿线针 1 个、回形针 2 个。

（3）制作步骤：

①在两个纸杯的底部中心处分别戳一个洞。（如图 8-5-23）

②将细线分别穿过这两个洞，并连接回形针，打好结固定，一个简单的传声筒就做好了。（如图 8-5-24、图 8-5-25）

图 8-5-23

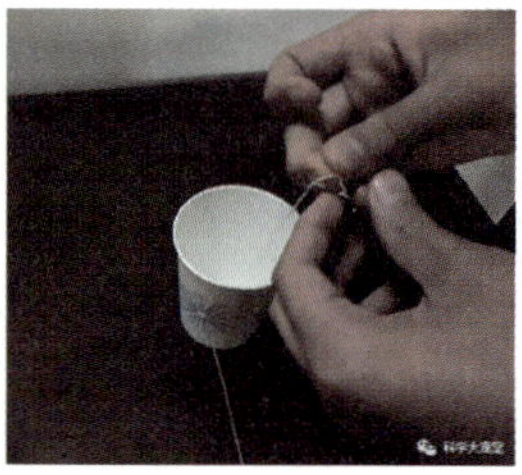
图 8-5-24

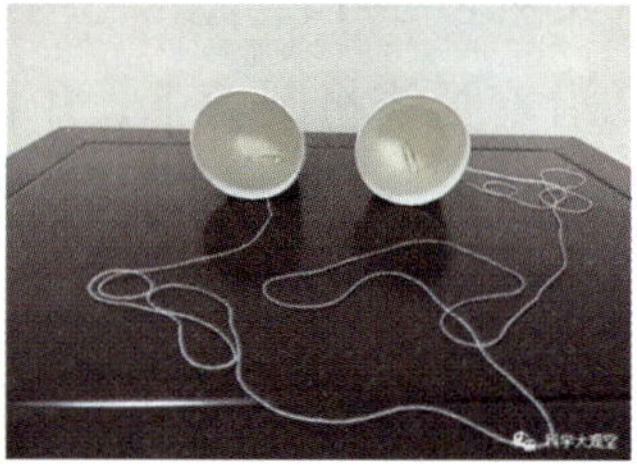
图 8-5-25

（4）玩法介绍：两个小朋友一人拿一个纸杯，一人对着开口的一方说话，另一人用纸杯开口方向对着耳朵即可听到对方讲话。

3. 光学类玩教具的设计与制作

（1）主题名称：万花筒。

（2）材料准备：卷纸筒、白卡纸、聚酯薄膜、吸管、彩色笔、颜料。

（3）制作步骤：

①根据卷纸筒的大小，剪出 3 块聚酯薄膜（或其他反光材料），粘贴成三棱柱形状。（如图 8-5-26）

②将卷纸筒涂上颜料后，晾干，将三棱柱放入纸筒（尽量大小刚刚好，防止掉落）。（如图 8-5-27）

③在白色卡纸上剪出 1 个圆，中间戳个吸管大小的孔。（如图 8-5-28）

④用彩色笔画上各种有趣又好看的图案。（如图 8-5-29）

⑤剪出一小段的吸管，连接卷纸筒与白色卡纸，利用吸管将卷纸筒和卡纸连接固定即可。（如图 8-5-30、图 8-5-31）

（4）玩法介绍：幼儿通过小孔就可以看到丰富多彩的万花筒世界了。（如图 8-5-32）

图 8-5-26

图 8-5-27

图 8-5-28

图 8-5-29

图 8-5-30

图 8-5-31

图 8-5-32

4. 电学类玩教具的设计与制作

（1）主题名称：柠檬电池。（如图 8-5-33）

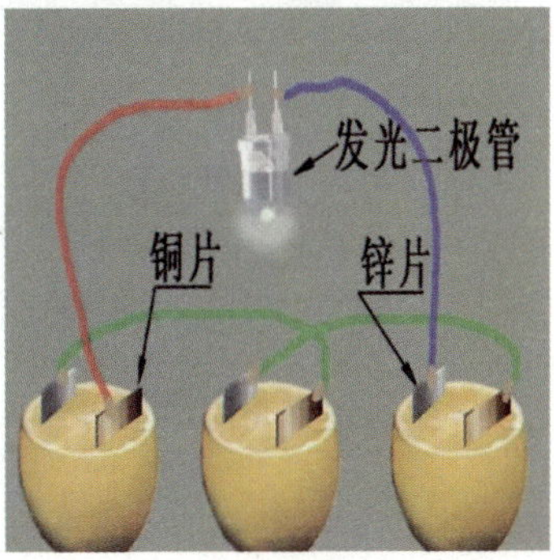

图 8-5-33

（2）材料准备：3 个柠檬、3 块铜片、3 块锌片、4 根导线、1 个发光二极管。

（3）制作步骤：

①取 2 根导线，每根导线的一端连接铜片，另一端连接锌片。

②剩余的 2 根导线，一根导线的一端连接铜片，另一端连接发光二极管，另一根导线一端连接锌片，另一端连接发光二极管。

③将 3 个柠檬的顶端削去。

④用一端铜片、一端锌片的导线利用串联的方式将 3 个柠檬连接在一起（即第 1 根导线锌片插在第 1 个柠檬上，铜片插在第 2 个柠檬上；第 2 根导线的锌片插在第 2 个柠檬上，铜片插在第 3 个柠檬上）。

⑤将连接发光二极管的两个导线，连接铜片的一端插在第 1 个柠檬上，连接锌片的一端插在第 3 个柠檬上，二极管就会发光。

（4）玩法介绍：在教师指导下幼儿可通过亲自动手操作，体验学习简单的电学知识。

5. 磁学类玩教具的设计与制作

（1）主题名称：磁力小车。（如图 8-5-34）

（2）材料准备：车身木条、磁铁、小滑轮（4 个）、螺丝（或者胶水）、雪糕棍、螺丝刀、双面胶。（如图 8-5-35）

（3）制作步骤：

①用螺丝钉（或胶水）将两节车身木头按 T 字形连接起来。（如图 8-5-36、图 8-5-37）

②紧接着将轴承穿过车身两端的凹孔并且安装好车轮。（如图 8-5-38）

③用胶水在车身中间的地方粘上 1 根小木条。（如图 8-5-39）

④接下来将两片磁铁分别用双面胶粘在小车柱子和动力小木棍上，不知道粘在哪里的小朋友可以按下图的样式粘。（如图 8-5-39）

⑤冰棍棒的一端作为引力棒，小车制作完成。（如图 8-5-40）

图 8-5-34

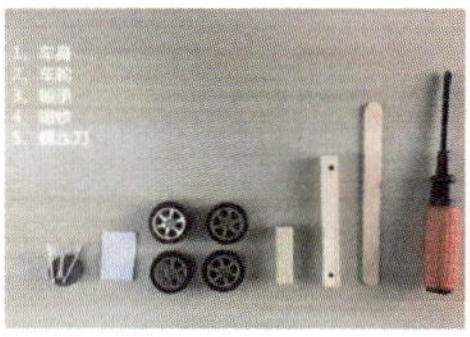
图 8-5-35

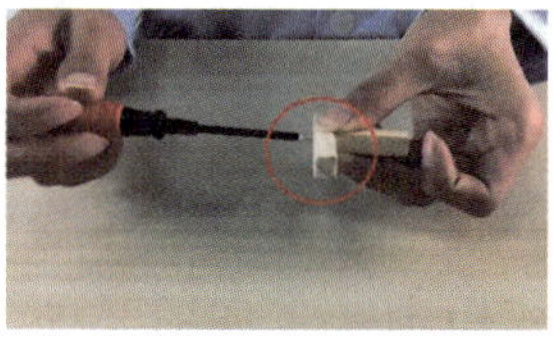
图 8-5-36

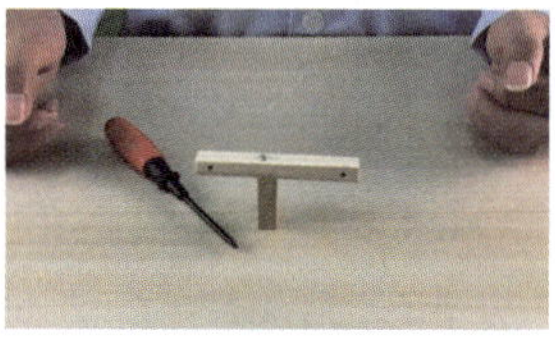
图 8-5-37

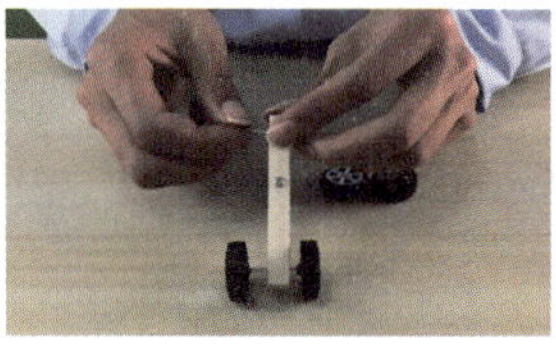
图 8-5-38

图 8-5-39

图 8-5-40

案例分享

大班科学活动——有趣的鸡蛋

★设计意图：

借助蛋壳这样一个孩子们熟悉的物品作为媒介，在一系列相互关联的操作活动中，让孩子感知拱形面能承受较大力的现象，并对力作用于蛋壳凹面、凸面出现的不同现象产生探索的欲望和兴趣。对于孩子来说，活动结果的获得并不是最重要的，最重要的是在探索过程中，学习探索的方法，并享受探索的乐趣。

★活动目标：

1. 对力作用于蛋壳凹面、凸面所出现的不同现象产生探索的欲望和兴趣。

2. 初步感知拱形面能承受较大力的现象，并了解其在生活中的运用。

3. 简单表述自己的操作过程和结果。

★活动准备：

1. 幼儿操作材料（人手 1 套），蛋壳（分成两半）、铅笔、水、吸管、透明胶带纸、纸条（3 条，长短相同）、河流模型（可固定纸条）、小积木若干。

2. 教师操作材料：桌面教具 1 套、记录表、投影仪，有关桥梁、隧道、圆屋顶等的图片。

★活动过程：

1. 激发兴趣，引导幼儿操作感知。

（1）故事《小鸡出壳》引出问题：小鸡是怎么啄破蛋壳的？

（2）启发幼儿用铅笔尖代替小鸡的尖嘴巴，来模拟小鸡用尖嘴啄蛋壳的过程；发现力作用于蛋壳的凹面时，蛋壳很容易被啄破的现象。

（3）师：试试用笔尖啄蛋壳的另外一面，看看会发生什么？引导幼儿通过操作，验证相同力分别作用于蛋壳凹面、凸面所产生的不同现象。

2. 实验：感知力的分散现象。

（1）将水分别滴落在蛋壳的凹面和凸面，引导幼儿观察两种不同的现象，初步感知力的分散现象。

（2）幼儿操作：将水滴落在蛋壳的凸面，再次感受力的分散现象。

（3）教师作简单小结：我们作用于蛋壳上的力就像水珠一样，滴在凹面上，力就像水珠一样凝聚在一起，作用力大；滴在凸面上，力就像水珠一样流到四周，被分散，作用力就变小。

3. 知识迁移，了解薄壳结构原理在日常生活中的应用。

（1）师：你在生活中见到过哪些像“︿”的物体？

（2）运用实物投影仪，向幼儿介绍有关拱桥、圆屋顶、隧道等的图片，了解薄壳结构原理在生活中的运用。

4. 幼儿继续探索，并学习用简单统计方法记录探索的结果。

（1）给幼儿一个河流模型和三张纸条，启发幼儿尝试建造不同弧度的拱桥，用小积木代替拱桥所受的力来进行测量，并记录观察的结果。（鼓励幼儿用自己的方法来记录）

（2）帮助幼儿比较分析几种桥的受力程度，让幼儿学习用较连贯的语言介绍自己的观察结果。

（3）师：你觉得什么样的拱桥才是又好看又好用的呢？帮助幼儿分析实际应用中的利弊，发现新的问题。

5. 延伸扩展：激发幼儿不断探索的欲望。

（1）启发提问：古人利用蛋壳的这种原理建造了许多的拱桥，有的到今天还在使用，都好几百年了。你能用蛋壳的这种原理来建造什么样的建筑呢？

（2）请幼儿用笔画出自己设计的作品，并相互交流。（此部分可在区域活动中进行）

★课外延伸：

在区域活动中，引导幼儿找找现代生活中各种各样的桥，看看他们是用什么方法建造的，如斜拉索大桥、高架桥、立交桥、铁路公路两用桥等，引导幼儿进一步探索。

本章小结

不同的玩教具对幼儿的发展具有不同的教育价值，综合类玩教具从不同角度和不同方面入手，着眼于幼儿的全面发展，结合教师的教育教学手段能够有效地促进幼儿德、智、体、美、劳等方面的健康发展。本章内容细致地介绍了益智类玩教具、体育类玩教具、音乐类玩教具、美术类玩教具、科学类玩教具的特征与功能、制作方法和原则，并提供了具体的制作案例供学生参考学习。

思考与实训

1. 简述不同类型玩教具的特征和功能。
2. 简述不同类型玩教具的制作方法和原则。

专题探讨

结合本章中不同类型玩教具的制作案例，在此基础上采用分组合作的方式进行创新和改编。

第九章

幼儿园玩教具与幼儿园环境创设

学习目标

- 能够了解幼儿园玩教具与幼儿园环境创设的关系。
- 能够了解环境创设的概念、价值和幼儿园环境的分类。
- 能够理解幼儿园室内环境和户外环境的区域划分及不同区域环境创设的要点。
- 能够理解不同节日主题活动下幼儿园环境创设的必要性及要求。

学习重难点

- 重点：掌握幼儿园玩教具与幼儿园环境创设的关系以及幼儿园室内与户外环境创设的基本要求。
- 难点：将幼儿园室内、户外环境创设的基本要求运用到幼儿园一线教学实践中。

案例破冰

一位教师的观察记录

一个星期四的下午，几位等待家长来接的小朋友把椅子排成一长排，程程小朋友手上拿着一个小呼啦圈，嘴里还直叫“嘟嘟嘟……快上车，火车就要开了！”看着他们开心的样子，我心中顿生一种想法。第二天的区角活动多了一个“小火车”游戏，有小朋友不仅报出了上海、北京，还说出了香港、澳门、广州等地名。我借机会向幼儿介绍了这些城市的名称及特色，并结合科学认读为幼儿提供了全国各地的名称字卡，幼儿在活动中还加入了自己的创意。他们把字卡按顺序排在椅子上，到站了还会说“上海已到站，请下车的乘客带好自己的随身物品准备下车”。随着游戏的不断开展，我们又为幼儿提供了1—10的数字卡片，在“乘客”上车时他们会按顺序给乘客相应的票据……小朋友通过游戏的不断发展，在语言、计算、情感、责任心、与人交往等方面都得到了发展。

结合这位老师的做法，谈一谈幼儿园环境创设在幼儿园中的作用。

第一节　幼儿园玩教具与幼儿园环境创设的关系

一、了解幼儿园环境的概念

在幼儿园教育活动中，环境是一种“隐形的教育元素”，对幼儿智力发展、良好个性的形成等方面都会产生潜移默化的影响。幼儿园环境，绝不是一种自然自发或随意设置的环境，而是教育者根据教育目标、着眼于幼儿身心发展的需要而精心创设的适宜的教育条件。物理世界本身不会自动地成为幼儿教育环境，当存在物进入人的活动视野作为人的认知对象，并被作为材料经艺术地加工成为幼儿喜闻乐见的专用场所、设施、音像作品甚至专门的玩具，这才成为幼儿教育环境。幼儿园环境是幼教工作者专门为幼儿设置的，具有教育意义。

相对于一般意义上的环境而言，幼儿园环境是一种更为具体、更为特殊的环境。幼儿园环境是指幼儿园内幼儿身心发展所必须具备的一切物质条件和精神条件的总和，其概念有广义和狭义之分。广义的幼儿园环境，是指开展幼儿园教育所需的一切条件的总和，包括物质环境和心理（精神或人文）环境，是由幼儿园的全体工作人员、幼儿、各种物质材料及各种信息要素，通过一定的文化习俗和教育观念所组织并综合的一种动态的教育空间，这种空间范围既是心理上的，又是精神上的，既具有保育性质，又要具有教育性质。狭义的幼儿园环境，主要指幼儿园中影响幼儿身心发展的物质因素，通常指幼儿园的建筑、场地、设备及绿化。

二、探讨幼儿园环境的分类

幼儿园是幼儿长期生活、学习和游戏的重要场所。幼儿园环境既有物质形态的，又有精神形态的；既有室内的，又有户外的；既有班级的，又有公共区域的。多种多样的幼儿园环境综合在一起，潜移默化地影响着幼儿的身心发展，下面我们将从三个维度来认识幼儿园环境的分类。

（一）物质环境与精神环境

按照环境性质的不同，幼儿园环境可分为物质环境和精神环境两大类。

物质环境主要包括玩教具、图书、室内外装饰、园舍建筑和配套设施等有形的环境。

精神环境主要包括幼儿园文化、教师的教育理念和教育行为、人际关系和情感氛围等无形的环境。精神环境尽管是无形的，但它对幼儿身心发展尤其是心理发展有着巨大的影响，是幼儿园环境的重要组成部分。

（二）班级环境与公共区域环境

按照存在形式的不同，幼儿园环境可分为班级环境和公共区域环境两大类。幼儿园中班级环境包括墙面、区角等，公共区域环境包括门厅、走廊、楼梯和园庭等。

（三）室内环境和户外环境

按照场所区域的不同，幼儿园环境可分为室内环境和户外环境两大类。室内环境主要指幼儿园内的室内空间环境，户外环境主要指幼儿园内除了室内空间环境以外的全部环境。

三、了解幼儿园环境创设的概念

幼儿园环境创设主要是指教育工作者根据幼儿园教育的要求和幼儿的身心发展规律及需要，充分挖掘和利用幼儿生活环境中的教育因素，创设对幼儿起积极作用的活动场景，把环境因素转化为教育因素，以促进幼儿身心健康发展的过程。

著名教育家蒙台梭利认为：教育的基本任务是让幼儿在适宜的环境中得到自然的发展，教育的职责在于为幼儿提供适宜的环境。《幼儿园工作规程》中强调，要创设与教育相适应的良好环境，为幼儿提供活动和表现能力的机会与条件。《幼儿园教育指导纲要（试行）》也明确指出，幼儿园的空间、设施、活动材料和常规等要有利于引发、支持幼儿的游戏和各种探索活动，有利于引发、支持幼儿与周围环境之间积极的相互作用。由此可见，幼儿的发展是在与周围环境的相互作用中实现的，良好的教育环境对幼儿的身心发展具有积极的促动作用。环境是幼儿耳濡目染的教育介质，是幼儿自然成长的良师益友，幼儿园环境是幼儿园教育赖以进行的一切条件的总和，其创设的好坏直接体现幼儿园教育的智慧。

四、探究幼儿园玩教具与幼儿园环境创设的关系

玩教具是指幼儿在游戏和学习活动中使用的工具，它借助一定的物质材料（如

纸、塑料、木材、金属等），依据一定的设计要求，通过手工制作或工业化生产而来，通常又细分为玩具和教具，其具有可视的、有形的、或平面或立体的这样一些属性。幼儿园环境分类之一的物质环境提到，“物质环境主要包括玩教具、图书、室内外装饰、园舍建筑和配套设施等有形的环境”，以及幼儿园环境创设中“幼儿园环境创设旨在充分挖掘和利用幼儿生活环境中的教育因素，创设对幼儿起积极作用的活动场景”，可看出玩教具作为一种可视的、有形的且具有教育价值的物质存在，是幼儿园环境创设的主要组成材料，二者是部分与整体的关系。

第二节 幼儿园室内教学环境的创设

一、室内教学环境的概念

幼儿园室内教学环境泛指室内空间环境，主要指幼儿本身以外的、影响幼儿发展或者受幼儿发展所影响的幼儿园室内的一切外部条件和事件，包括门厅、走廊、过道、楼梯、悬挂物等室内公共部分和办公室、会议室、接待室、活动室、生活区等专用空间。

二、室内教学环境的主要组成部分

1. 门厅

门厅是所有进出人员的集散地，是幼儿、家长、教职员工以及内外宾客每日必经之地。显然，其空间环境创设的影响面也比较大。因此，门厅的环境创设应格外精心，尽力反映出本园最高水平。

门厅一般比较宽敞，可以考虑采用大型展示墙（如图 9–2–1），展示多名幼儿绘画、剪纸、手工作品的集体创作等；也可以设置橱窗、展柜，陈设幼儿美工作品，让人们可以驻足观赏。门厅布置要和建筑艺术设计统一起来，力求达到良好的整体视觉效果（如图 9–2–2）。

图 9–2–1 门厅的大型展示墙

图 9–2–2 门厅整体效果

2. 走廊

人们每天重复多次经过走廊，它的重复性使得在走廊展示的内容可多次、反复作用于幼儿。因此，可以利用走廊陈设帮助幼儿学习一些生活与科学小常识。布置作品或装饰物可采用平面粘贴或立体悬挂等方法（如图 9–2–3）。如果走廊一侧的墙壁上没有窗户，可以考虑设计一个整幅的大型墙饰（如图 9–2–4），效果较好。走廊采光条件好的幼儿园，可以把走廊设为展示区，设置各类橱窗、展示栏来展示师生的书画、手工作品（如图 9–2–5）。

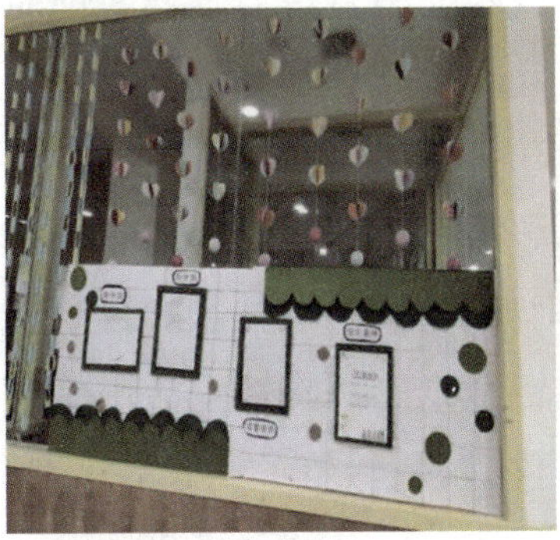
图 9–2–3　立体悬挂式走廊

图 9–2–4　大型墙饰走廊

图 9–2–5　作品展示区式走廊

3. 楼梯

作为建筑物的垂直交通设施之一，楼梯的首要作用是联系上下的交通通行，其次楼梯还起着承重的作用。此外，楼梯还应具备安全疏散、美观装饰的功能，要以新颖多样的造型和细节上的艺术处理，使其成为建筑外形或室内环境的重点装饰部分。

例如，沿着楼梯墙面，可以设立画廊，悬挂各种工艺美术品，增加展示艺术作品的空间。也可以根据楼梯特点，运用剪贴画（如图 9–2–6）、手绘图（如图 9–2–7）等方法制作专门的墙饰。楼梯的拐角处，可巧用塑料花或装饰植物来点缀（如图 9–2–8）。在楼梯的台阶、护栏上还可以配合楼层总体色调，用彩色油漆进行处理（如图 9–2–9）。

图 9–2–6　剪贴画装饰的楼梯墙面

图 9–2–7　手绘图案装饰的楼梯墙面

图 9–2–8　楼梯拐角处的绿植装饰

图 9–2–9　楼梯、墙面色调一致的装饰

在走廊、楼梯等建筑空间狭长处应安排能够近看的装饰。如画面较长，其内容形式也要适宜近看，画中的形象不要太大，这样才便于观赏。转弯处往往有较远的观赏点，可安排些供较远距离观赏的装饰。有的幼儿园走廊的墙面虽然较长，但往往又被窗户隔开，对此可以在两窗之间安排一些相互间有某种联系的装饰。楼梯侧

墙则以斜向的平行四边形或三角形为多，装饰物的安排要因势布局，这样才能获得新奇的效果。注意：在走廊与楼梯安排装饰，要以不妨碍其使用功能为宗旨。

4. 悬挂物

无论是自制的或者是购置的悬挂物，在幼儿园环境布置中都是重要的饰物。幼儿园每逢喜庆节日，总要挂一些工艺饰品，以烘托节日气氛。节日过后，那些饰品往往被人冷落以至于丢弃。其实，悬挂物也是幼儿园空间环境布置很好的饰物，它能使幼儿园充满活力。

幼儿园空间悬挂物种类很多，如风铃、动物灯饰、风筝、大红灯笼、纸花纸彩、自制玩教具（如图 9-2-10）等，小型长毛绒玩具也可作为幼儿园的悬挂物。自制悬挂物的材料很多，如皱纹纸、蜡光纸、包装彩带、彩色铝金纸、一次性生活用品以及常见的废旧纸板（如图 9-2-11），都是很好的制作材料。

图 9-2-10 悬挂式自制玩教具

图 9-2-11 悬挂式一次性用品

我们还应该根据不同的教育需求，及时更换或调整悬挂物。因此，它的创设具有短期性的特点。在教室内的悬挂物应该配合阶段教学内容来调整，例如，根据春、夏、秋、冬四季的季节性安排；根据不同节日的纪念性安排，悬挂物的选择要与节日性质相符合（如元旦、儿童节、母亲节、端午节、国庆节、元宵节等）。悬挂物必须定期更换或清洁。悬挂物的放置也应有标准高度，至少高于幼儿三个头以上，以不妨碍室内采光和幼儿游戏活动的开展为宜。因此，室内空间的布置，悬挂物的设置，应考虑到总体环境色彩的统一、协调，这样才能建构和谐、轻松的环境气氛。

5. 活动室

幼儿园的活动室按功能分为多功能活动室、专用活动室和班级活动室三种类型。多功能活动室一般是幼儿园里的大型活动室，可供开展音乐、体育、游戏、观摩、集会以及陈列幼儿作品等活动。有的幼儿园的多功能活动室，更兼具音乐表演活动功能；而有的幼儿园的多功能活动室，其设施功能类似于体育馆，主要用作开展体育活动项目。

专用活动室是幼儿园根据教育教学需要专门设置的有特定功能的活动室，如美工活动室、舞蹈活动室、图书室等（如图 9–2–12 至 9–2–14）。这类活动室常和幼儿园特色教育活动相联系，一般面积较小，功能单一。班级活动室是幼儿园各年龄班幼儿进行教学和室内活动的基本场所。

图 9–2–12　专用舞蹈活动室

图 9–2–13　专用国学活动室

图 9–2–14　专用美工活动室

活动室的家具以玩具柜为主，一般靠墙安置最节省地方，以使幼儿活动有较大的空间。家具的形状、色彩要活泼、明快，不但要有实用功能，还要起到美化室内环境的作用。窗台和家具上可摆放一些较为固定的物品，既可供幼儿进行活动，又可点缀室内环境。其摆放的位置、角度等要注意效果，与环境相协调。（如图 9–2–15、图 9–2–16）。

图 9–2–15　活动室

图 9–2–16　活动室

6. 生活区

幼儿在生活区主要是睡眠和盥洗，有的幼儿园（主要是全托幼儿园）把生活区和活动区分开，设有专门的寝室、卫生间；有的幼儿园则是按班级把幼儿的活动、午休、盥洗等功能集中在一起分区域设置。生活区的装饰应体现安静，一般采用有关睡眠的造型设计，其色彩宜柔和，形式要简洁。（如图 9–2–17、图 9–2–18）

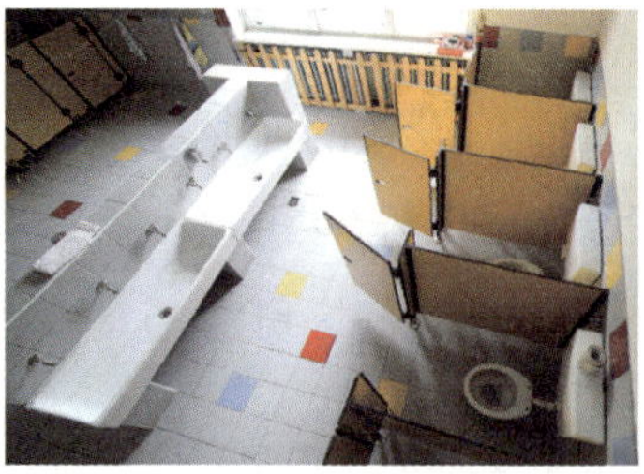

图 9-2-17 盥洗室

图 9-2-18 午睡室

三、室内教学环境设计的基本要求

1. 墙饰布局合理，科学规划

包括主题墙在内的墙饰，一般分为几个有机联系的板块，但是因为墙面大小有限，因此教师要提前规划好各个板块的大致幅面，以免过于拥挤和胡乱拼贴。比如调查问卷或幼儿作品一类的，在展示一段时间后可以做成一本册子，供幼儿随时翻阅，还可以做成二维码，家长和幼儿在家也可以了解和学习。

2. 墙饰高度适宜，合理分布

适宜高度的室内墙面装饰方便幼儿去看、去摸、去刷、去闻……考虑不同年龄段幼儿的身高和视线，能够进入幼儿视线的东西，幼儿才会有互动、探索的欲望，才能在这过程中获得语言、社会性等发展。

3. 墙饰布置生动，富有美感

墙饰布置不仅仅体现教育价值，还应具有审美价值。在设计墙饰背景或图案时，一定要美观，让孩子能够产生兴趣，能把孩子的注意力吸引过来。

4. 主题设定明确，明晰目标

互动墙饰的主题应该是孩子们感兴趣的并与教育目标和内容相适宜。墙饰主题的确定，可以根据季节变化确立，也可以根据教育内容确立，或是根据孩子的兴趣生成。在互动墙饰中，可以预设课程为主，在此基础上逐渐丰富、发展和完善教育内容。

5. 情境创设形象，激发兴趣

在创设互动墙饰中，有时我们选择的主题不在幼儿的兴趣点和关注点上，要让墙饰与幼儿互动，达到教育目的，这就需要我们想办法去激发幼儿兴趣。

6. 适时更新替换，保持新鲜

幼儿园的墙面装饰，不仅是为了美化，还在于它必须服从教育的需要，是完成教育目标的一种形式和手段。它能诱发、引导，甚至直接决定幼儿进行活动的结果，将教育的主题内容转化为形象具体、色彩鲜艳、生动有趣、赏心悦目的墙饰，即寓教育于墙饰中，让墙饰产生潜移默化的教育和熏陶作用。

第三节　幼儿园户外教学环境的创设

一、户外教学环境的概念

户外教学环境是指为幼儿提供的，让幼儿走出教室到大自然、社会中去观察、了解、感受现实生活中的实物、实例和现象，以幼儿自己独有的视角了解、验证世界，从而丰富幼儿的感性认识，促进幼儿发展的空间环境。

在幼儿园中，户外教学环境主要是指幼儿园教室以外的空间环境，包括园门及围墙、绿化绿地、幼儿户外活动场所等等。幼儿园的场地是有限的，然而经过精心的设计、周密的安排，却有很大的创意性空间。

二、户外教学环境的主要组成部分

1. 园门及围墙

园门是幼儿园给人的第一印象，往往也是幼儿园对外形象的代表。园门的样式很重要， 但它的设计绝不能与环境割裂开来单独考虑。无论采用哪种设计样式，在色彩和造型上，都应该与幼儿园的整体环境和建筑风格相协调，并能体现幼儿园的特点。

下面这几所幼儿园的园门设计，都运用了实用简练的设计手法。图 9–3–1 和图 9–3–2 的园门，都采用了弧线元素，与幼儿园弧形屋顶、圆形窗户之间相映成趣；图 9–3–3 的园门使用以绿色为主色调的油漆，与周围植物的颜色相互呼应；图 9–3–4 的园门，其平直低矮的园门线条和后面园舍楼房的二层平顶线条，都是和谐的平行线。总之，这些园门设计与其身后的整体环境及建筑风格都十分协调，只是这些园门建筑设计里所隐含的教育与文化价值观念有所区别。

图 9–3–1　运用弧线元素的幼儿园

图 9–3–2　运用弧线元素的幼儿园

图 9–3–3　木制栅栏与环境融合的幼儿园

图 9–3–4　运用平行线元素的幼儿园

幼儿园门面、围墙的设计应该体现幼儿园的教育特色。现在，不少幼儿园都形成了自己的教育特色，在园门、围墙的设计上能有所创新，对进一步突出办园特色起到良好的辅助作用。此外，幼儿园还可以结合本园的园标来进行园门设计，有斜门、数字门、中华门等多种多样的形式，能够更好地体现幼儿园的文化内涵和审美标准。总之，幼儿园园门以及围墙的设计要美观、简洁、明确，既体现幼儿园的教育特点，又能成为儿童向往的地方。

2. 园区绿化环境

环境美化离不开绿化，绿化就是广植绿色植物，净化空气、美化环境、防止水土流失。幼儿园绿化工作有着多种意义，能使园区环境得到净化和美化，使园内生机盎然，并起到保护改善环境、促进身心健康的作用。环境科学家认为绿色植物是新鲜空气的加工厂、卫生消毒站、天然除尘器。据实验测定，如紫薇、茉莉、臭椿、香樟、女贞等，都有很强的杀菌能力；绿色植物能减少粉尘污染，对净化空气有着巨大作用；绿色植物还可以吸收噪音、减弱声波，比如我们在大森林里会感到格外幽深静谧；绿色植物又可以调节改善气候，最明显的是夏天的降温作用。据测定，夏日浓荫下的温度比暴晒路面的温度要低 16℃之多，而草地的温度要比光秃的地面低 3℃。凡此种种可看出绿化环境的重要性。

绿化的基本方法是广植树木，多种花草。如图 9–3–5 所示，树尤其是常青树种对环境产生的效果最好，但其成本较高且生长周期较长；如图 9–3–6 藤本植物的绿化效果也不错，只是要结合园区建筑风格综合设计。

需要注意的是幼儿园在环境绿化的时候，应严格遵守国家对于幼儿园禁种有毒、带刺的植物的相关规定。教师应该提高防范意识，增加甄别有毒植物的知识积累，从而尽量避免因班级植物角中的植物导致毒、刺事故。切记：带刺的植物容易被识别而有毒的植物却难以提防！

图 9–3–5 幼儿园绿化环境中的树木

图 9–3–6 幼儿园绿化环境中的藤本植物

3. 户外游戏活动场

幼儿天生好动，创设良好的户外活动环境对于完善幼儿心理社会环境，促进幼儿身心健康发展很有意义。《幼儿园工作规程》规定："幼儿园应当有与其规模相适应的户外活动场地，配备必要的游戏和体育活动设施，创造条件开辟沙地、水池、种植园地等并根据幼儿活动的需要绿化、美化园地。"

幼儿园的户外游戏活动场地按照不同的活动功能可分为若干区域，包括游乐设施区、体育活动区、种植饲养区等。

（1）游乐设施区。各种游乐设施是幼儿园里孩子们最喜欢去玩的地方。这种以大肌肉动作为主的户外游戏活动，能积极促进幼儿身体动作技能的发展，有助于幼儿形成健康的体魄和良好的行为习惯，养成活泼开朗的性格。因此，幼儿园一般都将游乐设施作为幼儿园的基础设施来建设。

游乐设施应设置在软质地面上，包括沙池（如图 9–3–7）、大型玩具（如图 9–3–8）等。越是大型设施安全防护措施就越要到位，应建立定期不定期的安全检查制度，由专人负责。

安全是各类游乐设施设置时必须高度重视的。包括其他体育设施在内，幼儿园任何活动器械都要确保幼儿活动的安全性。首先，活动器械和设施本身必须符合有关的国家安全标准；其次，要做好活动器械和设施的日常维护工作，必须定期检查、维修，及时消除事故隐患。

（2）体育活动区。运动场和固定器械是体育活动区的主要组成部分。虽然各幼儿园的场地条件有很大的差异，但是必须按照国家相关规定，设置有跑道的运动场（如图 9–3–9），为幼儿提供各种适合他们年龄特点的运动器械（如图 9–3–10），在安置这些运动器械时，应注意以下几点：

第一，根据不同年龄层次幼儿的需要，合理地配置不同种类的运动器械。因为每一年龄层次幼儿的动作发展水平都不同，动作达标的要求也不同。在设置器械时，可以按照年龄阶段来进行区域性的布置安排。例如，对于小班年龄段的幼儿，在区域内应以小型单个的器械为主，这样便于教师辅导，又能促进他们单个动作的协调发展。

图 9–3–7　软地上的沙池

图 9–3–8　软地上的大型玩具

图 9–3–9　体育活动区的跑道

图 9–3–10　体育活动区的运动器械

第二，要根据运动器械的功能放置于不同的区域。因为每一件运动器械都有其不同的功能，有的发展幼儿大肌肉，有的发展幼儿小肌肉，设置时应避免功能相同的器械配置在一起，尽量做到布局合理。

第三，运动器械之间应留有适当的空间，保证幼儿有充分活动的空间，让幼儿能随意地选择器械，自由进行活动，促进动作发展。如果没有一定的活动空间，幼儿的运动效果就差，也不能达到教育纲要规定的标准。

设置体育活动的场地区域，应根据幼儿园的自然场地条件，采用不规则形区划，充分利用场地。同时，还应考虑幼儿流动特点以及活动需要，合理安排区域内的各个活动点，满足幼儿园健康活动教育的需要。此外，一些幼儿园还可以利用场地条件建设一定规模的运动场，增设如篮球场、溜冰场、足球场、游泳池等专项体育活动设施。

（3）种植饲养区。在种植区域内，多准备一些小花盆及种植工具，让幼儿在一方土地上自己动手种一些较容易生长的蔬菜、花卉。例如胡萝卜、丝瓜、蚕豆、红辣椒、草莓、菊花等。 通过播种、浇水、施肥、收获的全过程，让幼儿了解植物的习性、特点及它们的生长周期，并让幼儿懂得只有劳动才有收获的道理，从中体验劳动的辛苦与收获的快乐（如图 9-3-11、图 9-3-12）。

图 9-3-11 幼儿在种植区观察植物生长

图 9-3-12 植物区播种

三、户外教学环境创设的原则

1. 童趣性原则

幼儿园的环境是为幼儿创设的，户外环境作为幼儿园环境的重要组成部分，创设时应体现童趣性原则，尽力突出设计方案的童趣化（如图 9-3-13、图 9-3-14）。例如，与简单呆板的房屋相比，花园式、积木式、城堡式等这些孩子们所熟知的童话故事中的建筑造型设计，对幼儿更有吸引力，因而也就成为幼儿园建筑设计方案的首选。戏水池、沙地、大型游乐玩具区等孩子们最爱去的地方，自然就成为幼儿园最基本的空间环境设施。还有幼儿园桌椅床柜等家具的儿童化尺寸、稚嫩性颜色以及温馨怡然的室内装修色调等环境设计，都体现出幼儿的审美特点和需求。

图 9-3-13　童趣化的设施

图 9-3-14　童趣化的设施

2. 参与性原则

参与性原则强调创设环境与幼儿发展的互动关系。幼儿园的空间、设施、活动材料和常规要求等，应有利于引发、支持幼儿的游戏和各种探索活动，及幼儿与周围环境之间积极的相互作用。幼儿是幼儿园环境中的主体，如果创设的环境把幼儿放在一边，幼儿不愿意或是没机会到你所创设的环境中来活动，那么再精心的设计也无法发挥其教育功能。例如，种植区种子植物的栽培，让幼儿能够参与种植栽培，如图 9-3-15，或者园内涂鸦墙的创设能够给幼儿提供涂涂画画的机会，如图 9-3-16，从而培养幼儿对幼儿园的归属感。因此，创设的环境既要激发幼儿的好奇心、求知欲，同时更应让幼儿能够方便、积极、主动地进入环境，使幼儿成为环境创设和制作的一员。

图 9-3-15　幼儿参与种植区活动

图 9-3-16　幼儿参与涂鸦墙的绘制中

3. 安全性原则

安全是我们进行空间环境创设的最基本原则。环境中的设施、设备首先应该是安全的，如大型游乐设施确保螺丝、接口处等是紧锁的，幼儿有安全感，才会放开手脚，放大胆子去活动。从幼儿空间环境设计中“软包”“圆角”（如图 9-3-17、9-3-18）等通用设计规则里，人们不难知道安全保障的种种技巧。

图 9-3-17 圆角沙池

图 9-3-18 圆角花坛

第四节　幼儿园节日主题活动环境的创设

一、节日主题活动环境创设的概念

节日是世界人民为适应生产和生活的需要而共同创造的一种民俗文化，是世界民俗文化的重要组成部分。《幼儿园教育指导纲要（试行）》指出："适当向幼儿介绍我国各民族和世界其他国家、民族的文化，使其感知人类文化的多样性和差异性，培养理解、尊重、平等的态度。"

幼儿园节日主题活动环境创设是指教师及幼儿有目的地围绕节日所展开的主题墙饰创设、空间氛围营造以及主题教育活动。在节日主题环境创设的过程中能够体现节庆活动的价值取向，使得环境创设与节庆活动产生有效互动。节日主题环境创设是幼儿园节庆活动中不可或缺的一个部分，如果环境创设富有生机，节庆活动也将富有活力，幼儿的成长也充满了活力。

二、节日主题活动环境创设的意义

皮亚杰曾指出，"幼儿的思维尚处于具体运算阶段，他们的思维还要借助于具体事物的支持"。所以，幼儿的情感培养也要从与他们的直接生活经验有关的具体情境出发。而每一个节日在现实生活中可谓与孩子的生活息息相关。节日的环境、氛围、成人的庆祝活动是孩子喜闻乐见的，可让其直接体验、感受，耳濡目染。节日环境所特有的情境性、感染性、实践性、娱乐性能使幼儿在自然、宽松、愉快的氛围中主动参与实践活动。正是节日环境的特殊性使节日教育具备了可接受性，从而能发挥出区别于其他教育途径所特有的教育价值，创设节日主题的环境氛围对于开展节日主题活动以及后期幼儿的发展发挥着重要作用。

1. 民族认同功能

传统节日是中华民族情感与智慧的结晶，同时也是对传统文化精神的传承与弘扬。传统节日文化不仅代表着我国民族文化与其他民族文化的不同，同时也是文化的传承和创新。将传统节日元素融入幼儿园环境创设中，是一种民族精神情感教育，这样的教育内容容易给幼儿留下深刻的印象。对于幼儿来说，他们也能在这样的环境氛围中感受到文化的魅力，并逐渐产生民族认同感。

2. 文化传承功能

我国传统文化的形成经历了漫长的岁月积淀，这是中华民族源远流长的历史一脉相承的智慧结晶，是民族精神和价值观的体现。传统节日教育能够让幼儿在了解中华文化博大精深的同时，感受到民族精神文化中蕴含的伦理道德内容，为幼儿未来养成良好的道德品质做铺垫。

3. 审美教育功能

艺术元素在传统节日中展现得淋漓尽致，而不同地域的文学艺术有不同的特色。传统节日通过各种经典活动展开环境装饰，既展现民族特色和地域风情，也是对民族特有文化和习俗的传播，在参与的过程中，每一帧画面都能成为独具传统习俗特色的艺术品，既具有观赏性，又有丰富的研究价值。

4. 德育培养功能

通过充满节日氛围感的幼儿园环境，教师可以充分挖掘传统节日中蕴含的文化内涵，尽可能地展现传统节日中蕴藏的道德功能和价值取向，在师幼一同创设节日主题环境的过程中激发孩子们的爱国情怀，从而为幼儿形成良好的道德意识奠定基础。我国当前正处于多元文化发展阶段，在这一特殊时期，中华文化更应该保持独特个性，始终与德育教育相结合，实现对幼儿的熏陶，为幼儿将来形成正确的三观和良好道德品质奠定坚实基础。

案例分享

“未来已来”班级环创主题构想

★设计意图：

幼儿时期不仅是开发儿童智力的重要时期，更是塑造良好道德品格的关键时期。根据幼儿教育的成长规律和特点，《幼儿园教育指导纲要（试行）》中明确指出：充分利用社会资源引导幼儿实际感受祖国文化的丰富与优秀，感受家乡的变化和发展，激发幼儿爱家乡、爱祖国的情感。爱国教育不应该是片面的、孤立的、煽动性的，相反应该是包容理智和客观的。正确的价值观不是一朝一夕就可以让孩子养成的，这是一个逐渐成长、成熟的过程。

一、“未来已来”主题环创缘起

美丽的山河、优秀的传统文化、刻骨铭心的事迹无不反映出中国人的聪明才智，我们了解祖国的过去，爱她的所有，也更加努力地建设她的现在和未来。那么，在孩子们心中，“祖国”到底是什么？他们对于祖国，有足够的了解吗？“做现代中国人”要立足中国国情，扎根中国社会，关注生活，浸润优秀传统文化，用开放的视野培养孩子的好奇心、探索能力、服务精神，我们要和孩子们一起走进我们的祖国。

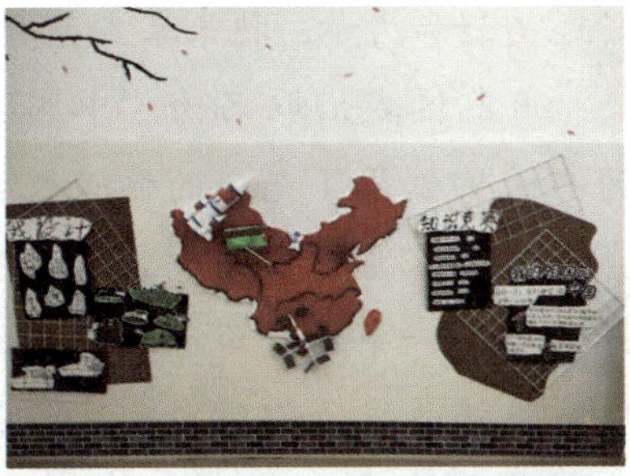

二、环境创设的构思与实施

我们在环境创设中不仅要注重美观，更应注重其价值内涵，让孩子与环境进行“对话”，使每位孩子在与环境的交流中，得到感悟、发展的空间，让环境真正地成为孩子们的第三任教师！

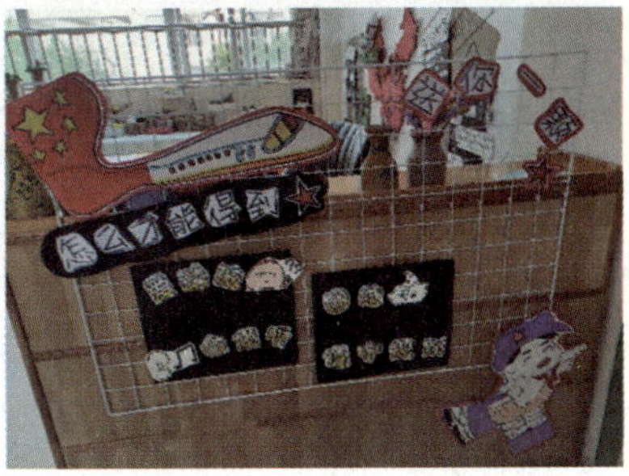

（一）班级区角布置

图书角取名为“中国深度”，通过绘本、书籍、儿歌让孩子们了解中国的历史，了解中国在科技、文化、艺术等方面取得的伟大成就，感受中国的厚重与深度，萌发自己作为一名中国人的骄傲和自豪，培养孩子们不怕困难、坚强勇敢、互帮互助的优秀品质。其中我们所有区角牌都是以流动的血脉为底，代表着红色基因代代相传，生生不息的希望会穿越时光。

美工区我们取名为“中国制造”，美工区以中国地图为主，让孩子们认识到我们国家的版图像一只雄鸡，了解黄河、长江是我们的母亲河，知道北京是我们的首都，知道珠穆朗玛峰的位置等，感受中国的地大物博之外，将抽象的情感，转化为形象的事物、具体的事件。他们通过自己的小手制造出很多过去、当代或是未来的作品，来走进中国。让他们看见大地盛开绿色的希望，让他们像一株株向日葵张开笑脸，凝望着太阳。

国家政治对孩子们来说是十分抽象的概念，我们从身边的重大事件入手，疫情、苍山着火、飞机坠毁事件，我们都跟孩子聊，让他们感受这些事情背后凝聚了无数人的付出和贡献，从而感受我们生在国富兵强的时代，享受着祖国发展带来的便利，这是身为一名中国人的幸运。因此，益智区我们取名为“中国速度”，让孩子们体验到当代中国日新月异的发展，感受生活中的各行各业，并树立一定的社会理想。我们以孩子们自己制作的梦想缩影为底，旁边有关于“祖国的争光人”“各行各业与我们”“以及统计长大的梦想的统计表”等各个板块，引导孩子一步步了解社会，走进中国。让我们手牵着手，传递美好和力量，把未来点亮。

角色区我们取名为“中国温度”，我们为孩子们创设了充分的体验机会，他们会在角色区表演雷锋、邱少云等一些温暖的故事或围绕某一事件分角色玩。我们的活动，都时常流淌着孩子们对自己民族最真切的爱。我们也会特别关注孩子们在传统节日、节气中的体验。让爱国主义在他们心中萌芽，并且在日后的持续浸染中，根深蒂固。

建构区，孩子们会搭建坦克、搭建碉堡、搭建“长征路上”等，孩子们每次搭建前都会填搭建计划表，发出共同搭建的邀请，组织好组员，他们协商选用哪种材料、搭建哪个主题，并画初步的设计图。搭建过后老师们也会给予适当指导。

睡室，我们采用胶带剪影的方式展示孩子们和好朋友的快乐生活，上面的照片会不断更新，因为我们会将自主、独立、互助贯穿一日生活，我们会让孩子自己整理衣物、整理小床、打扫卫生，然后把照片更换上去，也让孩子们看到自己的成长。

（二）任务积攒瓶

我们给每个小朋友一个积攒瓶，培养孩子一定的任务意识，当孩子完成任务会奖励给孩子积攒卡，积攒卡达到10分会有小礼品。

（三）吊饰

吊饰，我们采用五角星，上面点缀的是孩子们小手伸向天空的动作，代表着“追梦吧，梦想家们”。我想长大后孩子们也许不会记得幼儿园老师，但想起幼儿园的生活，心中会是温暖的也是满满的正能量。

云南省大理明珠幼儿园大五班

三、节日主题活动环境创设的基本要求

1. 精心筛选具有教育价值的节日

根据节日的性质可将节日分为中国传统节日，如春节、端午节、中秋节、重阳节等，以及社会节日，如劳动节、父亲节、母亲节、儿童节、国庆节等。社会节日与传统节日一样与幼儿的日常生活息息相关，深受幼儿的喜爱，有助于幼儿养成理解、尊重、平等的态度。在众多的节日中，教育者需要进行精心筛选，筛选出具有教育价值、不媚俗的节日进行环境创设。

2. 以节日文化为主线，充分对幼儿园环境各部分进行环境创设

通过班级主题墙、区角、海报、橱窗、展台等媒介，精心构建和安排充满节日氛围感的园所环境，通过环境的创设为幼儿提供接受各种节日知识和信息刺激的机会和条件，加深幼儿对节日的感知、认识和理解。如在感恩节前几天就在幼儿园门口一侧的主题墙上布置“感恩有你”，吸引幼儿的注意，营造和谐愉悦的节日文化氛围。如图 9–4–1，创设“节日文化”宣传栏，结合节日活动向家长和孩子介绍春节、端午节、中秋节等节日的来历和习俗。

图 9–4–1 节日文化宣传栏

3. 节日主题环境创设应体现生活性

生活是幼儿接受教育的基础，幼儿的教育必须扎根于幼儿的生活。节日活动大多来源于日常生活，具有情境性。同时，在节日中人们的生活秩序需呈现出与以往生活不同的一些节日特点，如：节日饮食取代日常食品，节日服饰也异于往常。

4. 节日主题环境创设需体现师幼之间的互动性

环境创设的意义在于让幼儿成为环境的主人，教师应将环境创设的权利还给幼

儿，给幼儿提供机会去创造、安排、布置活动空间，使幼儿置身于用自己的双手装扮班级和幼儿园的自由、民主的大环境中。同时教师要积极采纳幼儿提出的想法，与幼儿一起商量节日主题环境创设的内容。教师与幼儿共同研究和创造主题环境，不仅发展了幼儿的动手能力，还增加了幼儿的自信心，为幼儿提供了一个自我展现的平台，满足了幼儿自我表现的愿望。

拓展阅读

幼儿园如何给幼儿创设一个良好的阅读环境

1. 创设专属阅读空间

首先，温馨舒适的环境、种类繁多的藏书是阅读区是必不可少的首要条件。阅读区应充分考虑到幼儿的年龄特点，本着回归自然、回归生活的理念，做到布局创意童趣、色彩搭配柔和，整体舒适安全。

其次，书籍的摆放上，除了普通的书架外，应选用高矮不同的陈列架、大小各异的方形盒子。让这些大小不一的书架、书柜、陈列柜围合排列，形成一堵“墙”，再加上几个软垫或是动物靠枕，或是小沙发，形成一个相对独立、舒适且私密的小“房间”。

2. 拓展环境因素

精选经典读本，并对他们的阅读提供适宜的帮助。教师应根据不同年龄的幼儿特点精心筛选，如为小班幼儿提供的是贴近生活、与原认知相吻合的，内容短小、情节简单的绘本。中班幼儿的认知水平有所提升，想象力、观察力相对较强，可以选择投放一些故事情节较强，富有想象力、感染力的绘本。大班幼儿的逻辑思维已经建立，逐渐了解社会，喜欢思考，对世界万物充满了强烈的探究欲望，则可以提供有关自然、科学、艺术、音乐、文学等更加多元化的绘本类型。

3. 开发户外区域

创设阅读智慧树，激发幼儿的参与、探索兴趣。环境的创设要考虑它的教育性，创设的目标应与幼儿园教育目标一致。可利用操场边或者大型玩具旁的一面墙，将墙和走廊连接成一个整体，由教师及幼儿共同完成整体的绘制。例如，绘制的内容可为一片美丽的森林，森林中小动物三三两两在茂密的树干上或在阴凉的树荫下，手捧书本站着、坐着、躺着，沉迷于书海的画面。树干上挂满了一片片精美的树叶，而这些精美树叶就是智慧树的秘密之处，它们藏着支持孩子阅读、探寻的一个个小秘密和小发现。阅读智慧树是班级幼儿阅读互动的延伸，是跨班级、跨年段幼儿阅读思维火花的碰撞。

本章小结

环境是幼儿教育的一个重要资源，通过创设结构合理、卫生安全、美化、儿童化、教育化的环境，使幼儿在与环境的自然接触中认识各种事物，获得各种感受，理解各种现象，让幼儿生活在真正属于他们自己的世界里。本章首先梳理了幼儿园玩教具与幼儿园环境创设之间的关系，其次从室内和户外两个空间维度分别介绍了幼儿园室内环境创设、幼儿园户外环境创设的概念、主要组成部分以及创设的基本要求，最后分别从节日主题活动环境创设的概念、意义以及创设的基本要求三个方面系统地介绍了节日主题活动环境的创设。

思考与实训

1. 简述户外环境创设的原则。
2. 简述节日主题环境创设的意义。

专题探讨

如何让孩子参与节日主题环境创设中来？

附 录

第一章

第一节

图 1-1-1 至 图 1-1-18，来源于：杨三军、苏春《学前儿童玩教具设计与制作》，教育科学出版社，2014 年 7 月第 1 版。

第二章

第一节

图 2-1-2 至图 2-1-23，图 2-1-28，图 2-1-30 至图 2-1-41，图 2-1-43 至图 2-1-51，来源于：杨三军、苏春《学前儿童玩教具设计与制作》，教育科学出版社，2014 年 7 月第 1 版。

图 2-1-52，来源于：https://www.sohu.com/a/302399112_99913729

图 2-1-54 至图 2-1-57，来源于：https://baijiahao.baidu.com/s?id=1646438883027566316&wfr=spider&for=pc

第二节

图 2-2-8 至图 2-2-15，来源于：https://image.so.com/

第三节

图 2-3-9 至图 2-3-10，图 2-3-11 至图 2-3-13，来源于：https://www.youshikoudai.com

第四节

图 2-4-1 至图 2-4-8，来源于：潘福坤《一张纸造型纸雕》，青岛出版社，2009 年 1 月第 1 版。

图 2-4-9 至图 2-4-10，来源于：牟洁《自制教具设计与制作》，四川科学技术出版社，2012 年 12 月第 1 版。

图 2-4-12 至图 2-4-25，图 2-4-50 至图 2-4-57，来源于：杨三军、苏春《学前儿童玩教具设计与制作》，教育科学出版社，2014 年 7 月第 1 版。

第五节

图 2-5-16 至图 2-5-18，来源于：https://mp.weixin.qq.com/s/r_sqh5nn2cGnlW91nh2RrQ

图 2-5-19 至图 2-5-20，图 2-5-29 至图 2-5-34，来源于：苏春《手工制作教程》，教育科学出版社，2016 年 1 月第 1 版。

图 2-5-21 至图 2-5-28，来源于：https://www.youshikoudai.com

第三章

第一节

图 3-1-36 至图 3-1-38，来源于：杨三军、苏春《学前儿童玩教具设计与制作》，教育科学出版社，2014 年 7 月第 1 版。

图 3-1-39 至图 3-1-43，来源于：https://m.sohu.com/a/494788032_121124217/?pvid=000115_3w_a&strategyid=00014

图 3-1-52 至图 3-1-59，图 3-1-64 至图 3-1-69，来源于：https://www.youshikoudai.com

第二节

图 3-2-35 至图 3-2-59，来源于：崔庆华《学前儿童玩教具设计与制作》，华中科技大学出版社，2018 年 7 月第 2 版。

图 3-2-60 至图 3-2-64，来源于：https://www.youshikoudai.com

第四章

第一节

图 4-1-1 至图 4-1-11，来源于：王汉芳《手工教程》，复旦大学出版社，2014 年 5 月第 1 版。

第五章

第一节

图 5-1-14 至图 5-1-41，图 5-1-55 至 图 5-1-56，图 5-1-69 至 图 5-1-72，来源于：杨三军、苏春《学前儿童玩教具设计与制作》，教育科学出版社，2014 年 7 月第 1 版。

图 5-1-42 至图 5-1-44，来源于：王汉芳《手工教程》，复旦大学出版社，2014 年 5 月第 1 版。

图 5-1-45 至图 5-1-52，来源于：https://mp.weixin.qq.com/s/UGK1LqnvxBGo6UvLDoHcYQ

图 5-1-57 至图 5-1-59，来源于：https://mp.weixin.qq.com/s/9_mLePH36kwCfoZard9Z3Q

图 5-1-60 至 图 5-1-64，来 源 于：https://m.sohu.com/a/301817648_669259/?pvid=000115_3w_a&strategyid=00014

图 5-1-65 至图 5-1-67，来源于：https://www.xiaohongshu.com/discovery/item/5ddc63c100000000010037d1?source=question

第二节

图 5-2-1 至图 5-2-5，来源于：https://mp.weixin.qq.com/s/l9ilnS9L2H7wwz1Ahw0YWA

图 5-2-14 至图 5-2-21，来源于：https://m.baobeibaobei.com/zaojiao/19488.html

第三节

图 5-3-1，图 5-3-27 至图 5-3-31，图 5-3-33 至图 5-3-37，来源于：崔庆华《学前儿童玩教具设计与制作》，华中科技大学出版社，2014 年 1 月第 1 版。

图 5-3-7 至图 5-3-10，来源于：苏春《手工制作教程》，教育科学出版社，2016 年 1 月第 1 版。

图 5-3-11 至图 5-3-20，来源于：https://mp.weixin.qq.com/s/c8O-382dYJkSawWvfQDXNA

第六章

第一节

图 6-1-1 至图 6-1-7，图 6-1-12 至图 6-1-17，图 6-1-34 至图 6-1-41，来源于：崔庆华《学前儿童玩教具设计与制作》，中华科技大学出版社，2014 年 1 月第 1 版。

第三节

图 6-3-1 至图 6-3-14 来源于：崔庆华《学前儿童玩教具设计与制作》，中华科技大学出版社，

2014 年 1 月第 1 版。

第七章

第一节

图 7-1-26，来源于：王汉芳《手工教程》，复旦大学出版社，2014 年 5 月第 1 版。

第三节

图 7-3-1 至图 7-3-4，来源于：崔庆华《学前儿童玩教具设计与制作》，华中科技大学出版社，2014 年 1 月第 1 版。

第四节

图 7-4-1 至图 7-4-4，图 7-4-9 至图 7-4-16，来源于：https://www.youshikoudai.com

第八章

第一节

图 8-1-17 至图 8-1-22，来源于：https://mp.weixin.qq.com/s/PnmlEwHu2zq6A0r8R2K4Bg

图 8-1-23 至图 8-1-24，来源于：https://mp.weixin.qq.com/s/BXUrHNWBMKPKEseBet9tTw

图 8-1-25 至图 8-1-29，来源于：https://mp.weixin.qq.com/s/713Fy8d176H09MBBLJrMcw

图 8-1-30，来源于：https://k.sina.cn/article_6425205312_17ef8da400010051t3.html?wm=13500_0055&vt=4

图 8-1-31 至图 8-1-37，来源于：http://www.51feibao.com/article-view-2217.html

第二节

图 8-2-23 至图 8-2-30，图 8-2-38 至图 8-2-42，来源于：崔庆华《学前儿童玩教具设计与制作》，华中科技大学出版社，2014 年 1 月第 1 版。

图 8-2-31 至图 8-2-36，来源于：https://mp.weixin.qq.com/s/zGxFqeQcSTwkh0EV4w2Xfw

第三节

图 8-3-13 至图 8-3-16，来源于：https://mp.weixin.qq.com/s/VuS77ceRXnGZL3IgZ_NjhA

第四节

图 8-4-23 至图 8-4-28，来源于：https://www.zhizuoxi.com/zhiyi/zhichong/7918.html

图 8-4-29 至图 8-4-35，来源于：https://mp.weixin.qq.com/s/UrUs6c21J9cx2Y0eOB08wA

图 8-4-36 至图 8-4-40，来源于：崔庆华《学前儿童玩教具设计与制作》，华中科技大学出版社，2014 年 1 月第 1 版。

第五节

图 8-5-13 至图 8-5-22，来源于：崔庆华《学前儿童玩教具设计与制作》，华中科技大学出版社，2014 年 1 月第 1 版。

图 8-5-23 至图 8-5-25，来源于：https://mp.weixin.qq.com/s/ngVsDYOmcU31gYtrejThZQ

图 8-5-26 至图 8-5-32，来源于：https://mp.weixin.qq.com/s/6Xfp610qomySkhD1aJoZhQ

图 8-5-33，来源于：https://mp.weixin.qq.com/s/k6TXyrY1Ncf4j_2kiDp8lA

图 8-5-34 至图 8-5-40，来源于：https://mp.weixin.qq.com/s/Ypy8sYTaar9YEWc49GBMjg

第九章

第二节

图 9-2-12 至图 9-2-14，来源于 https://mp.weixin.qq.com/s/lwD52g6l8HP-OyValiGx-w

备注：以上所有网址查核访问时间为 2022 年 11 月 1 日。

参考文献

[1] 杨枫 . 幼儿园教育环境创设与玩教具制作 [M]. 北京：高等教育出版社，2006.

[2] 李静 . 幼儿园环境创设实用教程 [M]. 南京：南京师范大学出版社，2018.

[3] 池海 . 幼儿园环境与设计节日布置 [M]. 长沙：湖南美术出版社，2011.

[4] 李金娜，杨三军 . 学前儿童玩教具制作 [M]. 北京：科学出版社，2008.

[5] 郭力平，谢萌 . 幼儿园玩教具设备、设计制作与应用 [M]. 北京：中国轻工业出版社，2014.

[6] 袁爱玲，廖莉 . 幼儿园环境创设理论与实操 [M]. 华东师范大学出版社，2017.

[7] 王汉芳 . 手工教程（第一版）[M]. 上海：复旦大学出版社，2014.

[8] 徐华铛 . 中国传统泥塑 [M]. 北京：人民美术出版社，2005.

[9] 冯骥才 . 泥人张 [M]. 北京：中国社会出版社，2005.

[10] 张红霞 . 儿童学泥塑 [M]. 上海：上海世纪出版集团（上海书店出版社），2002.

[11] 李金娜，杨三军 . 学前儿童玩教具制作 [M]. 北京：科学出版社，2008.

[12] 董小燕 . 折纸装饰画 [M]. 上海：东华大学出版社，2010.

[13] 陈元玉 . 新编剪纸基础 [M]. 武汉：华中师范大学出版社，2008.

[14] 林桐 . 儿童剪纸 300 例 [M]. 长春：吉林摄影出版社，2009.

[15] 肖友兴 . 民间剪纸创作与欣赏 [M]. 长春：东北师范大学出版，2019.

[16] 黄进，贺为民，张静 . 民间艺术欣赏 [M]. 南京：南京师范大学出版社，2015.

[17] 要红霞 . 中国剪纸创作与创新 [M]. 北京：金盾出版社，2007.

[18] 王艳妮，肖友兴，曾新华 . 幼儿园玩教具创设与制作 [M]. 成都：四川美术出版社，2020.

[19] 倪宝诚，倪珉子 . 布玩具 [M]. 上海：上海远东出版社，2010.

[20] 李金娜，杨三军 . 学前儿童玩教具制作 [M]. 北京：科学出版社，2008.

[21] 宗颖 . 小小布艺坊——幼儿园布艺活动 [M]. 南京：南京师范大学出版社，2018.

[22] 王燕 . 幼儿园玩教具制作与环境创设 [M]. 北京：人民邮电出版社，2014.

[23] 陈晓萍 . 民间布艺 [M]. 北京：中国轻工业出版社，2007.

[24] 朱清 . 幼儿园玩具操作与活动指导 [M]. 南京：南京师范大学出版社，2017.

[25] 赵娟，靳林，李敏．幼儿园环境创设与玩教具制作 [M]. 北京：北京师范大学出版社，2020.
[26] 崔庆华，学前儿童玩教具设计与制作 [M]. 武汉：华中科技大学出版社，2014.
[27] 王哼．幼儿园自制玩教具精选 50 例 [M] 福州：福建教育出版社，2020.
[28] 杨枫．幼儿园教育环境创设与玩教具制作（第 3 版）[M]. 北京；高等教育出版社，2019.
[29] 崔恩齐．环保材料在室内设计中的可持续开发与应用 [D]. 长春：东北师范大学，2011.
[30] 苏春．手工制作教程 [M]. 北京：教育科学出版社，2016.
[31] 蒙文．幼儿园玩教具操作与活动指导 [M]. 北京：航空工业出版社，2018.
[32] 金冶．儿童手工 [M]. 武汉：华中师范大学出版社，2013.
[33] 贠红松．幼儿园玩教具制作和环境创设 [M]. 镇江：江苏大学出版社，2021.